KB231611

경쟁에서 승리하는 길
손자병법
(孫 子 兵 法)

趙 日 衡 解譯

『손자병법』이란 어떤 책인가?

주(周)나라 무왕(武王)이 은(殷)나라 왕실(王室)을 멸망시키고 즉위하여 주(周)나라 왕실을 세운 이래 3백 수십년이 지나자 주나라 왕실의 권위가 추락하고 제후국들이 강성해지면서 천하는 어지러워지기 시작했다.

이때부터를 후세 사가(史家)들은 춘추시대(春秋時代)라고 부르는데, 이는 공자(孔子)가 『춘추(春秋)』라고 하는 사서(史書)에 쓴 242년 동안을 이르는 말이기도 하다.

이 시기에 중국에는 수많은 제후(諸侯)들이 제각각 실력을 쌓아 각자 독립국을 형성하고 천하를 차지하려는 약육강식(弱肉强食)의 싸움으로 수십 나라가 난립(亂立)하여 소위 군웅할거(群雄割據) 시대가 전개되었다.

이러한 시대적 배경에서, BC 6세기경 제(齊)나라에서 태어난 손무(孫武)가 『손자병법』이라는 병법서를 지었다고 했다.

그러나 당시의 중국은 많은 제후국(諸侯國)들의 패권(霸權) 다툼으로 매우 시끄러웠으므로 오늘날까지 남아서 전하는 사서(史書)가 적어 '손자(孫子)'에 대해서도 여러 가지 불확실한 견해가 있다.

우선 손자(孫子)의 생존 연대가 분명하지 않고, 그의 병서에 쓰인 패왕(覇王)이나 형명(形名)과 같은 말은 전국시대(戰國時代)에 이르러서야 비로소 쓰기 시작한 말로 춘추시대에는 아직 쓰지 않던 말이다.

그러므로 『손자병법』은 춘추시대에 살던 손무가 지은 것이 아니라 손무의 후손으로 손무보다 약 백년 뒤인 전국시대에 제(齊)나라에서 활약한 손빈(孫臏)의 작품이라는 설이 있다. 또 삼국시대(三國時代) 위(魏)나라의 무제(武帝)인 조조(曹操)가 편찬했다는 설도 있다.

어떤 사람은 당시의 일을 기록한 『춘추좌씨전(春秋左氏傳)』이라는 사서(史書)에 손자의 이름이 전혀 나타나지 않는다는 사실에 근거를 두고 실존인물이 아니라는 주장을 하기도 한다.

그러나 『춘추좌씨전』은 주로 당시의 재상(宰相)이나 중신(重臣)들의 일에 중점을 두어 기록한 책이므로 손무와 같은 병술(兵術)의 실무자가 등장하지 않았다고 해서 그가 실존인물이 아니라는 증거는 될 수 없다.

중국에서 발간되는 잡지에 의하면 1972년에 중국 산동성(山東省)에 있는 은작산(銀雀山)에서 손무(孫武)와 그의 후손인 손빈(孫臏)의 두 병법서가 출토(出土)되었는데, 손자병법 13편은 종래의 손무가 지었다고 하는 13편과 거의 비슷하고, 손빈의 병법은 이와는 전혀 별개의 것이었다고 한다.

이것으로 보아, 『손자병법』은 춘추시대에 활동했던 손무의 저술로 병법서 중에서 가장 오래된 것이며 오자(吳子)의 병법서와 더불어 후세에 전하는 대표적인 것이라 할 수 있다.

또한 『손자병법』 이후에도 많은 병법서가 나왔으나 사람들은 손자 이전에 병법서가 없고 손자 이후에도 병법서가 없다고 말할 정도로 병법서의 최고서라 할 수 있다.

손무는 오(吳)나라 왕 합려(闔閭)의 장수가 되어 전쟁을 직접 겪으면서 얻은 경험을 토대로, 중국 전쟁 체험의 집대성(集大成)으로 일컬어지는 병법서인『손자병법』을 저술하였다.

오나라는 양자강 하류에서 세력을 키워 서쪽의 강대국인 초(楚)나라를 격파하여 그 수도에까지 진격하는 큰 승리를 거두고, 북쪽으로는 제(齊)나라와 진(晉)나라를 위협하였으며, 남쪽으로는 월(越)나라와 대적하였다.

『손자』는 중국 전설시대에 처음으로 한민족(漢民族)을 통일했다고 전해지는 황제(黃帝)의 병법서에 손무 자신의 전투 경험에 의한 새로운 전술을 가한 것이라고 한다.

병법(兵法)의 조(祖)라고 불리는 손자의 병법서는 유학사상(儒學思想)에 입각한 인의(仁義)를 그 근본이념으로 하여 전투에를 벌이는 데 있어 전략(戰略)과 전술(戰術)의 법칙을 상세하게 설명하고 전략과 전술의 준거(準據)를 밝혔다.

또한 전투에 있어서의 전략과 전술 뿐만 아니라 제후들과의 외교(外交), 국가 경영의 비결, 승패를 가름하는 비밀무기, 인사(人事)의 성패 등에 대해서도 간결하고도 기발하게 기술(記述)하고 있어 후세 무장(武將)들 사이에 널리 이용되었다.

『손자병법』은 일찍이 우리 나라에도 소개되어 애독되었으며, 조선시대에는 한때 역과초시(譯科初試)의 교재로 쓰인 일도 있다고 한다.

이『손자병법』은 육해공(陸海空)의 각종 최신예 무기들이 등장하는 초현대전에서도 응용될 수 있는 내용인 것은 물론이요, 사회생활이나 대인관계를 잘 이끌어 나가기 위해서도 충분히 활용될 수 있는 책이다.

이 역서(譯書)의 체제는 먼저 원문(原文)에 대해 우리글로 간단히 번역하고, 번역한 글에 대한 의역을 겸하여 해설을 붙였으며, 그 다음 원문을 실었고, 원문 밑에는 원문에 대한 주석(註釋)을 달았다. 마지막으로 내용과 관련된 실례를 실었다.

이 역서의 원본은 중국 '상해고적출판사(上海古籍出版社)'의 것을 저본(底本)으로 하였으며 노태준(盧台俊), 박일봉(朴一峰)씨의 번역서를 참조하였음도 밝혀둔다.

1999년 7월

차   례

제3편 계책으로 공략함(謀攻篇第三) / 43

제4편 군의 형세(形篇第四) / 53

제5편 군대의 세력(勢篇第五) / 71

제6편 허상과 실상(虛實篇第六) / 87

제7편 군사의 전투(軍爭篇第七) / 111

제8편 9가지 변화(九變篇第八) / 135

제9편 군대의 행진(行軍篇第九) / 145

제10편 지형지물(地形篇第十) / 175

손자병법

제 I 편 계략의 조건
(計篇第一)

―근본적인 계획―

I. 전쟁은 국가의 중대사

손자(孫子)가 말하였다.

"전쟁은 국가의 대사(大事)이며 사생(死生)의 땅이요, 존망(存亡)의 길이니, 살피지 않을 수 없다. 그러므로 이를 다스리는 데는 다섯 가지로써 하고, 이를 비교하는 데에는 계(計)로써 하여 그 정확한 상황을 알아야 한다."

▨전쟁은 그 국가의 중대사로서 많은 사람의 생사가 걸려 있으며, 국가가 존속하느냐 멸망하느냐 하는 점까지 문제가 된다. 따라서 신중하게 살피지 않으면 안된다. 이런 국가의 중대사이기 때문에 5가지 일과 7가지 사항을 충분히 계산하고 비교 검토함으로써 그 넉넉하고 모자라는 실정을 제대로 알아야만 한다.

孫子曰 兵者[1]는 國之大事이며 死生之地요 存亡之道이니 不可不察也라

故로 經之以五[2]하고 校[3]之以計[4]하여 而索其情이라

1) 兵者(병자) : 여기서는 전쟁(戰爭)의 뜻. 때로는 병력(兵力), 무기(武

器), 군사 등의 뜻으로 쓰이기도 한다.
2) 五事(오사) : 도(道) 천(天) 지(地) 장(將) 법(法)의 다섯 가지 사항.
3) 校(교) : 비교(比較)하다.
4) 計(칠계) : 군주, 장수, 천시(天時)와 지리(地利), 법령, 군대, 병사, 상벌(賞罰)의 7가지 헤아림.

2. 장수로서 꼭 알아야 할 5가지

첫째는 도(道)요, 둘째는 천(天)이요, 셋째는 지(地)요, 넷째는 장(將)이요, 다섯째는 법(法)이다.

도(道)라는 것은 백성으로 하여금 위와 더불어 뜻을 같이 하게 하는 것이다. 그러므로 더불어 함께 죽고 더불어 함께 살게 하여 위태로움을 두려워하지 않게 하는 것이다.

천(天)이라고 하는 것은 음(陰)과 양(陽), 춥고 더운 것과 시간의 제약이다.

지(地)라고 하는 것은 멀고 가까운 것과 험하고 평탄한 것과 넓고 좁은 것과 죽고 사는 것이다.

장(將)이라고 하는 것은 지(智) 신(信) 인(仁) 용(勇) 엄(嚴)이다.

법(法)이라고 하는 것은 곡제(曲制 : 군대의 편성)와 관도(官道 : 군대의 명령 계통)와 주용(主用 : 무기와 식량)이다.

무릇 이 5가지는 장군이라면 듣지 못한 이가 없을 것이다.

이것을 아는 자는 승리하고 알지 못하는 자는 승리하지 못한다.

▨5가지 일 중에서 가장 먼저 생각해야 할 것이 도덕(道德)이다. 전쟁을 시작하려면 그 싸움에 대의명분(大義名分)이 있어야 한다. 전쟁이 일어나면 일단 무고한 사람들이 피해를 보는 경우가 많다. 그러나 전쟁을 일으킨 대의명분이 도덕에 따른 사회정의(社會正義)에 입각(立

脚)하고 있으면 부득이한 일로 받아들여지는 것이다. 그러한 대의명분이 받아들여지면 생사를 두려워하지 않게 되는 것이다.

다음은 하늘이다. 이것은 밤낮의 바뀜, 계절의 변화와 같은 천체의 현상과 기후로 보아도 무방하다. 인간은 기후와 천체 현상의 변화에 크게 지배를 받는 것은 불가피한 일이다. 많은 전쟁이 기상에 의해 승패가 좌우된 경우가 많았던 것을 보면 자연의 이치를 따라 응용하는 것이 중요하다 하겠다.

셋째는 땅이다. 산악, 구릉, 평지, 하천, 바다와 같은 자연지리적(自然地理的)인 조건들의 험하고 평탄한 것이나 이들 자연환경에 연관된 성곽이나 마을, 백성들의 수, 교통조건 등, 또는 싸워서 좋을 곳인가 불리한 곳인가 하는 등의 충분한 실정 파악이 필요하다.

넷째는 장수(將帥)다. 통솔자는 먼저 사태를 잘 살피고 이끌어갈 수 있는 깊은 지식과 남을 포용하는 아량, 신의와 도덕을 갖추고 용맹스러우며, 절개를 지킬 수 있는 꿋꿋함을 가져야 한다. 또한 위엄을 갖추고 규율을 통제할 수 있는 마음 등을 가져야 한다.

다섯째는 법제(法制)로 규칙을 뜻하며 질서를 말한다. 어떠한 조직이든 올바른 질서가 없는 데 원활한 운영을 바랄 수는 없다. 올바른 질서라는 것은 활동을 조장하고 일정한 궤도(軌道)에 올려놓으며 혼란을 방지해 준다. 조직이란 것은 하나로 뭉쳐 같은 길을 가는 것을 뜻한다.

이상에서 열거한 것이 오사(五事)이다. 그 오사는 도(道) 천(天) 지(地) 장(將) 법(法)으로 이것이 『손자병법(孫子兵法)』의 서론(緒論)이기도 하고 범론(汎論)이기도 하다.

一曰道요 二曰天이요 三曰地요 四曰將이요 五曰法이라
道者란 令民與上[1]同意也니라 故로 可與之死하고 可與之生하여
而民不畏危니라
天者란 陰陽[2]寒暑時制[3]也니라
地者란 遠近險易[4]廣狹死生[5]也니라

將者란 智信仁勇嚴也니라
法者란 曲制[6]官道[7]主用[8]也니라
凡此五者는 將莫不聞[9]이라 知之者는 勝하고 不知者는 不勝이라

1) 上(상) : 위. 곧 임금. 군주(君主).

2) 陰陽(음양) : 낮과 밤. 비·바람·안개 등을 말한다.

3) 時制(시제) : 시간의 제약.

4) 險易(험이) : 지리적으로 험하고 평탄한 것을 이른다.

5) 死生(사생) : 결사적으로 싸워야 할 곳과 살아날 만한 곳.

6) 曲制(곡제) : 군대의 편성.

7) 官道(관도) : 군대의 명령 계통과 복무 규율.

8) 主用(주용) : 무기와 식량 등의 군용품(軍用品).

9) 莫不聞(막불문) : 듣지 않은 이가 없다. 다 알아야 한다. 알지 않으면 안된다.

3. 나는 누가 이기고 질 것인지 안다

그러므로 계(計)로써 이것을 비교하여 그 정확한 실정을 찾는 것이다.

곧 군주는 누가 더 도덕적인 기질을 갖추고 있는가, 장수는 누가 더 유능한가, 천시(天時)와 지리(地利)는 누가 더 얻고 있는가, 법령(法令)은 누가 더 잘 행하고 있는가, 병중(兵衆)은 누가 더 강한가, 사졸(士卒)은 누가 더 훈련되어 있는가, 상벌(賞罰)은 누가 더 공명정대한가.

나는 이것으로써 이기고 질 것을 안다.

▨5가지 사항에 덧붙여 7가지 조건을 비교하여 그 실정을 파악한다.

첫째 군주는 어느쪽이 법도(法度)를 잘 지켜 훌륭한 정치를 하고 민심을 얻고 있는가. 둘째 장수의 용맹과 지략(智略)은 어느 쪽이 더 뛰어난가. 셋째 하늘이 내린 명(命)과 지리적인 이점은 어느쪽이 더 유리한

가. 넷째 법령은 어느쪽이 더 철저히 행하고 있는가. 다섯째 군대는 어느쪽이 더 강한가. 여섯째 병사들은 어느쪽이 더 잘 훈련되어 있는가. 일곱째 상과 벌을 어느쪽이 더 공정하고 명쾌하게 시행하는가 등을 살핀다.

　이상의 7가지 조건을 비교하고 검토함으로써 전쟁의 승부를 확실하게 미리 알 수 있다는 것이다.

　故로 校之以計하여 而索其情이라 曰 主孰有道[1]인가 將孰有能한가 天地[2]孰得인가 法令孰行인가 兵衆[3]孰强한가 士卒孰練한가 賞罰孰明한가 吾以此知勝負矣라

1) 道(도) : 법도(法度)로써 다스리는 것.
2) 天地(천지) : 천시(天時)와 지리(地利).
3) 兵衆(병중) : 군대.

4. 나의 계략을 쓰면 반드시 이길 것이다

　장수가 나의 계략을 듣고서 이것을 쓰면 반드시 승리할 것이니 그에게 머무를 것이고, 장수가 나의 계략을 듣지 않고서 이것을 쓰면 반드시 패할 것이니, 그에게서 떠날 것이다.

　이로움을 헤아려 그것으로써 들으면 이에 곧 세력이 되어 그것으로써 그 밖의 것을 도울 것이다.

　세력이라는 것은 이로움에 의하여 권(權)을 통제하는 것이다.

　▨기본 조건들이 갖추어져 있으면 다음에 문제가 되는 것은 일이 되어가는 형편과 세력이다. 세력이 있으면 모든 다스림이 유리하게 전개될 수 있는 것이다.

　장수가 자기의 계략이 싸움에 도움이 될 것이라고 생각하여 채택하면, 그것은 바로 세력이 되어 전쟁을 유리하게 도울 것이다. 대저 세력이라고 하는 것은 이쪽의 유리한 조건을 이용하여 저쪽의 임시방편적 계책

을 쳐부수는 일이다.

　정치에도 도덕정치(道德政治)와 권도정치(權道政治)가 있다. 도덕정치는 원칙에 따라 다스리는 정치이고, 권도정치는 그때 그때의 상황에 알맞는 진리를 찾아내 그것으로 다스리는 정치다. 그러므로 유리한 기본조건이 갖추어져 있다면 큰 세력을 이룰 수 있고, 그 세력을 활용해 나간다면 기본적인 유리한 조건없이 때에 따라 변하는 잔꾀는 마음대로 처리해 나갈 수가 있는 것이다.

　將이 聽吾計하고 用之면 必勝이라 留之[1]하고 將이 不聽吾計하고 用之면 必敗라 去之[2]니라

　計利[3] 以聽이면 乃爲之勢[4]하여 以佐其外[5]라

　勢者란 因利而制權[6]也라

1) 留之(유지) : 그에게 머무르다.

2) 去之(거지) : 그에게서 떠나다.

3) 計利(계리) : 이(利)를 헤아리다. 곧 계략을 이롭게 여기다.

4) 爲之勢(위지세) : 형세가 되다.

5) 佐其外(좌기외) : 그 밖의 것을 돕다. 곧 나라 밖의 싸움을 돕다.

6) 制權(제권) : 임기응변(臨機應變)의 계책을 통제하다. 권(權)은 저울의 추로 사물의 가볍고 무거움을 저울질하는 일. 곧 임기응변의 계책.

5. 전쟁은 속이는 것이다

　전쟁은 속이는 방법이다. 그러므로 잘하지만 잘하지 못하는 듯이 보이고, 방법을 쓰되 쓰지 않는 듯이 보이고, 가깝되 먼 듯이 보이고, 멀되 가까운 듯이 보인다.

　이(利)롭게 할 듯이 하여 꾀어내고, 어지럽게 하여 취하고, 충실하면 대비하고, 강하면 피하고, 노(怒)하게 하여 흔들어 놓고,

낮추는 듯이 하여 교만하게 만들고, 편안하면 수고롭게 하고, 친밀해지면 이간(離間)시키고, 그 방비가 없는 곳은 공격하고, 그 뜻하지 않은 곳으로 나아간다.

이것은 병가(兵家)의 이기는 방법이니 먼저 전해져서는 안된다.

▨전쟁은 한마디로 속이는 방법이다. 이상에서 열거한 14가지 속임수를 한 가지씩 살펴본다.

첫째 능이시지불능(能而示之不能)—자신의 진영이 가지고 있는 실제 능력을 상대에게 명확하게 보이지 않는 것이다. 능력을 충분히 지니고 있으면서도 일부러 무능하고 어리석은 체하여 상대로 하여금 안심하게 하는 전법이다. 이것은 능력에 대한 속임수이다.

둘째 용이시지불용(用而示之不用)—어떤 전략과 전술을 쓰면서도 결코 상대방에게는 그 전략과 전술에 대한 기미를 보이지 않는 것이다. 이것은 전략과 전술을 펼치는 데에 대한 속임수이다.

셋째 근이시지원(近而示之遠)—가까운 곳에 있으면서 먼 곳에 있는 듯이 보여 방비를 소홀히 하게 하는 것이다. 거리에 관한 속임수로 자기편의 소재(所在)를 상대편이 자세히 알지 못하도록 하는 방법이다.

넷째 원이시지근(遠而示之近)—먼 곳에 있으면서도 가까운 곳에 있는 듯이 보여 방비하는 데 있어 충분한 여유를 주지 않기 위한 것이다. 이것은 앞의 것의 반대되는 경우로 역시 거리에 관한 속임수다. 이 멀리 있는 듯이 하고 가까이 있는 듯이 하는 것의 문제는 교통이 발달하지 못했던 고대에는 상당히 복잡하고 까다로운 문제였다.

다섯째 이이유지(利而誘之)—작은 이익을 상대에게 줌으로써 상대를 현혹시켜 판단을 흐리게 한 다음 큰 이득을 챙기려는 속임수다.

여섯째 난이취지(亂而取之)—상대방을 혼란에 빠뜨린 다음 그 혼란한 틈을 이용하여 공략한다는 것이다. 상대방의 허술한 점을 노려 혼란에 빠뜨리거나 상대방의 배후를 교란시킨 다음 그 혼란한 틈을 이용하여 공략함으로써 자기편의 이득을 취하는 속임수다.

일곱째 실이비지(實而備之)—상대편이 실질적인 여건이나 방비가 충실할 때에는 자기편에서도 경솔하게 행동하지 않고 상대편과 대등하거나 이길 만한 여건과 세력을 기를 필요가 있다는 것이다.

여덟째 강이피지(强而避之)—상대편과 자기쪽의 전력을 평가하여 상대편이 우세하다고 판단되면 일단 상대의 예봉을 피하여 물러났다가 기회를 기다린다. 전쟁에 있어 만용(蠻勇)은 금물이다.

아홉째 노이요지(怒而撓之)—상대를 화나게 함으로써 이성(理性)을 잃게 하는 속임수다. 이것은 상대를 자극해서 감정을 자제하지 못하여 상황 판단을 흐리게 하고 행동함에 있어 정상적인 상태를 잃게 하는 것이다. 상대가 평정을 잃고 함부로 행동하고 이쪽은 침착하게 상황판단을 하여 행동하면 승부는 마땅히 이쪽에 유리하게 되는 것이다.

열째 비이교지(卑而驕之)—무능한 듯이 자신을 낮춤으로써 상대로 하여금 교만해지게 만드는 속임수이다. 교만하게 되면 적에 대한 경계심이 느슨해지게 되고 그런 기회를 이용하려는 것이다.

열한번째 일이노지(佚而勞之)—상대쪽의 진영이 방비가 잘되어 있고 충분히 휴식하고 있는 경우에는 무슨 수를 써서라도 상대로 하여금 갈팡질팡 하게 하여 방비가 흐트러지고 군사들이 피로하게 만든 다음에 공격해야만 승리할 수 있다는 것이다.

열두째 친이이지(親而離之)—대치해 있는 상대국이 다른 나라와 서로 화친을 맺어 도움을 받고 있으면 그 사이를 이간질하여 서로의 화합을 깨도록 만들어야 한다는 것이다. 이것은 나라와 나라 사이에 이용되는 방법으로 상대를 고립 분열시키는 작전이다. 또한 상대국의 군주와 장수 사이, 상대국의 장수와 병졸들 사이를 이간질하여 불신이 팽배하게 만들어 상대편의 병력을 약화시키는 작전이다.

열셋째 공기무비(攻其無備)—상대가 공격이나 방어 태세를 아직 갖추지 못했을 때 공격한다는 것이다. 이런 공격을 위해서는 상대의 동정을 잘 살피고 기회 포착도 잘해야 한다.

열넷째 출기불의(出其不意)—상대가 전혀 생각지 못한 곳을 공격한다는 것이다. 이것은 앞의 항목과 마찬가지로 상대의 실정을 잘 알고 나서 하는 기습작전이다.

　이상의 14가지 속임수에 의한 작전들은 병가(兵家)가 승리를 거두기 위해 쓰는 것으로 이러한 계략들은 사전에 누설되면 안된다는 것이다. 사전에 누설되면 승리할 수 없기 때문이다.

　兵[1]者란 詭道[2]也니라 故로 能而示之不能이다 用而示之不用이다 近而示之遠하고 遠而示之近하라

　利而誘之[3]라 亂而取之[4]라 實而備之[5]라 强而避之라 怒而撓之[6]라 卑而驕之[7]라 佚而勞之[8]라 親而離之[9]라 攻其無備하고 出其不意[10]하라 此는 兵家之勝[11]으로 不可先傳[12]也라

1) 兵(병) : 전쟁. 또는 군사를 동원히는 것을 뜻한다.

2) 詭道(궤도) : 속이는 방법. 속임수.

3) 利而誘之(이이유지) : 이(利)롭게 할 듯이 하여 꾀어내다.

4) 亂而取之(난이취지) : 어지럽게 해놓고 그것을 이용하여 탈취하다.

5) 實而備之(실이비지) : 상대가 충실하면 물러나 대비책을 세우다.

6) 怒而撓之(노이요지) : 상대를 노하게 하여 흔들어 놓다.

7) 卑而驕之(비이교지) : 저자세를 취하여 상대방을 교만해지게 하다.

8) 佚而勞之(일이노지) : 상대가 편안하면 피로하게 만든다.

9) 親而離之(친이이지) : 상대 나라들이 서로 친밀하면 이간질하여 떼놓다.

10) 出其不意(출기불의) : 생각지 못한 상대방의 허를 찌르다.

11) 兵家勝(병가승) : 병가의 이기는 방법. 병가는 용병(用兵)하는 사람.

12) 先傳(선전) : 일이 시작되기 전에 상대에게 누설되다.

〔실례 1〕

※전쟁은 속이는 것이다〔兵者詭道也〕

　—한신(韓信)이 장이(張耳)와 함께 군사 수만명을 이끌고 정형땅으로 내려와 조(趙)나라를 공격할 것이라는 말을 듣고 조나라 왕 성안군(成安君) 진여(陳餘)는 20만 군사를 정형땅의 입구에 집결시켰다.

이때 광무군(廣武君) 이좌거(李左車)가 성안군에게 말했다.

"한(漢)나라 장군 한신은 서하(西河)를 건너 위왕(魏王)을 사로잡고, 하열(夏說)도 사로잡았으며, 알여(閼與)에서도 싸워 승리했다고 합니다. 그런데 이번에는 장이를 보좌관으로 삼아 조나라를 항복시키려 하고 있습니다.

그들은 멀리 나라를 떠나 싸우고 있으나 승승장구하여 그 기세는 무적의 군대라 할 수 있습니다. 그런데 천리나 되는 먼 곳에서 양식을 수송하므로 군량이 부족해 병사들은 배불리 먹지 못한다고 합니다. 정형의 길은 수레가 열을 짓지 못하고 말도 줄을 잇지 못할 만큼 험한 길이니 양식은 반드시 뒤를 대지 못할 것입니다.

저에게 기습부대 3만명을 주십시오. 저는 간도에서 적의 수송선을 끊겠사오니 성안군께서는 도랑을 깊게 파고, 누를 높이 쌓아 진(陣)을 굳게 하고 교전하지 마십시오. 그러면 적은 전진해도 싸움을 할 수 없고 또한 후퇴도 불가능하게 될 것입니다. 우리 기습부대가 퇴로를 끊고 들에 약탈하는 자가 없게 해놓으면 열흘도 못가 한신, 장이 두 장수의 목을 휘하로 가져 올 수 있을 것입니다. 부디 저의 계략을 받아들여 주십시오. 그렇지 않으면 두 장군에게 포로가 되고 말 것입니다."

당시 성안군은 유학자로 언제나 정의로운 군대를 일컬으며 속임수나 기교한 계략을 쓰지 않는 자였다.

이러한 성안군은

"병법에 말하기를 적의 10배면 이를 포위하고 배가 되면 싸우라는 말이 있다. 지금 한신의 군은 수만 군사라 떠들고 있으나 실제는 수천에 지나지 않는다. 거기다 천리길을 행군해 온 병사들은 이미 피로에 지쳐 있을 것이다. 이런 적까지도 피하고 공격을 하지 않는다면 이후 더 큰 적이 나타났을 때는 어떻게 할 것인가. 또 만일 그런 짓을 한다면, 제후들은 나를 겁쟁이로 취급하고 수시로 공격해 올 것이다."

라고 하고 광무군의 계책을 받아들이지 않았다.

얼마후 한신의 군대가 공격해오자 조나라 군사는 성에서 나와 싸우다가 과연 크게 패하고 성안군은 저수(泜水) 근처에서 전사했다.

성안군의 고사(故事)는 "적의 10배면 이를 포위하고 배가 되면 싸운다."라는 손자의 말을 곧이 곧대로만 신봉한 어리석음과 구구한 정의에 얽매여 실패한 결과에 대한 통렬한 풍자가 되었다.

정의를 위한다면 어떠한 계략을 써서라도 그 전쟁에서 이겨야 정의를 이룰 수 있는 것 아니겠는가. 전쟁에서 이긴 자만이 모든 것을 이룰 수 있는 것이다.

여러 조건들을 정확히 비교 검토하지 못하고 실정을 제대로 파악하지 못한 성안군의 정정당당한 전투 정신만 가지고는 아무 소용없는 것이다.

〔실례 2〕
※전쟁에는 정확한 판단이 중요하다
─삼국시대 위(魏)나라의 장군인 사마의(司馬懿)는 서기 228년에 상용(上庸)에서 맹달(孟達)을 공격할 때에는 속전속결로 전광석화(電光石火)와 같은 승리를 거두었다.

그런데 10년 후 요동(遼東)에서 공손연(公孫淵)을 포위했을 때는 좀처럼 공격을 가하지 않았다. 기다리다 못한 참모가

"상용에서 맹달을 공격했을 때는 속전속결로 불과 5일만에 성을 함락시키고 맹달의 목을 베었습니다. 그런데 이번에는 유유하게 기다리고만 있으니 무슨 까닭이십니까?"

하고 묻자, 사마의가 대답했다.

"그때와 지금의 상황은 전혀 다르다. 싸움이란 속임수인 것이며 상황이 다르면 그에 대한 작전도 달라져야 한다. 오늘의 적군은 수가 많을 뿐만 아니라 비가 내려 그들을 도와주고 있다. 이런 때는 유유한 태도를 취하여 적군을 안심시키는 것이 상책이다. 목전의 이익만 보고 싸움을 하는 것은 어리석은 작전에 불과하다."

전쟁에는 오직 정확한 판단과 승리를 위한 계획, 단호한 결단만이 필요한 것이다.

6. 산(算)이 많으면 승리한다

무릇 아직 싸우지 않고도 조정에서 전략회의를 가져 승리할 것
이라는 확신이 서는 자는 전략회의에서 승산이 있다는 것을 충분
히 논의하였으므로 얻는 것이 많기 때문이다. 아직 싸우지 않고
도 조정에서 전략회의를 가져 승리하지 못할 것이라는 결론을 내
리는 자는 충분한 논의를 거쳤어도 승산을 따져보아 얻는 것이 적
기 때문이다.

승산이 많으면 승리하고 승산이 적으면 승리하지 못한다. 하물
며 승산이 없음에 있어서랴. 내 이로써 이것을 보면 승부(勝負)
가 보인다.

▨승산(勝算)이 없으면 싸우지 않는다는 것이 손자(孫子)의 기본 사
상이다.그러므로 우선 전쟁을 시작하기 전에 작전회의를 열어 상대와 자
기측의 5가지 근본 문제와 7가지 기본 조건을 비교 검토하여 승산이 있
는가 없는가를 알아보아야 한다. 비교 검토하여 승산이 많으면 이길 수
있고 승산이 적으면 이기기 어렵다. 더구나 승산이 전혀 없다면 전쟁을
일으켜서는 안된다. 이것을 따져서 잘 살펴보면, 전쟁을 했을 때 이기고
지는 것을 저절로 알게 되는 것이다.

夫未戰而廟算¹⁾勝者는 得算多也라 未戰而廟算不勝者는 得
算少也라 多算勝이고 少算不勝이라 而況於無算乎아 吾以此觀
之컨대 勝負見矣라

1) 廟算(묘산) : 묘(廟)는 묘의(廟議), 곧 전략회의라는 뜻. 산(算)은 공산
   (公算)이라는 뜻. 즉 조정에서 전략회의를 열어서 조사 연구하게 하고 또
   논의 검토한 결의 공산(公算). 산(算)은 승산(勝算)으로도 풀이된다.

제2편 싸움의 방법
(作戰篇第二)

— 싸우기 전에 생각하라 —

1. 10만의 군사를 일으킬 수 있는 여건

손자(孫子)가 말하였다.

"무릇 군사를 이용하는 방법은 치거(馳車 : 속력이 빠른 전차) 천사(千駟 : 천대), 혁거(革車 : 수송용 작은 수레) 천승(千乘 : 천대), 대갑(帶甲 : 갑옷 입은 병사) 10만명을 거느린다.

천리(千里) 밖에 있는 군진에 식량을 보내려면 안팎의 경비와 빈객에게 드는 비용과 교칠(膠漆 : 무기를 수리하는 재료)의 재료와 거갑(車甲 : 수레와 병기)의 보충 등이 하루에 천금(千金)을 쓴 뒤라야 10만의 군사를 일으킬 수 있다."

▨나무수레와 일반 수송수레 각 천대씩과 10만명의 병사를 거느리고 군사를 일으킨다면 천리길 머나먼 군진에 식량을 보내고, 이에 따르는 국내외의 여러 가지 비용과 사신이나 원조하러 오는 사절들을 접대하는 것 등에 충당할 비용을 계산해야 한다.

또 무기의 보수에 쓰이는 재료같은 보수 자재와 각종 장비에 드는 비용 등을 하루에 천금(千金 : 수억원)이나 들여야 한다. 이런 것을 계산하고 그 비용을 충당할 충분한 준비가 된 뒤에라야 10만의 군사를 동원할 수 있는 것이다.

孫子曰 凡用兵之法은 馳車[1]千駟[2] 革車[3]千乘[4] 帶甲[5]十萬 千里饋糧[6]하면 則內外之費 賓客之用[7] 膠漆之材[8] 車甲之奉[9]이 日費千金然後에야 十萬之師擧[10]矣라

1) 馳車(치거) : 속력이 빠른 전차.

2) 千駟(천사) : 천 대. 한 대를 4마리의 말이 끈다.

3) 革車(혁거) : 수송용의 작은 수레.

4) 千乘(천승) : 천 대.

5) 帶甲(대갑) : 갑옷으로 무장한 병사.

6) 饋糧(궤량) : 군량미를 보내다.

7) 賓客之用(빈객지용) : 빈객에게 드는 비용. 각 나라의 사신들.

8) 膠漆之材(교칠지재) : 교(膠)는 아교, 칠(漆)은 옻칠. 교칠은 무기나 무기의 보수에 쓰는 보수용 재료를 뜻한다.

9) 車甲之奉(거갑지봉) : 수레와 병기의 보충.

10) 師擧(사거) : 군사를 일으키다.

2. 전쟁은 오래 끌면 안된다

그 전쟁을 하면서 승리하는 것이 오래 걸리면 병사들은 둔(鈍)해져 날카로움이 꺾이고 성을 공격하더라도 곧 전력이 떨어진다. 또 오랫동안 군사가 밖에 나가 있게 되면 곧 나라의 재정이 부족하게 된다.

▨전쟁이 벌어져 서로 싸울 때 장기전이 되면 비록 승리를 거두었다고 하더라도 이미 병사들은 지치고 사기가 꺾인다. 그래서 적의 성(城)을 공격한다 하더라도 공격력이 둔해진다.

또한 병사들이 오래도록 나라 밖에 나가 있게 되면 국가의 재정도 부

족해져서 나라가 위기에 빠지게 된다. 전쟁은 속전속결(速戰速決)을 기본으로 삼아야 하는 것이다.

其用戰[1]也에 勝久[2]면 則鈍兵[3]挫銳[4]하고 攻城이면 則力屈[5]이라 久暴師[6]면 則國用[7]不足이라

1) 用戰(용전) : 전쟁을 하다.

2) 勝久(승구) : 전쟁을 오래 끌어 승리하다.

3) 鈍兵(둔병) : 병사들이 둔하게 된다. 곧 병사들이 무디게 된다는 뜻.

4) 挫銳(좌예) : 날카로움을 꺾다. 곧 날카로움이 꺾인다는 뜻.

5) 力屈(역굴) : 힘을 굽히다. 곧 힘이 약해지다.

6) 久暴師(구폭사) : 오래도록 군사를 드러내놓다. 곧 오래도록 군사를 나라 밖에 나가 있게 한다는 뜻.

7) 國用(국용) : 나라의 재정.

3. 전쟁은 빠르게 끝내야 한다

무릇 병사들이 둔하고, 날카로움이 꺾이고, 전력이 떨어지고, 재정(財政)이 부족해지면 곧 제후(諸侯)들은 그 피폐함을 틈타서 일어날 것이다.

비록 지혜로운 자가 있다고 하더라도 능히 그 뒤를 좋게 수습하지는 못한다. 그러므로 전쟁은 서툴더라도 빨리 끝내야 한다는 것은 들었지만 아직 교묘(巧妙)하게 오래 지속한다는 것은 보지 못하였다.

일단 병사들의 능력이 둔화되고 사기가 저하되고 전력이 떨어지고 나라의 재정이 부족해져서 국가가 피폐해지면 다른 나라 제후들이 그 기회를 이용하여 공격해 들어오게 된다.

그렇게 되면 아무리 지혜로운 사람이 있다고 하더라도 그것을 막아낼

도리가 없게 된다.

그래서 서툴더라도 전쟁은 빨리 끝내야 승리를 거둘 수 있다는 말은 들었어도 교묘한 작전으로 오래 끌어서 이긴 예를 보지 못했다고 했다. 역시 전쟁은 속전속결(速戰速決)을 위주로 해야 한다는 것이다.

夫鈍兵挫銳하고 屈力殫貨[1]하면 則諸侯[2]乘其弊而起[3]라 雖有智者라도 不能善其後[4]矣라

故로 兵聞拙速[5]하고 未睹巧之久[6]也라

1) 殫貨(탄화) : 재정(財政)을 다하다.

2) 諸侯(제후) : 춘추시대(春秋時代) 열국(列國)의 군주(君主)들.

3) 乘其弊而起(승기폐이기) : 그 피폐함을 틈타서 일어나다.

4) 善其後(선기후) : 그 뒤를 좋게 수습하다.

5) 拙速(졸속) : 서툴더라도 빠르게 끝내다. 교묘하지 않더라도 빨리 끝내다.

6) 巧之久(교지구) : 교묘한 작전이 오래가다.

4. 해로움이 있다는 것을 알아야 한다

무릇 전쟁을 오래 끌어서 나라의 이로움이 되는 것은 아직까지 있지 않았다. 그러므로 군사를 써서 해로움이 있는 것을 다 알지 못하는 자는 곧 군사를 써서 이로움이 있는 것도 다 알지 못하는 것이다.

▨전쟁을 장기전으로 이끌어 나라에 이로움을 가져왔다는 이야기는 지금까지 없었다. 일단 전쟁이 붙으면 속전속결(速戰速決)로 끝내는 것이 현명한 태도인 것이다.

결코 무모하게 장기전에 말려 들어서는 안된다.

전쟁을 함으로써 발생할 해로움을 계산하지 못하는 자는 전쟁을 함으로써 발생할 이로움도 계산하지 못한다는 뜻이 되는 것으로 승산을 잘

따져야 한다는 말이다.

　夫兵久[1]而國利[2]者는 未之有[3]也라 故로 不盡知[4]用兵[5]之害
者는 則不能盡知用兵之利也라

1）兵久(병구) : 전쟁을 오래 끌다.

2）國利(국리) : 나라의 이로움.

3）未之有(미지유) : 아직 있지 않다. 곧 아직까지 없다.

4）不盡知(부진지) : 다 알지 못하다.

5）用兵(용병) : 군사를 쓰다. 곧 작전(作戰).

5. 양식은 적지(敵地)에서 충당한다

　군사를 잘 쓰는 자는 병역을 2번 징집하지 않고 양식을 3번 신
게 하지 않으며 군사용 물품은 나라에서 취하고 양식은 적(敵)
에게서 취한다.

　그러므로 군사들의 식량은 가히 족(足)하다.

　▨용병(用兵)을 잘하는 지혜로운 장수는 전쟁터에 나갈 장병을 징집
함에 있어 1번의 싸움에 1번만 징집하고 2번 징집하지 않는다. 만약 두
번 세번 징집하는 일이 생긴다면 그것은 백성을 괴롭히는 일이요, 처음
부터 전략이 허술하다는 것을 드러내는 것이다.

　전쟁에 쓰이는 물품을 본국에서 완벽하게 준비해 사용하고 군량미는
본국에서 3번을 실어나르지 않는다. 군대가 국외로 파병될 때 군량미는
갈때와 올때 2번만 수송하며 식량은 적지(敵地)에서 조달한다.

　그렇지 못하고 본국에서 3번 이상 수송하게 되면 국력의 피폐를 가져
온다. 군량미를 적지에서 조달함으로써 국력의 피폐를 막고 군사의 식량
은 넉넉해지는 것이다.

善用兵者는 役不再籍[1]하고 糧不三載[2]라 取用[3]於國하고 因[4]糧
於敵이라 故로 軍食可足也라

1) 役不再籍(역부재적) : 역(役)은 병역(兵役). 적(籍)은 병적(兵籍). 병
   역은 2번 병적에 오르지 않는다. 곧 병역은 2번 징집하지 않는다는 뜻.
2) 糧不三載(양불삼재) : 양식은 세 번 실어 나르지 않는다.
3) 用(용) : 무기를 비롯한 군사용 물품.
4) 因(인) : 의지하다. 곧 조달(調達)하다.

6. 멀리 실어 나르면 백성이 가난해진다

나라가 군사로 인해 가난해지는 것은 멀리 실어 나르기 때문이
다. 멀리 실어 나르면 곧 백성이 가난해진다.

▨멀리 원정군을 파견하면 후방인 본국에서는 그들에게 군량미와 무
기, 기타 군용품을 보급해 주어야 한다. 그런데 그 거리가 너무 멀어서
그것들을 수송하다 보면 본국의 백성들이 지치고 생업에 종사할 수 없
어서 가난해지게 된다는 말이다.

國之貧於師[1]者는 遠輸[2]라 遠輸則百姓貧이라

1) 貧於師(빈어사) : 군사로 해서 가난해지다.
2) 遠輸(원수) : 멀리 실어 나르다. 멀리 수송하다.

7. 물건이 비싸지면 재물이 다한다

군대가 주둔하는 근방에서는 물건이 비싸게 팔린다. 물건이 비
싸게 팔리면 곧 백성들의 재물이 다하고 재물이 다하면 곧 구역
(丘役 : 고을에서의 노역)이 어려워진다.

▨군대가 주둔하는 근방에서는 공급보다 수요가 많기 때문에 물가가 비싸진다.

이것은 일반 사회에 영향을 끼쳐 주둔지 이외에서도 물가가 상승하게 되어 일반 백성의 생활 형편이 어려워지게 되며 따라서 그들이 부담해야 할 세금도 많아지게 된다.

세금부담이 커지게 되면 백성들은 세금을 내기 어렵게 되고 나라에서는 무리하게 징수하지 않을 수 없게 되는 것이다.

近於師者는 貴賣[1]라 貴賣則百姓財竭[2]이오 財竭則急[3]於丘役[4]이라

1) 貴賣(귀매) : 물건이 귀하게 팔리다. 곧 물건이 비싸게 팔리다.

2) 財竭(재갈) : 재물이 다하다. 곧 돈이 없어지다.

3) 急(급) : 어려워지다의 뜻.

4) 丘役(구역) : 당시의 조세(租稅) 부과제도였던 정전법(井田法)에 의해 노동력을 세(稅)로 지출하던 노역(勞役)을 말한다.

8. 힘이 약해지고 재물이 다하면

힘이 약해지고 재물이 다하면 본국의 백성들은 안으로는 집이 비게 되어 백성이 소비할 수 있는 것이 열에서 일곱이 사라진다. 국가가 소비할 수 있는 것도, 수레는 파괴되고 말은 피로하며 갑옷과 투구 활과 화살 갈래진창과 방패 세모창과 큰방패 구우(丘牛)와 대거(大車)는 열에서 여섯은 못쓰게 된다.

그러므로 지혜로운 장수는 적의 것을 먹기에 힘쓴다. 적의 1종(一鍾)을 먹는 것은 우리의 20종에 해당하고 적의 말먹이 1석(一石)은 우리의 20석에 해당한다.

그러므로 적을 죽이게 하는 것은 노여움이며 적의 이로움을 빼

앗게 하는 것은 재물이다.

▨전쟁을 장기전으로 몰아가 군대의 힘이 약해지고 나라의 재력이 고갈되면, 백성들의 가정도 곤궁해지며 그들 소득의 10분의 7을 전쟁의 비용으로 부담하게 된다.

한편 국가적으로도 손실이 커서 전차는 부숴지고 말은 지쳐서 병들고 장비나 무기 등과 수송에 쓰는 소와 수레 따위도 10분의 6은 잃게 된다는 것이다.

그러므로 지혜로운 장수는 되도록 본국에 손해를 입히지 않기 위해 적지(敵地)에서 식량을 조달하려고 노력한다. 적에게서 탈취한 1종(鍾)의 식량은 본국에서 수송하는 것의 20종과 맞먹으며, 말먹이 1석(石)은 본국에서 수송하는 그것의 20석과 맞먹을 만큼 크다.

그러므로 싸움은 채산이 중요하다. 적을 살상하게 하는 전투 행위는 분노심을 일으키면 상당한 성과를 거둘 수 있고 적의 재물을 탈취하려면 병사들에게 재물을 주어 사기를 북돋아 주어야 한다는 것이다.

力屈財殫이면 中原[1]은 內虛於家[2]이고 百姓之費[3]는 十去其七이라 公家[4]之費는 破車罷馬하고 甲冑矢弩 戟楯[5] 蔽櫓[6] 丘牛[7]大車는 十去其六이라

故로 智將務食於敵[8]이라 食敵一鍾[9]은 當吾二十鍾이라 蒠秆[10] 一石[11]은 當吾二十石이라

故로 殺敵者는 怒也라 取敵之利者는 貨也니라

1) 中原(중원) : 평야의 백성들. 본국의 백성들.

2) 內虛於家(내허어가) : 안으로는 집이 비게 된다. 집의 안이 텅 비다. 곧 가난하다는 뜻.

3) 費(비) : 비용. 부담.

4) 公家(공가) : 제후(諸侯)의 집안. 여기서는 국가라는 뜻으로 풀이된다.

5) 戟楯(극순) : 갈래진창과 방패.

6) 蔽櫓(폐로) : 큰 방패를 뜻한다. 폐는 가리다의 뜻.

7) 丘牛(구우) : 공전(公田)에 비치하는 소로 전쟁 때 징발하여 수송용으로
   이용한다.

8) 務食於敵(무식어적) : 적의 것을 먹기에 힘쓰다.

9) 鍾(종) : 양(量)을 헤아리는 단위.

10) 萁秆(기간) : 콩깍지와 볏짚 따위의 말먹이.

11) 石(석) : 양(量)을 헤아리는 단위.

〔실례 1〕
　※지혜로운 장수는 적의 것을 먹기에 힘쓴다〔智將務食於敵〕
　—한나라 무제(武帝)의 원정(元鼎) 4년에 남월(南越)에서 반란의
기미가 보였다.

　무제는 장삼(莊參)에게 병사 2천명을 주어 남월을 토벌하게 했는데
장삼은 "2천명의 병력으로는 아무것도 못합니다." 하고 사퇴해 버렸다.

　그러자 겹현(郟縣)의 장사인 한천추(韓千秋)가 자진해서 나섰다.

　"그런 작은 나라는 2백명의 병사면 충분합니다. 황공하오나 소신이 정
복하고 오겠습니다."

　무제는 기뻐하며 한천추에게 2천명의 군사를 주어 남월의 국경을 넘
게 했다. 남월로 들어선 천추의 군사는 몇군데 작은 마을을 격파하자 의
기양양했다.

　남월의 장수 여가(呂嘉)는 일부러 길을 내주고 양식 보급도 방해하지
않으면서 한천추군대를 유인해 들였다.

　원정군으로서는 식량 보급이 가장 어려운 일이다. 이미 휴대 식량은
다 떨어지고 대규모의 보급부대도 없이 진격해 온 한천추군은 계략인 줄
도 모르고 신이 나서 전진했다. 그런데 남월의 수도 번우(番禺)까지 40
리밖에 남지 않은 지점에서 돌연 여가의 군대에게 포위되어 공격을 받
아 전멸되고 말았다.

　이 소식을 들은 무제는 크게 노하여 원정 5년에 노박덕(路博德)을 복
파장군(伏波將軍)에 임명하고, 양복(揚僕)을 누선장군(樓船將軍)에

임명하여 죄인 및 강회(江淮) 이남의 병력을 합해 IO만을 이끌고 남월
을 토벌하도록 명했다.

  원정 6년 겨울, 누선장군은 정병을 이끌고 공격을 개시했다. 누선장군
의 공격은 매우 날카로워 심협(尋陜)을 함락시키고 이어 석문(石門)을
격파한 후 수많은 남월의 배와 식량을 빼앗았다.

  이 식량의 획득으로 누선장군의 부대는 보급문제를 거의 해결했다.

  병사들은 배불리 먹고 사기 백배하여 용약전진해서 남월군의 예봉을
꺾고 약속한 지점에서 복파장군의 부대를 기다렸다. 그 병력은 수만명이
넘었다.

  한편 복파장군은 죄수부대를 인솔하고 전진했는데 양식보급에 어려
움을 겪어 고생고생하다가 약속 날짜에 늦고 말았다. 누선장군의 부대와
합류했을 때는 천여명의 병사밖에 남지 않았다.

  두 부대는 군사를 합쳐 전진했으나 배부르게 먹고 충분히 휴식한 누
선장군의 부대가 행군이 빨라 한 걸음 앞서 번우에 도착했다.

  번우에서는 여가의 군대가 성을 지키며 방비를 굳게 하고 있었다. 먼
저 번우에 도착한 누선장군은 공격하기 좋은 동남쪽에 진을 치고 늦게
도착한 복파장군은 서북쪽에 진을 쳤다.

  날이 저물자 누선장군은 맹공을 가해 남월의 전위부대를 격파하고 불
을 질러 성을 태웠다.

  성의 서북쪽에 진을 치고 있던 복파장군의 군병력은 겨우 천 여 명으
로 극히 허술했으나 이미 남월까지 복파장군의 용맹스러움이 알려져 있
는데다 날이 어두웠기 때문에 병력의 실체가 탄로나지 않았다. 성 안의
여가군대도 복파장군의 진을 공격하지 않고 누선장군의 군대하고만 교
전했다.

  누선장군은 더욱더 역공을 펼쳐 성을 불태웠으므로 성 안의 여가군은
새벽에 전원이 항복했고 탈주했던 여가도 복파장군의 부대에게 잡혔다.

  이렇게 해서 남월은 평정되었는데 그 공으로 복파장군은 재물이 조금
늘었을 뿐이지만 누선장군은 장양후(將梁侯)에 임명되었다.

　　이 전쟁에서의 논공행상에서 누선장군이 많은 공로를 인정받게 된 것은 적의 식량을 많이 탈취하여 병사들이 배부르게 먹고 사기가 충천한 데에 기인한 것이다.

　〔실례 2〕
　※적을 죽이는 것은 화가 났기 때문이다〔殺敵者怒也〕
　―후한(後漢) 때 반초(班超)가 사신이 되어 36명의 일행과 함께 사막을 지나 선선(鄯善)으로 갔다. 허술한 숙사에 자리를 잡은 일행은 여독을 풀기 위해 조그만 연회를 열었다. 마시고 취하는 동안 누란(樓蘭)의 예를 잃은 대우에 화가 나기 시작했다.
　“나는 후한의 사신이다. 이런 냉대가 어디 있단 말이냐.”
　잠시 노여움을 되새기고 있는 동안 감정이 더욱 폭발하여 마침내 절정에 달했다.
　“지금 우리는 멀고 먼 변경에 있다. 이것은 오로지 큰 공을 세워 부귀를 얻기 위해서이다. 그러나 이곳에 온 지 수일이 지났는데 누란의 왕은 예의를 갖추어 영접하려 하지 않는다. 이것은 누란 왕에게 적의가 있기 때문이다. 만약 우리들을 잡아 흉노에게라도 보내게 되면 우리들의 해골은 이 변경에 버려져 짐승의 밥이 될 것이다.”
　반초가 이렇게 말하자 모두들 한결같이 말했다.
　“지금 우리는 삶과 죽음이 달린 위태로운 땅에 있습니다. 이렇게 된 이상 목숨을 걸고 명령에 따를 수밖에 없습니다.”
　반초가 말했다.
　“호랑이 굴에 들어가지 않으면 호랑이 새끼를 얻을 수 없다. 어디 죽음을 각오하고 해보자. 야음을 틈타 불을 질러 적을 공격하며 적에게 이쪽 병력을 눈치채지 못하게 하면 적은 크게 당황할 것이다. 적이 당황하여 우왕좌왕하게 되면 섬멸할 수 있다. 여기 있는 적을 멸망시키면 큰 공이 된다.”
　밤중에 반초는 일행을 이끌고 적의 군영으로 갔다. 마침 큰 바람이 불고 있었다.

반초는 10명에게 큰북을 주어 군영의 뒤쪽에 매복시켰다.

"불길이 오르거든 곧 북을 울리고 큰소리를 치도록 하라."

그리고 다른 사람들에게는 대궁(大弓)을 가지고 문 양편에 매복하도록 했다. 이어 반초는 바람을 이용하여 불을 질렀다.

불길이 오름과 동시에 북이 울리고 함성이 일어났다. 적병은 놀라서 우왕좌왕하다가 전부 타죽고 말았다. 이렇게 해서 반초는 누란을 정복하여 한나라에 복속시켰다.

이 싸움은 부하들의 노여움을 일으켜 적을 죽이고 공을 세우도록 한 것이다. 또한 부귀영화를 미끼로 하여 적을 무찔러 공을 세우도록 한 것이다.

9. 적의 전차 10대 이상을 빼앗았을 때는

그러므로 전차로 하는 싸움에서 적의 전차 10대 이상을 획득하면 그 먼저 획득한 자에게 상을 준다. 그리고 그 정기(旌旗)를 바꾸어 달고 전차를 섞어서 타게 하며 병졸(兵卒)은 잘 대우하여 그들을 양성해야 한다.

이것을 일러 적에게 승리하여 강함을 더하는 것이라고 한다. 그러므로 전쟁에서는 승리를 귀중하게 여기고 오래 끄는 것을 귀중하게 여기지 않는다.

그러므로 전쟁을 아는 장수는 백성들의 생명을 맡고 국가의 안전과 위험을 주재하는 것이다.

적의 전차 10대 이상을 탈취했을 때에는 그 가장 먼저 빼앗은 공로자에게 상을 주어 모두를 격려한다.

그리고는 적의 전차에 달렸던 깃발을 이쪽의 것으로 바꿔 달게 하고 아군의 병사를 태워 아군의 수레 속에 섞여 달리게 하여 겉으로 보기에

적인지 아군인지 구별할 수 없게 하며, 포로로 잡은 적군은 잘 대우해 주고 회유하여 이쪽을 따르게 한다.

이렇게 함으로써 승리를 얻을 뿐 아니라 이쪽을 보강하는 이로움도 있어서 이중의 도움을 얻게 되는 것이다.

전쟁의 목적은 승리하기 위한 것으로 어떤 전쟁이라도 속전속결로 처리해야 병사를 지키면서 승리하기도 쉽고 국가 재정의 피폐도 막을 수 있다.

그러므로 전쟁의 생리를 잘 아는 지혜로운 장수는 백성들의 생명을 맡아 다스리고 국가의 안전과 위태함을 맡아서 결정하는 책임자라 할 수 있는 것이다.

故車戰[1] 得車十乘已上이면 賞其先得者하고 而更其旌旗[2]하고 車雜而乘之하며 卒善[3]而養之라 是謂勝敵而益强[4]이라

故로 兵貴勝[5]하고 不貴久니라 故로 知兵之將은 民之司命[6] 國家安危之主[7]也라

1) 車戰(차전) : 전차로 하는 싸움.

2) 旌旗(정기) : 깃발.

3) 卒善(졸선) : 병졸(兵卒)을 잘 대우하다. 포로로 잡은 적군을 잘 대우해 주는 것.

4) 益强(익강) : 강함을 더하다.

5) 兵貴勝(병귀승) : 전쟁에서는 승리를 귀중하게 여긴다.

6) 司命(사명) : 생명을 맡음.

7) 主(주) : 주인. 책임자.

제3편 계책으로 공략함
(謀攻篇第三)

— 싸우지 않고 이기다 —

I. 싸우지 않고 이기는 것이 최선

손자가 말하였다.

"무릇 군사를 쓰는 방법은 나라를 온전하게 하는 것이 상(上)이 되고 나라를 깨뜨리는 것은 다음이며, 군대를 온전하게 하는 것이 상이 되고 군대를 깨뜨리는 것은 다음이다. 여(旅)를 온전하게 하는 것이 상이 되고 여를 깨뜨리는 것은 다음이며, 졸(卒)을 온전하게 하는 것이 상이 되고 졸을 깨뜨리는 것은 다음이다. 오(伍)를 온전하게 하는 것이 상이 되고 오를 깨뜨리는 것은 다음이다.

이런 까닭으로 백번 싸워 백번 이기는 것이 최선의 선(善)이 아니요, 싸우지 않고서 남의 군사를 굴복시키는 것이 최선의 선인 것이다.

그러므로 전쟁을 잘하는 방법은 계략을 쳐부수고 그 다음은 외교관계를 치고 그 다음은 군사를 정벌하는 것이다."

▨적과 전쟁을 하는데 있어서 적군과 서로 무력으로써 대결하여 적의 나라를 파괴하고 적의 군사를 살상하는 것이 일반적인 통념이거늘 손자

는 그렇지 않다고 한다. 적의 나라와 적의 군사를 온전하게 두고서 승리를 거두는 것이 승리의 최상의 방법이요, 그렇게 할 수 없는 경우에 부득이 무력으로 적을 파괴하는 것은 그 다음의 방법이라고 한다. 이것은 적의 소수부대와의 대결에서도 마찬가지이다.

백번 싸워 백번 승리하는 것, 다시 말해서 무력으로써 대결하여 대결할 때마다 번번이 적을 쳐부수는 것은 화려한 승리인 것 같으나 그 대결에서는 아군의 적지않은 희생도 따르지 않을 수 없는 것으로 싸우지 않고 적의 군사를 굴복시키는 것이 최선의 승리라고 할 수 있는 것이다.

그러면 싸우지 않고 승리를 거두는 방법은 무엇인가. 최상의 방법은 적의 작전계획을 미리 알아내 그것을 이쪽에서 먼저 막는 방법이다. 그러기 위해서는 철저히 적진의 실정을 탐지하는 것이 필요하다. 그 다음은 끈질긴 외교전이다. 적의 나라와 친밀하게 지내는 나라 사이에 끼여들어 그들을 이간시킴으로써 적을 외교 무대에서 고립시키는 것이다.

그래도 적이 굴복하지 않으면 무력으로써 적을 공격한다.

孫子曰 凡用兵之法은 全國[1]爲上[2]하고 破國次之라 全軍[3]爲上하고 破軍次之라 全旅[4]爲上하고 破旅次之라 全卒[5]爲上하고 破卒次之라 全伍[6]爲上하고 破伍次之라

是故로 百戰百勝은 非善之善者[7]也라 不戰而屈人之兵[8]이 善之善者也라

故로 上兵[9]은 伐謀[10]하고 其次伐交[11]하고 其次伐兵[12]이라

1) 全國(전국) : 나라 곧 적의 나라를 온전하게 두다.

2) 爲上(위상) : 상(上)이 되다. 상책(上策)이다.

3) 軍(군) : 1만2천5백명의 군대.

4) 旅(여) : 5백명의 군대.

5) 卒(졸) : 1백명의 군대.

6) 伍(오) : 5명의 군대.

7) 善之善者(선지선자) : 선(善)한 중에서도 선(善)한 것. 곧 최선(最善)

의 방법.

8) 人之兵(인지병) : 남. 곧 적의 군대. 적군(敵軍).

9) 上兵(상병) : 전쟁을 잘하는 방법.

10) 謀(모) : 적의 계략. 작전계획.

11) 伐交(벌교) : 외교(外交)를 정벌하다. 곧 적과 가깝게 지내는 나라와의
    사이를 이간하여 적을 고립시킨다는 뜻.

12) 伐兵(벌병) : 군사를 무력으로 정벌한다는 뜻.

2. 성(城)을 공격할 때는

그 아래의 방법은 정치를 거두고 성(城)을 공격하는 것인데 성을 공격하는 것은 부득이 할 때 하는 것이다. 방패와 분온(轒轀)을 수리하고 기구와 기계를 갖추는 것이 석 달 뒤에 이루어지며 흙산을 쌓으면 또 석 달 뒤에 끝난다.

장수가 그 분함을 이기지 못하여 병사들을 개미떼가 성벽에 붙어서 기어오르듯이 하게 하면 병사 3분의 I을 죽이고서도 성을 함락시키지 못할 것이니 이것은 공격에서 오는 재앙이다.

그러므로 용병(用兵)을 잘하는 사람은 적의 군대를 굴복시키되 싸우지 않고 하는 것이며 적의 성을 함락시키되 공격하지 않고 하는 것이며 적의 나라를 무너뜨리되 오래 끌지 않는 것이다.

반드시 온전함으로써 천하를 다툰다. 그러므로 군사는 둔해지지 않고 이로움을 온전히 취할 수 있으니 이것은 계략으로 적을 공격하는 방법이다.

용병의 방법은 이쪽의 병력이 IO배면 포위하고 5배면 공격하고 배(倍)가 되면 분산하고 비슷하여 대적할 만하면 용감하게 싸우고 병력이 적으면 능히 도망치고 이길 승산(勝算)이 없으면 싸움을 피한다. 그러므로 작은 적이 굳게 싸우게 되면 큰 적에게 포

로가 되는 것이다.

▨무력을 쓰지 않으면서 적으로 하여금 굴복해 오도록 하는 계략이 뜻대로 되지 않으면 불가피하게 무력으로써 적과 대결해야만 되는데 그 가장 하급의 작전이 적의 성을 공격하는 일이다.

적의 성을 공격하려면 우선 성을 쳐부술 장비가 필요하다. 그런데 그 공격하는 데에 소요되는 갖가지 장비를 갖추는 데에 걸리는 기간이 3개월 정도는 걸려야 한다. 그리고 성 안의 동정을 살피기 위해 성 밖에다가 성보다 높게 토산(土山)을 쌓아야 하는데 거기 소요되는 기간도 3개월은 걸려야 한다. 이러는 동안에 성미가 급한 장수는 참지 못하여 병사들로 하여금 개미떼처럼 성벽을 기어올라 싸우게 하는데 그 싸움에서 병력의 3분의 1 정도는 잃을 각오를 해야 한다. 그런데 성이란 난공불락(難攻不落)의 요지이기 마련이니, 그와 같은 희생을 치르고도 함락시키기는 어려운 것이다. 그렇게 되면 그 동안에 든 막대한 비용과 소요된 오랜 기간과 많은 인명의 손실을 감수하며 성을 공격하는 일을 포기하고 후퇴하지 않을 수 없게 된다. 그래서 이것을 일러 성을 공격하는 재앙이라고 하는 것이다.

이와 같이 적의 성을 정면으로 공격하는 전법은 많은 희생을 수반하게 되는 것이므로 용병을 잘하는 장수는 지략으로써 적과의 정면 대결을 피해 싸우지 않고 적군을 굴복시키며, 공격하지 않고 적의 성을 함락시키며, 오래 끌지 않고 적의 나라를 무너뜨리는 전법을 사용하는 것이다.

그렇게 하면 적도 파괴시키지 않고 온전하게 두면서 천하를 다투는 것이므로 이쪽의 전력을 소모하지 않고서도 완전한 승리를 거둘 수 있다. 이것은 계책으로써 적을 공격하는 전법이다.

그러므로 손자는 용병의 법을 다음과 같이 제시하였다.

① 이쪽의 병력이 적군의 10배가 된다는 것을 알았을 때는 적을 에워싸는 포위작전을 취하는 것이 좋다.

② 이쪽의 병력이 적군보다 5배 정도 많다면 정면으로 공격을 감행해도 좋다.

③ 이쪽의 병력이 적군보다 2배 정도 많다면 적의 세력을 분산시켜 약하게 만든 뒤에 공격하는 것이 좋다.

④ 이쪽의 병력과 적의 병력이 맞먹을 때는 최선을 다해 그들과 싸워야 한다.

⑤ 이쪽의 병력이 적의 병력보다 열세일 때에는 이를 지켜보면서 후퇴작전을 써야 한다.

⑥ 승산이 전혀 없으면 전투를 피해야 한다. 만약 이쪽의 적은 병력으로써 무리하게 전투를 감행하다가는 강한 적군의 포로가 되기 쉽다.

下[1]政攻城인데 攻城之法은 爲不得已라 修櫓轒轀[2]하고 具器械가 三月而後成이라 距闉[3] 又三月而後已라 將不勝其忿하고 而蟻附之[4]하여 殺士三分之一하고도 而城不拔者면 此攻之災라

故로 善用兵者는 屈人之兵[5]하되 而非戰也라 拔人之城[6]하되 而非攻也라 毀人之國[7]하되 而非久也라 必以全爭於天下라 故로 兵不頓[8] 而利可全[9]이라 此謀攻之法[10]也라

故로 用兵之法은 十則圍之[11]고 五則攻之[12]며 倍則分之[13]고 敵則能戰之[14]며 少則能逃之[15]고 不若則能避之[16]라 故로 小敵之堅[17]이면 大敵之擒[18]也라

1) 下(하) : 그 아래의 방법. 하급의 방법.

2) 轒轀(분온) : 성(城)을 공격하는 사다리차.

3) 距闉(거인) : 성 밖에다가 흙을 높이 쌓아 올려서 산을 만드는 일.

4) 蟻附之(의부지) : 병사들을 개미떼가 성벽에 붙어서 기어오르듯이 행하게 하다.

5) 屈人之兵(굴인지병) : 적의 군사를 굴복시키다.

6) 拔人之城(발인지성) : 적의 성을 함락시키다.

7) 毀人之國(훼인지국) : 적의 나라를 무너뜨리다.

8) 兵不頓(병불돈) : 군사가 둔해지지 않다. 군사가 약해지지 않다.

9) 利可全(이가전) : 이로움을 온전히 취할 수 있다.

10) 謀攻之法(모공지법) : 계략으로 적을 공격하는 방법.

11) 十則圍之(십즉위지) : 적의 병력의 10배가 되면 그들을 포위하다.

12) 五則攻之(오즉공지) : 병력이 5배가 되면 그들을 공격하다.

13) 倍則分之(배즉분지) : 병력이 배가 되면 분산(分散)하다. 곧 적을 분산 시켜서 하나하나 격파시키다.

14) 敵則能戰之(적즉능전지) : 병력이 비슷하면 능히 대적할 수 있다.

15) 少則能逃之(소즉능도지) : 병력이 적으면 능히 후퇴하거나 숨는다.

16) 不若則能避之(불약즉능피지) : 승산이 없으면 싸움을 피해야 한다. 힘 이 부족함을 느꼈을 때는 정면대결을 피해야 한다.

17) 小敵之堅(소적지견) : 적은 수의 병력으로 완강하게 싸우는 것.

18) 大敵之擒(대적지금) : 큰 적의 포로가 되다.

3. 장수와 군주의 사이가 틈이 있으면

대저 장수는 국가를 보좌하는 것이다. 보좌하는 사람이 빠짐없이 두루 하면 국가는 반드시 강해지고 보좌하는데 틈이 있으면 국가는 반드시 허약해진다.

그러므로 군주(君主)가 군(軍)에 대하여 근심을 끼치는 것 3가지가 있다.

군이 전진해서는 안되는 것을 알지 못하면서 전진하라고 명(命)하고, 군이 후퇴해서는 안되는 것을 알지 못하면서 후퇴하라고 명하는 것이다.

이것은 군을 속박하는 것이라 이른다.

▨한 나라의 군사권을 쥐고 있는 장수는 그 나라의 국방을 책임지고 군주를 보좌하는 사람이다.

이런 중책을 짊어진 사람과 그 나라의 군주와의 사이가 빈틈없이 호흡이 잘 맞아 화합하면 그 나라는 반드시 강대해지게 마련이다.

그러나 반대로 장수와 군주 사이에 틈이 생겨 화합하지 못한다면 그 나라는 혼란해지게 되고 그 결과 위태로워질 것은 불을 보듯 뻔한 노릇이다.

이 본문에서는 군주라는 말은 비치지 않았으나 한 나라를 보좌하는 사람과의 사이가 원활하고 또는 틈이 생겨 불화해질 대상이 군주임은 자명한 일이다.

군부에서 군주에 대하여 근심하는 것 3가지가 있으니 그 첫째가 군대를 속박하는 것이다.

전쟁은 백전(百戰)을 겪은 노련한 장수의 지략과 판단에 의해 수행되어야 한다.

군주는 세세한 것에 마음 쓰기보다 국가 전반에 걸친 정치를 통괄하여야 한다.

장수가 전쟁 이외의 정치에 대해 잘 모르듯 군주 또한 군사를 운용하는데 있어서는 백전노장의 전략을 따를 수밖에 없음은 당연한 이치이다. 그런데도 군주가 일일이 작전을 명하는 것은 결국 군을 속박하는 일이 된다. 잘못된 명령이라도 따를 수밖에 없으므로 승리할 수 있는 싸움도 망칠 수 있다. 그래서 군부에서는 그것을 근심하게 되는 것이다.

夫將者는 國之輔[1]也라 輔周[2]則國必强하고 輔隙[3]則國必弱이라
故로 君之所以患於軍者三이라 不知軍之不可以進[4]하고 而謂[5]
之進이오 不知軍之不可以退하고 而謂之退라 是謂縻軍[6]이라

1) 國之輔(국지보) : 국가의 보좌관(輔佐官). 곧 국가를 보좌하는 사람.

2) 輔周(보주) : 보(輔)가 주도(周到)하다. 곧 장수인 보와 군주의 사이가 빈틈이 없고 장수가 두루 하면 나라가 편안하다.

3) 輔隙(보극) : 보에 틈이 있다. 곧 장수인 보와 군주의 사이가 불화하다.

4) 不可以進(불가이진) : 전진해서는 안된다.

5) 謂(위) : 말하다. 명(命)하다.

6) 縻軍(미군) : 군대를 속박하다.

4. 승리를 방해하는 일

삼군(三軍)에 관한 일을 알지 못하면서 삼군의 다스림에 간섭하면 군사(軍士)들이 미혹(迷惑)하게 된다. 삼군의 임기응변을 알지 못하면서 삼군의 임무(任務)를 간섭하면 군사들이 의심하게 된다.

삼군이 이미 미혹되고 또한 의심하게 되면 제후(諸侯)에게 환란(患難)이 이르게 된다. 이것을 일러 군사를 어지럽혀서 승리를 물리치는 것이라고 한다.

▨군주가 군에 끼치는 근심을 이어서 말하였다. 군주가 군사에 관한 일들을 잘 알지도 못하면서 군사행정을 간섭하게 되면 군사들은 누구 말이 옳은지, 누구 말을 들어야 할지 몰라 갈팡질팡하게 된다. 또한 군주가 군의 임기응변(臨機應變)의 계략을 모르면서 군의 실정에 맞지 않는 명령을 내린다면 군사들은 어찌할 바를 모르고 의심하게 된다.

그러므로 군사행정이나 작전 명령같은 것은 그 방면에 정통한 군사 지휘관에게 맡겨야 한다.

군주가 삼군(三軍)에 대한 일들에 대하여 밝게 알지 못하면서 사리에 맞지 않는 명령을 남발하면 군사들이 미혹되고 의혹을 품어 혼란스럽게 될 것이고 그렇게 되면 적들은 그 기회를 틈타 공격해 올 것이다. 그 결과 제후는 어려움에 봉착하게 될 것이다.

이런 일은 군사들을 혼란에 빠뜨리는 것이며 이로 인하여 승리할 수 있었던 싸움에서조차 패배하게 되는 결과를 가져오게 된다.

이러한 군주의 태도를 군부에서는 근심하는 것이다.

不知三軍之事[1]하고 而同[2]三軍之政者면 則軍士惑[3]矣라 不知三軍之權[4]하고 而同三軍之任[5]하면 則軍士疑矣라

三軍旣惑且疑면 則諸侯之難至矣라 是謂亂軍引勝[6]이라

1) 三軍之事(삼군지사) : 전군(全軍)에 관한 일. 삼군(三軍)은 전군(全軍), 곧 당시의 군사 편성인 중군(中軍) 상군(上軍) 하군(下軍)을 통틀어 이르던 말.
2) 同(동) : 함께 하다. 곧 간섭한다는 뜻.
3) 惑(혹) : 미혹(迷惑)되다. 곧 혼란에 빠지다. 혼란스러워 갈피를 못잡다.
4) 權(권) : 임기응변(臨機應變)의 계략을 세우다. 권모술수(權謀術數). 군의 정세에 따라 바뀌는 전략.
5) 任(임) : 임무(任務).
6) 引勝(인승) : 승리를 끌다. 승리를 늦추다. 승리를 물리치다.

5. 적을 알고 나를 알면 백번 싸워도 위태롭지 않다

그러므로 승리를 알 수 있는 5가지가 있다.

더불어 싸울 상대와 싸워서는 안될 상대를 아는 자는 승리한다.

많고 적은 수에 따라 군사를 쓸줄 아는 자는 승리한다.

위와 아래가 하고자 하는 것이 같은 자는 승리한다.

갖추고 있으면서 갖추지 않은 상대를 기다리는 자는 승리한다.

장수가 유능하고 군주가 간섭하지 않는 자는 승리한다.

이상의 5가지를 아는 것은 승리할 것을 아는 방법이다.

그러므로 말하기를 "적을 알고 나를 알면 백번 싸워도 위태롭지 않고, 적을 알지 못하고 나를 알면 한 번 이기고 한 번 지며, 적을 알지 못하고 나도 알지 못하면 싸울 때마다 반드시 위태롭다."고 하였다.

▨그 전쟁에서 이쪽이 승리할 수 있는가를 예견할 수 있는 5가지 조건이 있다.

먼저 이쪽의 전력과 적의 전력을 비교 검토하여 평가하는 일이다. 그리하여 적과 더불어 대결하여 싸울 만하다고 판단될 때 싸우면 승리할 가능성이 있는 것이다.

　다음에는 병력의 많고 적음에 따라 적절한 전략을 세울 줄 알고서 싸우면 승리할 가능성이 있는 것이다.

　그런 다음에는 곧 군주와 장수, 군사들과 온 국민이 일치단결하여 승리를 거두겠다는 의욕을 가지고 싸우면 승리할 가능성이 있는 것이다.

　또한 이쪽에서는 만반의 대비를 갖추고 있으면서 적의 허점(虛點)을 노려 공격의 기회를 잃지 않으면 승리할 가능성이 있는 것이다.

　마지막으로 군주가 능력 있는 장수를 믿고 그에게 용병에 관한 모든 것을 맡기고 간섭하지 않아야 승리할 가능성이 있는 것이다.

　이 5가지 조건이 다 갖추어졌을 때 승리를 확신할 수 있다.

　자기측의 만반의 태세를 갖춤은 물론이고 적의 전력과 동태도 일일이 감시하는 데에 부단한 노력을 기울여야 한다. 그리하여 적의 실정을 완전히 파악하고 나서 싸우면 싸울 때마다 실패가 없을 것이다.

　그러나 자기편은 만반의 태세를 갖추었더라도 적의 실정을 제대로 파악하지 못하고 싸우면 승패의 확률은 예측할 수 없다. 그리고 적의 실정도 모르고 자기편의 준비나 전력을 제대로 파악하지 못하고 싸운다면 패전은 자명한 일이 아니겠는가?

　故로 知勝有五라 知可以戰與不可以戰者勝이라 識衆寡之用[1]者勝이라 上下同欲者勝이라 以虞[2]待不虞者勝이라 將能而君不御[3]者勝이라 此五者는 知勝之道也니라

　故曰 知彼[4]知己면 百戰不殆라 不知彼而知己면 一勝一負라 不知彼不知己면 每戰必殆라

1) 用(용) : 용병(用兵).

2) 虞(우) : 갖추다. 곧 경계하다.

3) 御(어) : 제어(制御)하다. 곧 간섭하다.

4) 彼(피) : 저편. 상대편. 곧 적(敵).

제4편 군의 형세
(形篇第四)

— 적의 약점을 공격하라 —

I. 힘이 부족하면 수비하고 여유 있으면 공격한다

손자가 말하였다.

"옛날에 전쟁을 잘하는 사람은 먼저 적이 이기지 못하도록 해놓고 나서 그것으로써 이길 수 있도록 적을 기다렸다.

이길 수 없는 것은 나에게 있고 이길 수 있는 것은 적에게 있는 것이다. 그러므로 전쟁을 잘하는 사람은 적군이 이길 수 없게는 할 수 있으나 아군이 적에게 반드시 이기게 할 수도 없는 것이다.

그러므로 '승리할 것을 알 수는 있으나 승리하게 할 수는 없다.'고 했다.

이길 수 없는 자는 수비하는 것이요, 이길 수 있는 자는 공격하는 것이다. 수비는 힘이 부족해서이고 공격하는 것은 힘의 남음이 있어서인 것이다."

▨옛날부터 용병을 잘하는 지혜로운 장수의 전략을 보면 우선 적에게 승리할 기회를 주지 않으면서, 즉 자기쪽이 패배하는 일이 없도록 군세를 완벽하게 갖추어 놓고 나서 적을 공격할 기회가 생기기를 기다리는 전법을 썼다.

적으로 하여금 이쪽에게 승리할 수 없게 만드는 것은 이쪽이 태세를 얼마나 완벽하게 갖추느냐에 따르는 것이므로 이쪽에서 하기에 달려 있고 적군을 이길 수 있느냐 하는 문제는 적군이 태세를 어느 정도로 갖추느냐에 달려 있는 것이니 그것은 적의 진영에서 하기에 따르는 것이다.

그러므로 전쟁을 잘하는 장수라면 적이 이쪽을 이길 수 없게는 할 수 있다. 그러나 이쪽이 반드시 적에게 승리할 수 있다는 보장은 할 수 없다. 그것은 적이 방비태세를 어느 정도로 갖추었느냐에 달려 있기 때문이다.

그래서 승리할 것을 예견할 수는 있지만 반드시 이쪽이 승리하도록 할 수는 없다고 말하는 것이다. 그것은 적의 방비태세를 좌지우지할 수는 없는 일이기 때문이다.

적과의 전력이나 준비태세를 검토해 보아 이쪽이 적에 비해 열세이므로 승산이 없으면 수비하는 것이 상책이요, 이쪽이 적보다 우세하여 승산이 있으면 적극적인 공격을 취하는 것이 상책인 것이다.

孫子曰 昔之善戰者는 先爲不可勝[1]이오 以待敵之可勝[2]이라 不可勝在己[3]오 可勝在敵[4]이라 故善戰者는 能爲不可勝이나 不能使敵必可勝[5]이라

故曰 勝可知[6]而不可爲[7]오 不可勝者는 守也요 可勝者는 攻也라 守則不足[8]이요 攻則有餘[9]니라

1) 爲不可勝(위불가승) : 적이 이길 수 없도록 하다. 적이 이기지 못하게 이쪽의 방비를 잘 갖추는 것.

2) 待敵之可勝(대적지가승) : 이길 수 있도록 적을 기다리다. 이길 수 있는 기회를 기다린다.

3) 在己(재기) : 나에게 있다. 곧 자기쪽 준비태세에 달려 있다.

4) 在敵(재적) : 적에게 있다. 곧 적군의 준비태세에 달려 있다.

5) 不能使敵必可勝(불능사적필가승) : 적을 반드시 이쪽이 이기게 할 수는 없다. 꼭 이쪽이 이기는 것은 아니라는 뜻.

6) 勝可知(승가지) : 승리할 것을 알 수 있다. 승리를 예견하다.

7) 不可爲(불가위) : 승리하게 할 수는 없다. 이기도록 만들지는 못한다.

8) 守則不足(수즉부족) : 수비하는 것은 병력이 부족해서이다. 적보다 열세
인 상태.

9) 攻則有餘(공즉유여) : 공격하는 것은 힘의 남음이 있어서이다. 적보다 우
세에 있다.

〔실례〕

※승리는 미리 알 수 있으나 만들 수는 없다〔勝可知而不可爲〕

—당(唐)나라 측천무후(則天武后) 초기에 서경업(徐敬業)이 강도
에서 군사를 일으켜 왕실을 회복한다고 큰소리를 치고 있었다.

서경업이 주실의 위(尉)인 위사공(魏思恭)을 참모로 앉히고 그 계책
을 물으니 위사공이 말했다.

"주상께선 무후가 어린 군주를 유폐한 일로 인해 왕가 회복을 결심하
셨습니다.

싸움은 빠른 것을 위주로 합니다. 곧 회북(淮北)으로 건너가 스스로
대군을 이끌고 그대로 동도(東都)로 진격하셔야 합니다. 산동(山東)의
장병들은 주상께 근왕(勤王)의 뜻이 있음을 알면 반드시 죽음을 각오
하고 종군해 올 것입니다. 그렇게 하시면 해를 가리키고 때를 새기듯 천
하는 반드시 평정될 것입니다."

서경업은 그 말대로 따르려고 했다. 그러자 설장(薛璋)이 나서서 말
했다.

"금릉(金陵) 땅에는 왕의 기운이 일찍부터 나타나 있습니다. 따라서
즉각 이에 응해야 합니다. 더구나 그곳은 대강(大江)의 험준함이 천연
의 요새를 이루고 있어, 스스로를 지키는 데 충분합니다.

부디 우선 상윤(常潤) 등의 고을을 공략해서 왕패의 업을 이룩하시고
그 다음에 군사를 이끌고 북상하심이 가할 줄로 아옵니다. 그렇게 하신
다면 물러섰을 때 돌아갈 곳이 있고, 앞으로 진격하면 무엇이든 이쪽의

이익이 됩니다. 실로 좋은 계책이 아니겠습니까.”

서경업은 그럴듯하다고 생각하고 스스로 군사 4천을 이끌고 남쪽으로 강을 건너 윤주(潤州)를 공격했다.

위사공은 그것을 보고 은근히 두기인(杜氣仁)에게 속삭였다.

“병의 기세란 통합을 해야지 분산을 해서는 안된다. 이제 서경업은 힘을 모아 회하(淮河)를 건너 산동의 병사를 이끌고 낙양으로 들어가야 하건만 그것을 모르고 남쪽 윤주를 공격하니 이래서는 틀림없이 성공하지 못할 것이다.”

위사공의 예견대로 서경업은 패하고 말았다.

승리하고 실패하는 것은 알 수 있으나 승리하고 실패하는 것을 조작할 수는 없는 것이다.

2. 완전한 승리를 거두는 법

수비를 잘하는 사람은 구지(九地)의 밑에 숨고 공격을 잘하는 사람은 구천(九天)의 위에서 움직인다.

그러므로 스스로 보전하여 완전한 승리를 거둘 수 있다.

▨수비를 잘하는 장수는 수비할 태세를 완전히 갖추어 일단 수비에 들어가면 그 군대가 수비하는 곳은 마치 깊은 땅 속에 숨은 듯이 교묘하게 정체를 감추어 뚜렷하게 드러나지 않게 되는 것이다.

공격을 잘하는 장수가 일단 완벽한 출격준비를 갖추어 한번 공격에 들어가게 되면 그것은 마치 높은 하늘에서 솔개가 새를 채듯이 빠르게 움직여서 적이 대처할 기회를 주지 않고 공격을 퍼붓는 것이다.

그렇게 함으로써 스스로를 온전하게 보전할 수가 있고, 또 완전한 승리를 거둘 수가 있는 것이다.

善守者는 藏於九地¹⁾之下하고 善攻者는 動於九天²⁾之上이라 故

ㄹ 能自保而全勝也라

1) 九地(구지) : 깊은 땅 속.
2) 九天(구천) : 높은 하늘.

〔실례〕

※잘 공격하는 자는 구천(九天) 위에서 움직인다

─조(趙)나라 북쪽 변방을 지키는 장군으로 이목(李牧)이 있었다.

이목은 흉노가 공격해 오면 봉화를 올려 그 신호를 보고 백성들과 병사들로 하여금 성 안으로 피하게 했다. 싸우려고 하지 않는 이목을 보고 병사들은 겁쟁이라고 생각했다.

조(趙)나라 왕도 이목을 문책하고 대신 다른 장군을 파견했다. 그 장군은 크게 싸웠으나 잃은 것이 많았으며, 변경의 백성들은 농경 목축도 할 수가 없게 되었다. 그래서 다시 이목이 임명되었다.

이목이 여전히 흉노와 싸우지 않자 흉노도 이젠 이목을 완전히 겁쟁이라고 생각하게 되었다.

이목은 수년 동안 병사들을 훈련만 시킬 뿐 실전에는 쓰지 않아 병사들은 모두 한번 싸우기를 원했다. 그래서 병거 천3백대, 기마 2천두, 공로가 있었던 용사 15만명, 활의 명수 10만명을 배치하고 대연습을 행했다.

이토록 힘을 가지고 있으면서도 흉노의 소부대가 침입해 와도 여전히 싸우지 않고 성 안으로 도망쳤다.

이에 흉노의 왕 선우(單于)가 대군을 이끌고 단숨에 이목의 군대를 격파하려고 출격해 왔다. 이목은 병사들을 곳곳에 배치하여 좌우로 날개를 편 것 같은 형태로 반격해서 흉노 10만 여 기를 죽이고 드디어 선우를 패주시켰다.

이 전투에서 흉노는 많은 종족이 멸망당하고 혹은 모두 항복을 하여 그후 10여 년 간 흉노는 감히 조나라의 변경에 접근하지 못하게 되었다.

이 싸움은 이길 수 있는 충분한 준비를 하고 적을 기다려 승리한 하나의 실례이다.

3. 쉽게 이길 곳에서 승리한다

승리를 예견하는 것이 여러 사람이 아는 바에 지나지 않는 것은 최상의 선(善)이 아니다. 전쟁에 승리하여 천하의 사람들이 선(善)이라고 말하는 것은 최상의 선이 아니다.

그러므로 추호(秋毫)를 드는 것을 힘이 세다고 하지 않는 것이며 해와 달을 보는 것을 눈이 밝다고 하지 않는 것이며 천둥소리를 듣는 것을 귀가 밝다고 하지 않는 것이다.

옛날의 이른바 전쟁을 잘한 사람은 승리를 쉽게 이길 곳에서 승리한 것이다. 그러므로 전쟁을 잘하는 사람의 승리에는 지혜로운 이름이 없고 용맹한 공적도 없는 것이다.

▨누구나가 다 그 전쟁은 승리할 것이라고 예측한 싸움이나 천하 사람들이 모두 잘 싸웠다고 칭찬하는 그런 싸움은 최선의 승리가 아니라는 말이다. 그것은 이미 승리할 수밖에 없도록 만반의 태세를 갖추어 놓고 싸웠거나 많은 희생을 치르고 이긴 싸움이기 때문이다.

가을의 가벼운 짐승털을 들었다고 해서 힘이 세다고 할 수 없고 밝고 밝은 해와 달을 보았다고 해서 눈이 밝다고 할 수 없고 요란한 천둥소리를 들었다고 해서 귀가 밝다고 할 수 없는 것과 같다.

옛날에 진정 전쟁을 잘한 사람은 어려움 없이, 승리하기 쉬운 곳에서 승리한 사람이다.

그러므로 전쟁을 잘한 사람은 전쟁에 이기고도 그들의 지혜로운 명예와 용맹한 공적을 남기지 못한 것이다. 그들은 애초에 많은 희생없이 전쟁에 쉽게 이기도록 태세를 갖추는 전략을 세운 것이지 개인의 명예나 공적같은 것은 생각지도 않았던 것이기 때문이기도 하다.

見勝 不過衆人之所知는 非善之善者也라 戰勝 而天下曰善[1)]

은 非善之善者也라

故로 擧秋毫[2] 不爲多力[3]이오 見日月不爲明目[4]이오 聞雷霆不爲聰耳[5]라 古之所謂善戰者는 勝勝易勝[6]者也라

故로 善戰者之勝也는 無智名[7] 無勇功[8]이라

1) 天下曰善(천하왈선) : 천하 사람들이 잘했다고 말하다. 치열한 싸움에서 이긴 것을 칭찬하는 것.

2) 秋毫(추호) : 가을 터럭. 가을에 짐승의 털이 아주 가늘어지는 것을 말하는데 여기서는 아주 가벼운 것을 뜻한 것이다.

3) 多力(다력) : 많은 힘. 힘이 매우 센 것.

4) 明目(명목) : 밝은 눈. 눈이 매우 좋아 잘 보는 것.

5) 聰耳(총이) : 밝은 귀. 귀가 밝아 어떠한 소리라도 잘 듣는 것.

6) 勝勝易勝(승승이승) : 이기기를 승리하기 쉬운 데에서 승리하다.

7) 智名(지명) : 지혜로운 이름.

8) 勇功(용공) : 용맹한 공적.

〔실례 1〕

※자신의 눈에 비치는 것은 속속들이 통찰하다.

─형가(荊軻)는 위(衛)나라 사람으로 조상은 본래 제(齊)나라 사람이다. 위나라 사람들은 형가를 경경(慶卿)이라 불렀다. 그후 그는 연(燕)나라로 건너갔다. 연나라 사람은 그를 형경(荊卿)이라 불렀다.

형경은 독서와 격검(擊劍)을 좋아하여, 술(術)로써 위나라 원군(元君)을 설득하려 했으나 쓰이지 않았다.

형가는 일찍이 유차(楡次)를 지나다가 개섭(蓋聶)과 검에 대해 서로 논의했는데 개섭이 화를 내며 노려보자 나가 버렸다.

사람들이 형가를 다시 부르려 하니 개섭이 말했다.

"아까 검에 대해 논쟁을 했는데 이상한 소리를 하므로 노려보았더니 나가 버렸소. 이미 어디론가 가 버렸을 테니 이 근처에는 없을 것이오"

사람을 보내 찾아보니 과연 형가는 이미 수레를 타고 유차에서 떠나

버린 후였다.

형가가 한단(邯鄲)에서 머무르고 있을 때 노구천(魯句踐)과 쌍륙놀이를 하다가 말다툼이 벌어졌다. 노구천이 화를 내며 소리치자 형가는 말없이 도망치고는 다시는 만나지 않았다.

연나라에서 형가는 축(筑)을 잘 치는 고점리(高漸離), 전광(田光)과 교제했다. 형가는 술을 좋아해 매일 개백장, 고점리 등과 함께 시장에서 술을 마셨다. 술이 거나해지면 고점리는 축을 치고, 형가는 그에 맞추어 노래하며 서로 흥을 내다가 감정이 격해지면 서로 부둥켜 안고 엉엉 소리내어 우는 등, 방약무인한 태도를 보였다.

그후 연나라 태자 단(丹)의 간청으로 형가는 진(秦)나라 왕을 자살(刺殺)하는 일을 맡았다. 전광은 스스로 목을 쳐 형가를 격려했다.

진나라 왕을 살해하기 위해서는 먼저 진나라 왕을 만나야 했는데 진왕은 의심이 많아 신용이 없으면 만나지 않았다. 형가는 진나라에서 천금과 만호의 촌(村)이라는 현상금을 걸고 쫓고 있는 진나라 장수였던 번어기(樊於期)를 남몰래 만났다. 그 목을 가지고 가 진나라 왕의 신용을 얻으려는 생각에서였다.

번어기는 형가의 말을 듣자 즉석에서 스스로 목을 치고 죽었다. 번어기의 목을 손에 넣은 형가는 한 자루의 단검을 숨기고

바람은 고요하고 쓸쓸한데

역수는 차고도 차구나.

장사(壯士) 한 번 떠나면

다시 돌아오지 않는다.

는 노래를 부르며 역수(易水)를 건너 진나라로 들어갔는데 과연 형가는 다시 돌아오지 못했다.

단신으로 진나라 궁전에 들어간 형가는 칼을 날릴 아차하는 한순간 진왕의 자살에 실패하고 만 것이었다. 형가는 몸의 여덟 군데에 상처를 입고 쓰러졌는데, 죽기 직전에 고함을 질렀다.

"내가 실패한 것은 위협을 해서 침략당한 토지를 반환시키려 했기 때

문이다."

그후 천하를 통일한 진나라 왕은 시황제라 불리게 되었다. 시황제는 축을 잘 치는 고점리를 사랑하여 눈을 멀게 한 다음 측근에 두었다. 고점리는 축에 납(鉛)을 장치하여 시황제를 죽이려 하였으나 뜻을 이루지 못하고 결국 시황제의 손에 죽었다.

노구천은 형가가 진나라 왕을 죽이려고 했다는 말을 듣고 혼자 중얼거렸다.

"아아, 아까운 노릇이로다. 형가가 단검술을 익히고 있지 않았다니. 그것보다도 내게 사람을 보는 눈이 없었다는 것은 이 무슨 실수냐. 이전에 내가 소리쳤을 때 형가는 아마도 나를 대면하지 못할 놈이라고 생각했을 것이다."

형가의 사람됨을 통찰하지 못했다는 노구천의 안타까움은 대단했다. 밤마다 눈을 뜨고 이를 갈며 머리를 쥐어뜯으며 안절부절을 못하고 괴로워했다. 형가나 고점리나 전광이 서로 그 인간을 통찰한 데 비해 개섭이나 노구천은 단지 형가의 겉모양만 보는 데 지나지 않았던 것이다.

그러므로 겉모양에 현혹되지 말고 실체를 제대로 파악하여 사람을 쓰는 것이 중요하다.

〔실례 2〕
※잘 싸우는 자의 승리는 명성도 없다.
—공수반(公輸盤)이라는 사람이 초(楚)나라를 위해 운제(雲梯)라는 성을 공격하는 병기를 만들어, 그것으로 송(宋)나라를 공격하려 했다. 이 소문을 들은 묵자(墨子)가 밤낮으로 길을 걸어 초나라의 도읍인 영(郢)에 이르러 공수반을 만나

"당신은 운제라는 새로운 병기를 만들어 송나라를 공격하려 한다는데 송나라에 무슨 죄가 있습니까? 초나라의 국토는 넓고 인구는 적은데 작은 나라인 송나라를 빼앗으려 하는 것은 지혜가 있다고 말할 수 있습니까? 송나라는 초나라에 대해 아무 죄도 없는데 이를 공격하는 것을 인

(仁)이라 말할 수 있습니까?”

하고 말했다. 그러자 공수반은

“그것은 사실이지만 이 계획은 이미 초나라 임금의 승인을 받은 것이니 여기에서 중단할 수는 없습니다.”

라고 말했다. 이에 묵자가 말했다.

“그렇다면 초나라 임금을 뵙게 해주십시오.”

묵자는 공수반의 중개로 초나라 임금을 만나 말했다.

“훌륭한 수레를 가지고 있으면서 이웃집의 낡은 수레를 훔치려는 사나이가 있습니다. 이 사나이를 어떻게 생각하십니까?”

“틀림없이 도둑질하는 버릇이 있는 모양이로군.”

“그렇다면 초나라의 영토는 사방 5천리나 되지만 송나라의 영토는 불과 사방 5백리밖에 안됩니다. 또한 초나라에는 물자도 풍부합니다. 왕께서 송나라를 공격하시는 것은 옳지 않습니다.”

“그대의 말이 옳지만 애써 운제를 만든 공수반의 수고도 있으므로 그만둘 수는 없다.”

이리하여 묵자는 혁대를 풀어 성으로 삼고 공수반의 운제를 이용한 공격을 수비하는 모의전투를 벌이게 되었다. 공수반은 계속하여 공격하였지만 묵자는 그때마다 이를 방어했다.

그러자 공수반이 말했다.

“내가 졌습니다. 그러나 나에게는 한 가지 비결이 있습니다.”

묵자가 대답했다.

“나는 벌써부터 그것을 알고 있습니다.”

이에 초왕이 무슨 뜻이냐고 묻자 묵자가 대답했다.

“공수반은 저를 죽이려는 것입니다. 저만 죽이면 송나라에는 수비할 사람이 없으므로 공격할 수 있다고 생각하는 것입니다. 그러나 그렇게는 되지 않을 것입니다. 저의 제자들 3백명이 이미 제가 고안한 방어용 무기를 가지고 송나라 성에서 초나라 군대가 공격해 오기를 기다리고 있습니다. 저를 죽일지라도 송나라는 결코 멸망하지 않을 것입니다.”

이리하여 초나라 왕은 드디어 송나라 공격을 중지시켰다.

송나라의 위기를 구출한 묵자는 돌아오는 길에 송나라에 들어서서 큰 비를 만났다. 마을의 한 대문 추녀밑에서 비를 피하며 자려 했는데 문지기가 와서 그를 쫓아냈다고 한다.

송나라 사람들은 자기들을 전쟁으로부터 구해준 은인의 공적을 전혀 모르고 있었던 것이다.

묵자의 제자는 "사람들이 알지 못하게 위험에서 구해 주었을 때는, 사람들은 그의 공적을 깨닫지 못한다. 자신의 공로를 드러내면 그의 공적이 알려질텐데…." 하였다고 한다.

그러므로 진정 전쟁을 잘하는 사람은 명예와 용맹이 드러나지 않는다.

4. 승리하는 군사는 먼저 승리할 태세를 갖춘다

그러므로 그 전쟁에서 승리하는 것이 어긋나지 않는다. 어긋나지 않는다는 것은 그 조치하는 바가 반드시 승리하게 되어 있는 것이며 이미 패한 자에게 승리하는 것이기 때문이다.

그러므로 전쟁을 잘하는 사람은 패하지 않는 처지에 서서 적의 실패를 놓치지 않는 것이다.

이런 까닭으로 승리하는 군사는 먼저 승리할 태세를 갖추고 나서 뒤에 싸움을 걸고 패하는 군사는 먼저 싸움을 시작하고 나서 뒤에 승리를 구하는 것이다.

▨전쟁을 잘하는 사람은 싸우면 꼭 승리를 거두기 마련인데 그것은 싸우기 전에 이쪽의 태세를 완전하게 갖추어서 적으로 하여금 승리할 기회를 주지 않기 때문이다. 그래서 싸우기 전부터 이미 패전할 수밖에 없는 적과 싸우는 것이니 승리를 거두게 되는 것은 당연한 이치이다.

그러므로 전략을 잘 세우는 장수는 먼저 이쪽의 만반의 준비태세를 완전하게 갖추어 놓은 연후에 적의 동정을 살펴 적에게 틈이 생기기를 기다렸다가 그 기회를 엿보아 재빠르게 공격을 가하는 것이므로 결코 승리할 기회를 놓치는 일이 없는 것이다.

전쟁에 승리하는 군사와 패전하는 군사는 그 싸우는 자세부터가 다르다. 승리하는 군사는 먼저 승리할 태세부터 갖추고 나서 적과의 전투를 시작하고 패전하는 군사는 먼저 전투부터 시작한 뒤에 승리를 거두려고 한다는 것이다.

미리부터 완벽하게 태세를 갖추어 놓은 측과 먼저 싸움부터 시작하고 나서 뒤에 승리할 기회를 구하는 측과의 대결에서 승패는 이미 정해져 있는 것이다.

故로 其戰勝不忒[1]이라 不忒者는 其所措必勝[2]이라 勝已敗者[3]也라 故로 善戰者는 立於不敗之地[4]하여 而不失敵之敗也라

是故로 勝兵[5]先勝[6]而後求戰[7]하며 敗兵先戰[8]而後求勝이라

1) 不忒(불특) : 어긋나지 않다. 틀림이 없다.

2) 所措必勝(소조필승) : 조치하는 바가 반드시 승리하게 한다.

3) 勝已敗者(승이패자) : 이미 패한 자에게 승리하다. 이미 패할 수밖에 없는 자에게 승리하다.

4) 立於不敗之地(입어불패지지) : 패하지 않을 처지에 서다.

5) 勝兵(승병) : 승리하는 군사.

6) 先勝(선승) : 먼저 승리할 태세를 갖추는 것.

7) 求戰(구전) : 싸움을 걸다.

8) 先戰(선전) : 먼저 싸움을 시작하다.

〔실례〕

※ 승산없는 싸움은 걸지 않는다

—춘추시대 당나라의 고조에게 중용된 이정(李靖)이란 사람이 있었다. 형부상서를 거쳐 후에 위국공(衛國公)에 봉해진 이정은 병법에도 능했는데 그가 말했다.

"삼군의 총지휘관이 된 자는 정세를 관찰할 줄 알고 인화(人和)를 꾀하며 깊은 지략과 멀리 보는 안목이 있어 천시(天時:기회)를 파악하고 사람으로서의 올바른 길을 걷는 자라야 한다.

만약 그렇지 못하면 변을 만났을 때 기(機)에 응해 적과 상대할 수 없을 것이다. 행군은 좀처럼 나아가지 못하고 헛되이 헤맬 뿐이며 계책을 세우지도 못하여 갈팡질팡하는 사이 대오는 흩어지고 말 것이다.

마치 풀을 푸르게 하기 위해 열탕에 넣거나 소중한 가축을 호랑이나 이리에게 먹히도록 쫓아내는 것과 조금도 다름이 없다."

또 손자, 오자(吳子)와 견주는 병법가 울료자(蔚繚子)도 말했다.

"반드시 이기는 싸움이 아니면 경솔하게 싸움을 말하지 말라. 공격해서 반드시 성을 함락시키는 것이 아니면 경솔히게 공격을 말하지 말라."

아무런 준비태세나 전략도 없고 적의 동정도 제대로 파악하지 못하면서 경솔하게 군사를 동원시켜서는 안된다고 많은 병법가들이 한결같이 이야기하는 것이다.

그러므로 승리한 군사는 먼저 이길 수 있는 상태를 만든 다음에 싸움을 시작하기에 승리할 수 있고, 패배한 군사는 먼저 싸우고 난 후에 승리를 구하기에 패배할 수밖에 없는 것이다.

5. 승리와 패배를 다스린다

군사를 잘 운용할 줄 아는 사람은 도(道)를 닦고 법(法)을 보전한다. 그러므로 승리와 패전의 정사(政事)를 할 수 있다.

▨용병(用兵)을 잘하는 사람은 전략을 세우기에 앞서 자신을 닦아 도의에 맞게 하고 도의에 따른 행동을 한다. 그리고 법을 지키고 집행하는 데 있어 공평무사(公平無私)하고 솔선수범한다. 그러면 병사들은 장수를 믿고 두려워하지 않으며 일률적으로 잘 통제되어 싸움에서 이쪽이 승리를 거둘 수가 있는 것이다.

善用兵者는 修道而保法이라 故로 能爲勝敗之政[1]이라

1) 勝敗之政(승패지정) : 전쟁에서 이기고 지는 일. 전쟁에서 이쪽이 승리하고 적이 패전하는 정사(政事).

〔실례〕

※솔선해서 몸을 닦고 법을 지켜야 한다.

—이광(李廣)장군은 농서군(隴西郡) 성기현(成紀縣) 사람이다. 조상인 이신(李信)은 진(秦)나라의 장군이 되어 연(燕)나라의 태자 단(丹)을 추적해서 포박한 인물이다. 이러한 이광의 집안에는 대대로 궁술이 전해 내려왔다.

한(漢)나라 문제(文帝) 14년, 흉노가 소관(蕭關)에 침입했을 때 이광은 종군해서 흉노를 공격했다. 말 위에서 활을 쏘는 데 능해 많은 적을 죽이고, 혹은 포로로 잡았는데 이로 인하여 문제는 이광을 칭찬했다.

"아까운 일이다. 그대가 고조황제 때 태어났더라면 문제없이 만호후(萬戶侯) 정도는 되었을텐데."

경제(景帝) 6년, 흉노가 크게 일어나 상군(上郡)을 침입했다. 경제는 만일을 염려해서 이광에게 총애하는 환관을 보호하게 했다.

어느날 100기 정도의 군대로 환관을 지키고 있는데 수천기의 흉노가 보였다. 흉노는 이광의 군대를 보고 미끼로 생각했는지 산 위로 올라가 진을 쳤다. 흉노의 군대를 본 이광의 병사들은 놀라 도망치려고 했다.

그러자 이광이 말했다.

"우리들은 본대에서 수십리나 떨어져 있다. 이런 상태에서 100기 정도가 도망을 치면, 흉노가 뒤쪽에서 활을 쏘아대 곧 전멸해 버릴 것이다. 그러나 가만히 있으면 흉노는 본대의 미끼라 생각하고 공격해 오지 않을 것이다."

이광은 100기를 이끌고 전진하여 흉노의 진에서 2리쯤 떨어진 곳에 정지한 뒤 말에서 내려 모든 병사들의 말 안장을 풀게 했다. 병사들이 겁을 내자 이광은 다시 말했다.

"저들은 우리들이 도망칠 것이라 생각하고 있다. 그러므로 우리는 안장을 풀고 도망치지 않는다를 것을 보여 미끼라고 생각하도록 하는 것이다."

과연 흉노들은 공격을 하지 않고 떠나 버렸다. 이광은 병법에도 능했던 것이다.

또 이광은 청렴했다. 자신이 포상을 받거나 임금에게 하사받은 것은 병사들에게 나누어 주었고 음식도 병사들과 똑같이 먹었다. 이광은 40여년간 2천석의 녹을 받았는데, 그가 죽었을 때 집에는 거의 저축이 없었다. 동료인 정부식(程不識)장군은 이렇게 말했다.

"이광장군은 격식을 차리지 않고 병사를 즐겁게 해주므로 그 군사들은 모두 기쁘게 이광을 위해 목숨을 내걸고 있다."

무제(武帝) 4년, 이광은 대장군 위청(衛靑)을 따라 흉노를 공격했다. 우연히 길을 잃어 대장군보다 늦게 전장에 나타나게 되었다. 대장군은 그것을 책망하고 기록계를 이광에게 파견하여 조사해서 보고하라고 명했다. 그러자 이광은

"내 부하들에게는 죄가 없다. 내 자신이 길을 잃은 것이다. 보고문은 내가 쓰겠다."

라고 말하고 다시 부하들에게

"성인이 된 후 흉노와 크고 작은 70여 회의 싸움을 해왔다. 이번에 다행히도 대장군을 따라 출정하여 선우의 군사와 대치하게 되었는데 돌아오다 보니 길을 잃고 말았다. 천명(天命)으로 생각할 수밖엔 없다."

하고 스스로 목을 잘랐다. 길을 잃은 책임을 지고 법의 규칙을 명백하게 한 것이다. 이광의 군사들은 모두 소리내어 울었다. 백성들도 그 소식을 듣고 이광을 위해 눈물을 흘렸다.

이 때 우장군 조식기(趙食其)도 역시 길을 잃었으므로 그 죄로 사형에 처해질 예정이었으나 돈을 내고 사면받아 평민이 되었다.

이광장군같은 이는 자신을 닦고 법을 지킨 모범적 장군이라 할 수 있다.

6. 병법에 있어서의 5가지

병법의 첫째는 도(度)라 할 수 있고, 둘째는 양(量)이며, 셋째는 수(數)이고, 넷째는 칭(稱)이며, 다섯째는 승(勝)이다.

땅에서 도(度)가 생기고 도에서 양(量)이 생기며 양에서 수(數)가 생기고 수에서 칭(稱)이 생기며 칭에서 승(勝)이 생긴다.

그러므로 승리하는 군사는 일(鎰)로써 수(銖)를 비교하는 것과 같고 패하는 군사는 수(銖)로써 일(鎰)을 비교하는 것과 같다.

승리하는 곳의 백성들의 싸움은 쌓인 물을 터서(쏟아서) 천길의 골짜기 아래로 쏟아지는 것과 같은 형세이다.

병법에는 도, 양, 수 칭, 승의 5가지가 있는데 이 5가지에 의하여 전쟁에서 이기고 지는 것이 결정된다는 것이다.

첫째 도(度)라는 것은 국토가 넓으냐 좁으냐 하는 척도의 문제이며, 둘째 양(量)이라는 것은 물자가 많으냐 적으냐 하는 물량의 문제이다. 셋째 수(數)라는 것은 인구가 많으냐 적으냐 하는 수량 문제이고, 넷째 칭(稱)이라는 것은 전력이 강하냐 약하냐 하는 것으로 비교의 문제이다. 다섯째는 승리에 대한 예측이 가능한가 하는 판단의 문제이다.

이상의 5가지 조건은, 땅에 의해 국토의 넓고 좁음이 결정되고 국토의 넓고 좁음에 의해 물자의 많고 적음이 결정되고 물자의 많고 적음에 의해 인구의 많고 적음이 결정되고 인구의 많고 적음에 의해 전력의 강하고 약함이 결정되고 전력의 강하고 약함에 의해 전쟁의 승패가 결정된다는 것이다.

그러므로 승리하는 군사와 패전하는 군사가 전쟁을 대하는 자세에는 엄청난 차이가 있다. 승리하는 군사는 일(鎰)의 무게 만큼 큰 문제라도 수(銖)의 무게처럼 작은 것을 대하듯이 세심하게 대비하는데 비해, 전쟁에서 패하는 군사는 그와는 달리 작은 것을 가지고 부풀려 큰 것으로 여겨서 당황하게 되니 전쟁의 결과는 불을 보듯이 분명한 것이다.

그래서 승리하는 사람의 전투는 괴어있는 물꼬가 터져서 천길 낭떠러지로 쏟아져 커다란 폭포수를 이루는 형세로 적을 제압하는 것이다.

兵法은 一曰度[1] 二曰量[2] 三曰數[3] 四曰稱[4] 五曰勝이라 地生度 度生量[5] 量生數 數生稱[6] 稱生勝[7]이라

故로 勝兵은 若以鎰稱銖[8]오 敗兵은 若以銖稱鎰이라 勝者之戰民也는 若決[9] 積水[10] 於千仞之谿[11]者 形也라

1) 度(도) : 측량하다. 영토의 넓고 좁음.

2) 量(양) : 자원의 많고 적음.

3) 數(수) : 인구의 많고 적음.

4) 稱(칭) : 전력의 강하고 약함.

5) 度生量(도생량) : 국토의 넓이에 따라 자원의 많고 적음이 결정된다.

6) 數生稱(수생칭) : 인구의 다소에 따라 전력의 강약이 결정된다.

7) 稱生勝(칭생승) : 전력의 강약에 따라 승리가 결정된다.

8) 鎰稱銖(일칭수) : 일(鎰)과 수(銖)는 무게의 단위. 당시 24수가 1냥(一兩)이요, 24냥이 1일이었다. 일로써 수를 비교한다는 것으로, 많은 것으로써 적은 것을 비교한다는 뜻. 칭(稱)은 여기서 '비교하다'로 풀이된다.

9) 決(결) : 물꼬를 터서 쏟아지게 하다.

10) 積水(적수) : 쌓인 물. 괴어있는 물.

11) 千仞之谿(천인지계) : 천길이나 되는 골짜기.

〔실례〕

※싸움에는 형세가 필요하다

─진(秦)나라 왕 정(政 : 후의 시황제)이 초(楚)나라를 공략할 생각을 하고, 장군 이신(李信)에게 어느 정도의 군사가 필요한가를 물었다. 이신은 수천의 군사로 연(燕)나라 태자 단(丹)을 추적하여 연수(衍水)에서 단을 사로잡은 용맹한 장수였다.

이신이 대답했다.

"아마 20만명은 있어야 할 것입니다."

왕은 다시 왕전(王翦)이라는 장군에게 같은 것을 물었다.

"60만명은 필요합니다."

왕전은 전에 조(趙)나라 왕을 항복시키고 조나라를 평정한 다음 다시 연나라를 공격하여 수도인 계(薊)를 평정한 노련한 장수였다.

왕은 두 사람의 대답을 듣고 말했다.

"왕장군은 늙어 겁이 많아졌구려. 이장군은 용맹스럽소"

그래서 진나라 왕은 이신과 몽염(蒙恬)에게 20만의 군사를 주어 초나라를 공격하게 했다. 두 사람은 크게 초군(楚軍)을 격파했으나 두 사람의 군대가 성부(城父)에 이르렀을 때 초나라 군대의 3일 동안 계속된 공격으로 대패하고 말았다.

그리하여 왕전이 60만 대군을 이끌고 출격하게 되었다. 60만 군대가 몰려온다는 말을 듣고 초나라는 모든 군사를 동원시켜 진나라를 막아내려 했다.

왕전은 싸움터에 도착하여 진을 치고는 지키기만 할뿐 싸우려 하지 않았다. 그동안 병사들은 마음껏 휴식했다. 어느날 왕전은 부하들의 진중으로 사람을 보내 병사들이 무슨 놀이를 하고 있는가를 조사하게 했다.

"돌팔매질도 하고 뜀뛰기도 하고 씨름도 하면서 놀고 있습니다."

왕전은 "좋다!"하고 큰소리로 외쳤다. 그는 병사들의 심신이 모두 활기찬 것을 확인한 것이다.

한편, 아무리 도전을 해도 싸우려 하지 않는 진나라 군대를 보고 초나라 군사는 퇴각하기 시작했다. 이때 왕전은 비로소 출격을 명했다. 그리하여 1년 후 초나라는 진나라에 평정되었다.

왕전은 형세를 파악하여 싸웠던 것이다.

제5편 군대의 세력
(勢篇第五)

— 주도권을 잡아라 —

1. 소수의 전투나 다수의 전투는 같은 것이다

손자가 말하였다.

"무릇 많은 군사 다스리는 것을 적은 군사 다스리는 것 같이 할 수 있는 것은 분수(分數)가 바로 이것이요, 많은 군사를 싸우게 하는 것이 적은 군사를 싸우게 하는 것 같이 할 수 있는 것은 형명(形名)이 바로 이것이다.

삼군(三軍)의 많은 군사가 반드시 적을 맞이하여 패하는 일이 없게 할 수 있는 것은 기정(奇正)이 바로 이것이다.

병력을 더하는 바, 숫돌로써 새알을 치듯이 할 수 있는 것은 허실(虛實)이 바로 이것이다."

▨분수(分數)라는 것은 수를 나눈다는 뜻으로 여기서는 군대의 편성 방법이나 인원수 따위를 말하는 것이다. 아무리 많은 인원의 병력이라도 소부대를 움직이듯이 일사불란하게 움직이게 할 수 있는 것은 그 부대의 편성이 잘되어 있어서이다.

형(形)이란 그 부대를 표시하는 여러 가지 깃발을 뜻하는 것이요, 명(名)이란 명령의 뜻으로 북이나 나팔, 징 따위를 뜻한다. 그래서 형(形)

과 명(名)을 아울러서 지휘(指揮)라는 뜻이 된다.

아무리 많은 인원의 병력이라도 소부대를 싸우게 하듯이 전투할 수 있게 하는 것은 형과 명으로 지휘체계가 분명하게 짜여져 있기 때문이다.

삼군(三軍)의 방대한 군사가 적과 마주쳤을 때 대적하여 절대로 패하지 않게 하는 것은 기습작전과 정공법(正攻法)의 양면작전을 적절히 사용하는 데 있다.

싸움에 있어 정정당당한 작전만 사용한다면 승리하기 어렵다. 경우에 따라 임기응변의 기습작전도 필요하다. 정정당당한 대결과 기습의 양면작전으로만 승리를 기대할 수 있다.

적에게 공격을 가하는 경우 내용이 충실하여 빈틈이 없는 것으로써 결함이 많은 것에 부딪친다면 결과는 확연하다. 이것을 일러 실(實)로써 허(虛)를 찌른다고 하는 것이다. 요컨대 적의 약점을 제대로 파악하여 적절한 때에 재빨리 찌르는 판단력에 따르는 것이다.

孫子曰 凡治衆[1]如治寡는 分數[2]是也오 鬪衆[3]如鬪寡는 形名[4]是也라

三軍之衆으로 可使必受敵[5]而無敗者는 奇正[6]是也라

兵之所加[7] 如以碬投卵[8]者는 虛實[9]是也라

1) 治衆(치중) : 많은 군사를 다스리다.

2) 分數(분수) : 적은 수로 나누다. 여기서는 군대의 편성(編成)을 뜻한다.

3) 鬪衆(투중) : 많은 군사들을 싸우게 하다.

4) 形名(형명) : 형(形)은 부대를 표시하는 깃발 등을 뜻하고 명(名)은 북 따위를 울려 신호나 명령을 하는 것. 형명은 곧 지휘(指揮)한다는 뜻.

5) 受敵(수적) : 적군을 맞이하다. 적군과 만나다.

6) 奇正(기정) : 기도(奇道)와 정도(正道). 기습작전(奇襲作戰)과 정공법(正攻法). 기이한 전략과 정정당당한 대결.

7) 兵之所加(병지소가) : 병력을 더하는 곳. 곧 이쪽의 병력으로 적에게 공격을 가하는 일.

8) 以碬投卵(이하투란) : 숫돌로써 새알을 치다.
9) 虛實(허실) : 충실한 군대로 적의 허점을 찌르다.

2. 정공(正攻)으로 싸우고 기습으로 승리한다

무릇 전쟁이라는 것은 정(正)으로써 합(合)하고 기(奇)로써 승리한다.

그러므로 기(奇)를 잘 내는 사람은 무궁하기가 하늘과 땅 같으며 다함이 없는 것이 장강(長江)과 하수(河水)와 같다.

▨전쟁에 있어서 적군과 대치할 때에는 우선 정공법으로 맞서 싸우고 싸우면서 적군의 약점이나 허점이 드러나면 재빨리 대처하여 임기응변의 전법인 기공법으로 적을 기습함으로써 적을 혼란에 빠지게 하고 그 기회를 틈타 승리를 거두는 것이 일반적인 전술이다.

그러므로 기공법(奇攻法)의 전략을 잘 내는 전략가는 천지와 같이 조화가 무궁무진하고 강하(江河)와 같이 다함이 없는 것이다.

강하(江河)는 큰 강물이라는 뜻으로 쓰이나 고대 중국에서는 강(江)은 양자강(揚子江)을, 하(河)는 황하(黃河)를 뜻한다.

기공법의 작전은 대개 기습작전, 측면공격, 유격전(遊擊戰) 등이다.

송(宋)나라의 장예(張預)는 "양쪽의 군사가 대면하면 먼저 정면으로 접전한다. 그리고 서서히 기병(奇兵)을 발하고, 혹은 그 양쪽 날개를 치거나 후방을 공격해서 이기는 것이다."라고 해석을 하고 있다.

그러나 정(正)과 기(奇)는 원래 정과 기라고 분류할 만큼 명확하게 고정되어 있는 것은 아니다. 끊임없이 정은 기로 변화하고 움직이는 것이다. "천지와 같이 무궁하고, 강하와 같이 다함이 없다."라고 한 까닭은 여기에 있다.

기란 기(機)이다. 기를 잡아 상황을 변화시키는 작용이다. 상황이 변화하면 기는 곧 정으로 변화하는 것이다.

凡戰者는 以正合[1]하고 以奇勝[2]이라 故로 善出奇者[3]는 無窮如
天地하고 不竭如江河[4]라

1) 以正合(이정합) : 정으로써 합하다. 정공법(正攻法)으로써 적과 마주대
   하다. 정정당당하게 정면 대결을 하다.
2) 以奇勝(이기승) : 기로 승리하다. 기공법(奇攻法)으로써 적을 이기다. 기
   공법은 임기응변의 기묘한 작전을 말한다.
3) 善出奇者(선출기자) : 기공법의 작전을 잘 세우는 사람.
4) 江河(강하) : 양자강(揚子江)과 황하(黃河).

〔실례〕
　※ 싸움은 정법(正法)으로 하고 기책(奇策)을 써서 이긴다.
　— 정(鄭)나라 장공(莊公) 원년에 장공은 아우 수단(數段)을 경(京)
에 봉했다. 채중(蔡仲)이 간하여 말렸으나 장공은 듣지 않았다.
　단은 경으로 가자 어머니와 함께 장공을 습격하기 위해 군비를 갖췄
다. 212년, 단은 과연 장공을 공격하고, 어머니 무강(武姜)은 안에서 도
왔다. 장공은 출격하여 단을 패주시켰다.
　장공은 도망하는 단을 추격해 경을 함락시켰고, 단은 언(鄢)으로 도망
쳤다. 장공이 계속해서 언도 격파하자 단은 다시 공(共)으로 도망쳤다.
　장공은 어머니 무강을 영(穎)땅으로 옮기고 맹세했다.
　"저 황천으로 갈 때까지는 뵙지 않겠습니다."
　1년 후, 장공은 늘 어머니를 생각하며 지냈다.
　그때 영곡(穎谷)의 고숙(考叔)이 진귀한 물건을 헌상했으므로 장공
이 식사를 같이 했는데 고숙이 말했다.
　"제게는 노모가 있습니다. 주군께서 내리신 이 식사를 어머니께 가져
다 주는 것을 허락해 주십시오"
　장공이 말했다.
　"나도 어머니를 뵙고 싶으나 황천으로 갈 때까지는 만나 뵙지 않겠다
고 맹세를 했다. 맹세를 어길 수도 없고, 어떻게 했으면 좋겠는가?"

"땅을 파 황천을 만드시고 그곳에서 만나시면 좋지 않겠습니까?"

그리하여 장공은 지하도를 파고 거기서 어머니 무강과 만났다.

황천이란 지하에 있는 샘으로, 죽으면 누구나 그리로 간다고 믿었다. 그래서 황천으로 갈 때까지는 뵙지 않겠다고 한 장공의 맹세는 죽을 때까지 만나지 않겠다는 뜻이었다.

그러나 맹세한 말은 어디까지나 황천, 곧 땅 밑의 샘이었으므로 실제로 땅 밑에 샘을 만들어 맹세를 어기지 않고 만날 수가 있는 것이다.

장공은 스스로 바람직한 상황을 만들어 어머니와 만날 수 있는 상황을 만들었다. 이것도 기공법의 한 예라 할 수 있지 않겠는가.

3. 무궁무진한 기(奇)와 정(正)의 변화

끝이 나고서 다시 시작되는 것은 해와 달이 바로 이것이요, 죽었다가 다시 살아나는 것은 봄·여름·가을·겨울이 바로 이것이다.

소리는 5가지에 지나지 않으나 5가지 소리의 변화는 다 들을 수가 없다.

빛깔은 5가지에 지나지 않으나 5가지 빛깔의 변화는 다 볼 수가 없다.

맛은 5가지에 지나지 않으나 5가지 맛의 변화는 다 맛볼 수가 없다.

전쟁의 형세는 기(奇)와 정(正)에 지나지 않으나 기와 정의 변화는 다 궁구(窮究)할 수가 없다.

기와 정이 서로 만들어내는 것은 순환(循環)의 끝이 없음과 같은 것으로 어느 누가 능히 이를 다할 것인가?

■태양이나 달은 졌다가 다시 시작되고 봄·여름·가을·겨울의 네 계절은 지나 갔다가 다시 돌아온다. 그러므로 시작과 끝이 없이 계속 맞

물려 변화하는 것이다.

  또한 우리가 듣는 소리는 본래 5가지 소리에 불과한데도 그 5가지에서 파생되는 변화의 소리를 우리 인간으로서는 다 들을 수가 없고, 우리가 보는 빛깔이 5가지 원색에 불과하지만 그 5가지 원색이 배합하여 내는 색은 우리의 눈으로 다 볼 수가 없으며, 또 우리가 먹는 음식이 5가지 맛에 불과하지만 5가지 맛이 서로 배합되어 내는 맛은 수없이 많아 모두 다 맛볼 수가 없다.

  이와 같이 전쟁에서 병법의 권모술수는 전장이나 전투에 따라서 달라지는 것으로 그 종류도 끝이 없다는 것을 논했다.

終而復始[1]는 日月是也[2]오 死而復生[3]은 四時是也[4]니라
聲不過五나 五聲[5]之變은 不可勝聽[6]也니라
色不過五나 五色[7]之變은 不可勝觀也니라
味不過五나 五味[8]之變은 不可勝嘗也니라
戰勢不過奇正[9]이나 奇正之變은 不可勝窮也라
奇正相生[10]은 如循環之無端[11]이라 孰能窮之아

1) 終而復始(종이부시) : 끝이 나고서 다시 시작되다.
2) 日月是也(일월시야) : 해와 달은 한 번 떳다가 지고 난 뒤에 다음날 다시
    뜨는 것을 두고 이르는 말.
3) 死而復生(사이부생) : 죽었다가 다시 살아나다.
4) 四時是也(사시시야) : 계절이 지나고 난 뒤에 다시 다음해에 새 계절이
    돌아오는 것을 두고 이르는 말.
5) 五聲(오성) : 궁(宮) 상(商) 각(角) 치(徵) 우(羽)의 5가지 음계.
6) 不可勝聽(불가승청) : 다 들을 수가 없다.
7) 五色(오색) : 청(靑) 황(黃) 적(赤) 백(白) 흑(黑)의 5가지 빛깔.
8) 五味(오미) : 신맛 매운맛 짠맛 단맛 쓴맛의 5가지 맛.
9) 奇正(기정) : 기공(奇攻)과 정공(正攻).
10) 奇正相生(기정상생) : 기(奇)와 정(正)이 서로 기회를 만들어낸다.

11) 循環之無端(순환지무단) : 순환(循環), 곧 하나의 이어진 원을 돌 듯 끝
    이 없다.

〔실례〕

※ 싸우는 방법은 무한하다

―제(齊)나라 장군 전단(田單)이 즉묵(即墨)을 지키며 연(燕)나라
군사와 싸울 때 먼저 연나라 장군 악의를 몰아내기 위해 연나라 군대에
첩자를 보내, 적장 악의(樂毅)는 연나라 왕을 모반할 마음을 가지고 있
다고 선전했다. 연나라 왕은 이 소문을 듣고 악의 대신 기겁(騎劫)을 장
군으로 임명했다. 연나라 병사들은 이 교체에 대해 많은 불만이 있었다.

그런 다음 전단은 연나라 군중에 "내가 겁내고 있는 것은 연나라 군사
가 포로로 잡은 우리 군사들을 코베어 선두에 내세우고 싸움을 걸어오
는 것이다. 이렇게 되면 우리 군사들은 틀림없이 겁을 먹어 패할 것이
다."라는 소문이 퍼지게 했다.

연나라 군사는 이 소문을 옳게 생각하고 포로로 잡은 제나라 병사들
의 코를 베었다. 제나라 사람들은 이 일에 일제히 분격하여 절대로 항복
하지 않겠다고 결의했다.

전단은 계속해서 연나라 군중에 "연나라 군사가 우리 성밖의 무덤을
파헤쳐 조상의 시체에 욕보일까 봐 걱정이다."라는 소문을 퍼뜨렸다.

이 소문이 퍼지자 연나라에서는 즉묵성 밖에 있는 무덤들을 모두 파
헤치고 시체를 불태웠다. 성벽에서 이를 바라본 제나라 군사들은 눈물을
흘렸으며, 그 노여움은 백배 더했다.

전단은 마지막으로 무장병을 매복시킨 뒤 노인, 어린아이, 여자들은
성벽에 오르게 하고 사람을 보내 항복하게 했다. 연나라 군사들은 항복해
오는 제나라 백성들을 보고는 안심하여 방심을 했다.

그날밤 전단은 천 여 마리의 쇠뿔에 칼을 잡아매고, 꼬리에 갈대를 달
아 불을 지른 다음 연나라 군진을 향해 달리게 했다. 그리고 그 뒤를 5천
병력에게 따르게 하고 성안에서는 북을 울리며 함성을 지르게 했다. 연

나라 군사는 싸우지도 못하고 패주하고 말았다.

이 싸움은 기와 정의 무궁무진한 전략을 사용하여 이긴 것이다.

이것을 '전세(戰勢)는 기와 정에 지나지 않으나 기와 정의 변화는 그것들을 다 열거하여 궁구하지 못할 것이다.' 라는 것이다.

4. 기세는 험하고 절도는 짧게 하라

거세게 흐르는 물처럼 빨라서 돌을 뜨게 하기에 이르는 것은 기세요, 독수리처럼 빨라서 새의 목을 부수고 날개를 꺾는 것은 절도이다.

그런 까닭에 전쟁을 잘하는 사람은 그 기세가 험(險)하고 그 절도가 짧은 것이다.

■거세게 흐르는 물의 기세는 돌을 떠올려 흐르게 할 만큼 강하고 뭇새를 잡아먹는 사나운 독수리는 결정적인 순간에 빠르게 날아 먹이를 낚아채 움직이지 못하게 한다. 이러한 것들은 지속적인 기세의 흐름이며 순간적인 기회를 놓치지 않는 것이다.

적을 공격할 준비가 갖추어져서 싸움이 시작되면 그때부터는 모든 지혜와 온 힘을 다해 대적해야 한다. 적이 일어날 잠시의 틈도 주지 않고 제압하는 것이 가장 좋은 방법이다.

요컨대 기세를 날카롭게 잡고 기다리다가 빈틈없이 일에 대처하는 수단을 가지고 언제고 만반의 태세를 갖추고 있다가 기회라고 포착되는 순간 앞뒤 가리지 않고 노도처럼 독수리처럼 하는 것이 무엇보다도 중요하다고 하겠다.

激水$^{1)}$之疾이 至於漂石者는 勢也오 鷙鳥$^{2)}$之疾이 至於毀折$^{3)}$者는 節$^{4)}$也라 是故로 善戰者는 其勢險$^{5)}$이오 其節短$^{6)}$이라

1) 激水(격수) : 거세게 흐르는 물.

2) 鷙鳥(지조) : 매나 독수리와 같은 사나운 새.

3) 毁折(훼절) : 부수고 꺾다. 먹이가 되는 새의 목을 부수고 날개를 꺾다.

4) 節(절) : 절도. 곧 결정적인 순간이라는 뜻.

5) 勢險(세험) : 기세가 험하다. 곧 기세가 거세다.

6) 節短(절단) : 절도가 짧다. 곧 결정적인 순간에 민첩하다.

5. 쇠뇌를 당긴 것과 같은 기세가 있으면

기세는 쇠뇌를 당긴 것과 같고 절도는 기(機)를 발하는 것과 같다.

이에 어지러이 얽혀 싸움이 혼란스러워져도 대오를 어지럽히지 못하고 혼란하게 뒤섞여 진(陣)의 모양이 둥글게 되더라도 싸움에 패하게 하지 못한다.

▨앞의 문장에 거세게 흐르는 물이나 사나운 독수리에 비유되는 말과 이어지는 내용으로 여기서는 쇠뇌(다연발 활)에 비유하였다. 공격할 때의 기세는 쇠뇌의 시위를 당겼을 때의 팽팽한 기세요, 그 강력한 기세로 적의 움직임에 맞추어 한 순간을 노리는 것이다.

이러한 팽팽한 기세와 절도를 가지고 싸움에 임하게 되면 적과 혼전이 벌어졌을 때에라도 대열은 허물어지지 않는다는 것이다. 난전이 계속되었을 때 통제를 잃지 않아야 하며 혼란한 속에서도 상호간의 연락을 잘 유지하여야 승리를 바랄 수 있는 것이다.

勢如彍弩[1]이고 節如發機[2]라 紛紛紜紜[3] 鬪亂[4]而不可亂[5]也오 渾渾沌沌[6] 形圓[7]而不可敗[8]也니라

1) 彍弩(확노) : 쇠뇌를 당기다. 쇠뇌는 돌활로 한 번에 여러 발을 쏠 수 있다.

2) 發機(발기) : 쇠뇌의 방아쇠를 당기다. 기는 쇠뇌의 발사기인 방아쇠.

3) 紛紛紜紜(분분운운) : 어지럽게 얽혀 엉클어진 모양.

4) 鬪亂(투란) : 싸움이 혼란에 빠지다. 서로 얽혀 어지럽게 싸우는 것.

5) 不可亂(불가란) : 적이 어지럽히지 못하다. 잘 지켜진다는 뜻.

6) 渾渾沌沌(혼혼돈돈) : 혼란하게 뒤섞인 모양.

7) 形圓(형원) : 네모진 진(陣)의 모양이 둥글게 되다.

8) 不可敗(불가패) : 적이 싸움에 패하게 하지 못하다. 싸움에서 패하지 않는다는 뜻.

6. 용기와 겁은 기세에 달려있다

어지러움은 다스림에서 생기고 겁(怯)은 용기에서 생기고 약함은 강함에서 생긴다.

다스림과 어지러움은 수에 달려 있다.

용기와 겁내는 일은 기세에 달려 있다.

강함과 약함은 태세에 달려 있다.

그러므로 적을 잘 움직이는 사람은 태세를 나타내면 적은 반드시 이것을 따르고 주면 적은 반드시 이것을 취하니 이익으로써 움직이게 하고 병졸로써 기다리게 한다.

그러므로 전쟁을 잘하는 사람은 기세에서 이것을 구하고 사람에게 책임지우지 않는다.

이쪽의 군사와 적의 군사가 뒤섞여 혼전상태로 빠지게 되면 평소와 같은 상태를 유지하지 못하고 질서있게 다스려지던 군사가 어지러워지기도 하고 평소에 용감하던 군사가 겁쟁이가 될 수도 있고 평소에 강한 것 같은 군사가 약한 군사가 될 수도 있다. 그러므로 완전한 태세를 갖추는 것이 무엇보다도 중요하다.

군사가 다스려지고 어지러워지는 것은 군대의 편성과 명령체계가 잘되어 있는가에 달려 있고 용감한 군사인가 비겁한 군사인가 하는 것은 군대 전체의 기세에 달려 있다. 강한 군대인가 약한 군대인가 하는 것은 군대의 태세가 어떻게 갖추어져 있는가에 달려 있는 것이다.

곧 군대에 있어서는 편성체계가 얼마나 잘 갖춰졌는가, 사기가 얼마나 높아 있는가, 준비태세가 얼마나 잘 되어 있는가 하는 것들이 중요하다.

그러므로 적을 잘 움직이게 할 수 있는 지휘관이 이쪽의 어떤 태세를 드러내 보이면 적은 반드시 이 작전에 말려들어 따라오고 적에게 작은 이익을 주면 적은 반드시 이것을 취하려고 한다.

그래서 적에게 작은 이익을 주어 유인하고 아군의 병사들로 하여금 숨어서 기다리게 하였다가 방심한 적을 쳐부수는 것이다.

전쟁을 잘하는 사람은 전체의 기세를 중요하게 여기지 개개인의 뛰어난 역량에 의존하지 않는다.

亂生於治 怯[1]生於勇 弱生於彊이라

治亂은 數[2]也오 勇怯은 勢也오 彊弱은 形也니라

故로 善動敵者는 形之[3]하고 敵必從之라 予之[4]면 敵必取之니 以利動之[5]하여 以卒待之[6]라 故로 善戰者는 求之於勢[7]하고 不責於人[8]이라

1) 怯(겁) : 겁먹는 일. 두려워하는 것.

2) 數(수) : 분수(分數). 곧 군대의 편성(編成).

3) 形之(형지) : 태세를 나타내다. 적을 속이기 위해 이쪽의 거짓 상황을 일부러 드러내 보이는 것.

4) 予之(여지) : 주다. 작은 이익을 주다.

5) 以利動之(이리동지) : 작은 이익으로써 적을 움직이다.

6) 以卒待之(이졸대지) : 군사를 기다리게 했다가 격파하다.

7) 求之於勢(구지어세) : 기세에서 힘을 구하다.

8) 不責之於人(불책지어인) : 사람에게 책임지우지 않다. 곧 사람에게서 구하지 않다. 개개인의 뛰어난 역량에 의존하지 않는 것. 전쟁은 전체의 싸움이지 병졸 한 사람의 싸움이 아니기 때문이다.

〔실례 1〕
　※평안할 때 방심하는 것은 금물이다.
　—초나라 평왕(平王)의 태자는 건(建)인데 오사(伍奢)와 비무기(費無忌)가 보좌하였지만 비무기는 태자 건에 대해 충실하지 않았다.
　평왕이 비무기를 보내 진(秦)나라에서 태자비를 데려오도록 했는데 진나라 공녀(公女)의 아름다움을 보고 비무기는 급히 돌아와 평왕에게 보고했다.
　"진나라 공녀는 절세미인입니다. 왕께서 그녀를 맞이하시고, 태자에게는 따로 비를 정해 주는 것이 좋을까 합니다."
　평왕은 비무기의 말을 받아들여 진나라 공녀를 맞이해 매우 총애하여 아들 진(軫)을 낳았다. 한편 태자에게는 따로 비를 맞이하게 했다.
　진나라 공녀를 권해 평왕에게 아첨을 한 비무기는 그 기회에 태자를 버리고 평왕의 심복이 되었다. 비무기는 평왕이 죽고 태자 건이 왕위에 오르면 건은 이것을 구실삼아 자기를 죽이리라 생각하고 평왕에게 계속 태자를 중상했다.
　건은 점차 세력을 잃고 드디어는 성부의 수장(守將)으로서 변경의 수비를 담당하라는 명령을 받았다.
　비무기는 그래도 마음을 놓을 수 없었으므로 계속해서 태자의 실덕을 평왕에게 고해 바쳤으며, 나중에는 건이 반란을 꾀하고 있다고까지 중상했다. 평왕은 오사를 불러 엄하게 문초했다. 오사는 비무기가 중상한 것을 알고 평왕에게 말했다.
　"왕께서는 어찌하여 남을 중상하는 그런 하찮은 간신의 말을 믿고 육친을 소홀하게 대하십니까?"
　그러자 비무기가 재빨리 평왕에게 간했다.
　"지금 제지하지 않으면 음모가 이루어져 왕은 포로가 될 것입니다."
　평왕은 화를 내며 오사를 포박했다. 오사는 몰래 사람을 보내 태자 건을 도망가게 했다.
　이것을 안 평왕은 더욱 노했으며 이 기회를 놓치지 않은 비무기의 진

언을 들어 오사에게 말하기를

"네 두 아들을 불러서 온다면 너의 목숨은 살려 주겠다. 그렇지 않으면 죽일 수밖에 없다."

하니 오사가 말했다.

"상(尙)은 정이 두터운 인품이라 부르면 반드시 올 것입니다. 원(員)은 성격이 강직하고 부끄러움을 잘 참아 대사를 이룰 인물이라 오지 않을 것입니다."

그리하여 평왕은 오사의 두 아들을 불렀다. 평왕의 부름을 받고 오상이 떠나려 하자 오원이 말했다.

"평왕이 우리들을 부르는 것은 아버님의 목숨을 살려주려고 하는 것이 아닙니다. 훗날의 번거로움을 없애려고 아버님을 인질로 하여 거짓으로 우리들을 부르는 것입니다. 간다면 부자가 함께 살해될 것이니 차라리 여기서 도망쳐 아버님의 원수를 갚을 궁리를 하는 편이 좋겠습니다. 뻔히 알면서 죽음의 길을 택할 필요는 없습니다."

오상(伍尙)이 말했다.

"나도 아버님의 목숨을 구할 수 없다는 것쯤은 알고 있다. 그러나 아버님이 구원을 받으려고 부르시고 있는데 가지 않을 수가 없구나. 너는 도망쳤다가 반드시 아버님의 원수를 갚아다오. 나는 죽음을 택하겠다."

오원은 도망쳤다. 오원이 도망쳤다는 말을 듣고 오사가 말했다.

"초나라는 이제 싸움터가 되겠구나."

오상과 오사는 함께 살해되었고 오원은 도망쳐 오(吳)나라로 갔다.

5년 후 평왕이 죽자 아들 진(軫)이 왕위에 올랐으니 바로 소왕(昭王)이다. 소왕 원년에 초나라는 끊임없이 오나라의 공격을 받았으므로 사람들은 비무기를 원망하였고 이에 드디어 자상(子尙)이 비무기를 죽였다.

소왕 10년, 오나라는 대군을 일으켜 초나라를 공격, 초나라 군대를 크게 격파하고 수도인 영(郢)으로 입성했다. 오나라 군대를 이끌고 초나라를 크게 격파한 오원은 영(郢)에 입성하자 평왕의 무덤을 파헤치고 그 시체를 끌어내 3백번 매질을 했다고 전한다.

이것은 전란은 평화 속에서 생겨난다는 말의 실례라 하겠다.

〔실례 2〕
※모든 인재는 적재적소에 활용해야 한다.

—전국시대 제나라 맹상군(孟嘗君)은 재물을 아끼지 않고 예의를 다하여 식객을 우대했다. 이 때문에 그의 문하에 모여든 식객은 수천에 달했다. 그 명성을 전해 들은 진나라 소왕이 맹상군을 재상으로 등용하고자 청했다.

초빙을 받은 맹상군은 진나라에 도착하여 뜻밖의 일을 당했다.

소왕은 "맹상군은 제나라 사람이므로, 우리 진나라 일보다 먼저 자기 본국을 생각할 것입니다."라는 측근의 말을 듣고 맹상군을 재상으로 등용하는 일을 망설이다가 다시 돌려보내면 맹상군에게 원한을 사게 될 것이라 생각하고 암암리에 없애고자 그를 연금해 버린 것이다.

그러자 맹상군은 소왕의 총희에게 고국으로 도망칠 수 있게 도와줄 것을 부탁했다.

제의를 받은 그녀는 호백구(狐白裘)를 달라는 조건을 내세웠다. 호백구란 맹상군이 소왕에게 선물로 바친 것으로 여우 겨드랑이의 부드러운 흰털가죽을 모아서 만든 천금이나 되는 귀한 물건이었다.

이미 소왕에게 선물로 바쳐 수중에 호백구가 없어 곤란해진 맹상군이 식객들에게 의논을 하자 천하의 호걸이라는 사람들도 한숨만 쉴뿐이었다. 그때 한 사람이 말석에서 나와 자신이 해보겠다고 했다.

그는 언제나 여러 사람들에게 바보 취급을 받고 있던 사나이로 원래의 직업은 좀도둑이었다. 그는 보기좋게 소왕의 궁궐로 잠입해 들어가 호백구를 훔쳐내왔고, 맹상군은 시치미를 떼고 그것을 총희에게 헌상하여 도망칠 수 있게 됐다.

야음을 틈타 객사에서 탈출한 맹상군 일행이 함곡관에 도착하니 아직 동이 트기 전이어서 관문은 닫혀 있었다. 관문은 첫닭이 울어야 열렸는데 새벽 첫닭이 울 때까지는 아직 멀었고 뒤에서는 추격병이 쫓아 왔다.

다시 곤란에 빠졌다고 생각할 때 앞으로 나서는 자가 있었다. 그는 무슨 소리든지 흉내낼 수 있는 재주로 식객이 된 사나이였다.

그 사나이가 닭울음 소리를 내자 문지기가 날이 샌 줄 알고 문을 열었고 맹상군은 무사히 도망쳐 제나라로 돌아올 수 있었다.

맹상군은 많은 인재를 둠으로써 어려움에서 벗어날 수 있었던 것이다.

〔실례 3〕

※ 적을 이끌어서 승리를 거둔다.

─서기전 353년에 위(魏)나라의 대군이 조(趙)나라의 도읍인 한단(邯鄲)을 포위했다. 조나라에서는 하는 수없이 제(齊)나라에 구원병을 요청했다. 이때 제나라 군대의 장수는 손빈(孫殯)이었다.

그는 군대를 이끌고 조나라의 도읍인 한단으로 가지 않고 반대로 위(魏)나라의 도읍인 대량(大梁)으로 진격할 태세를 갖추었다.

손빈은 '위(魏)나라 군대의 주력부대는 조나라의 도읍인 한단을 포위하고 있기 때문에 위나라 본국에 있는 병력은 약할 것이다. 위나라의 도읍인 대량을 공격하면 조나라의 도읍인 한단을 포위하고 있는 군대는 자연히 포위를 풀지 않을 수 없을 것이다.' 라고 판단했던 것이다.

과연 위나라의 군대는 한단의 포위망을 풀고 급히 본국으로 돌아오지 않을 수 없었다. 손빈은 돌아오는 위나라의 군대를 계릉에서 맞아 싸워 큰 승리를 거두었다고 한다. 이것이 바로 '위(魏)나라를 공격하여 조(趙)나라를 구원했다.' 고 하는 유명한 전략이다.

적을 잘 움직여 이쪽의 작전에 말려들게 한 것이다.

7. 돌이 천길 산 위에서 구르는 것 같은 기세

그러므로 능히 사람을 가려서 세력을 맡길 수가 있는 것이다. 세력을 맡은 사람은 그 사람을 싸우게 하는 것이 나무나 돌을 굴리는 것과 같이 한다.

나무나 돌의 성질은 안정되면 정지하고 위태하면 움직이며 모가 나면 멈추고 둥글면 구른다.

그러므로 싸움을 잘 하는 사람의 세력은 둥근 돌이 천길이나 되는 산 위에서 구르는 것과 같은 세력인 것이다.

▨사람을 잘 선택하여 모든 병권을 맡김으로써 큰 힘을 이루어낼 수가 있다. 훌륭한 지휘자는 많은 부하들의 힘을 하나로 통일시켜 그들이 싸움에 임했을 때 나무나 돌이 구르는 것과 같이 만들 수 있다.

나무나 돌은 안정된 곳에서는 멈추어 움직이지 않는다. 마찬가지로 사람도 편안한 처지에 놓이면 안주하려 한다. 나무나 돌은 비탈져서 위태로운 곳에 놓이면 저절로 구른다. 마찬가지로 사람도 위태로운 상황에 놓이면 위태로움에서 벗어나기 위해 움직인다. 나무나 돌이 모난 것은 움직임을 멈추고 둥글면 작은 자극에서도 움직여 구른다. 사람은 각자 개성이 있으므로 혼자 놓아두면 각각 다른 방향으로 움직여 하나의 통일점이 없다. 많은 사람이 같은 생각으로 함께 할 때 군중심리의 작용으로 전체가 일정한 방향으로 움직이기 시작하는 것이다.

병권을 맡은 사람이 이러한 이치를 잘 터득하여 활용하면 그 군대는 천길 높은 산에서 둥근 돌이 산 아래로 구르듯이 거침없이 움직여 잘 싸울 수 있는 것이다.

故로 能擇人而任勢라 任勢者[1]는 其戰人[2]也에 如轉木石[3]이라 木石之性은 安則靜[4]이오 危則動이오 方則止오 圓則行이라 故로 善戰人之勢는 如轉圓石於千仞之山者는 勢也니라

1) 任勢者(임세자) : 세력을 맡은 사람. 태세를 맡은 사람. 군대의 병권을 맡은 사람.

2) 其戰人(기전인) : 그 사람을 싸우게 하다.

3) 如轉木石(여전목석) : 나무나 돌을 굴리는 것과 같다.

4) 安則靜(안즉정) : 안정된 곳에서는 정지(靜止)한다.

제6편 허상과 실상
(虛實篇第六)

― 실(實)로써 허(虛)를 찌른다 ―

1. 싸움터에는 먼저 나가는 것이 유리하다

손자가 말하였다.

"무릇 먼저 싸움터에 나아가서 적을 기다리는 사람은 편안하고 뒤늦게 싸움터에 나아가 전투에 달려가는 사람은 고달프다.

그러므로 전쟁을 잘하는 사람은 적을 이르도록 하고 적에게 이르지 않는다."

▨전쟁을 하면서 적군보다 먼저 싸움터에 나아가 유리한 곳에 진을 치고 적이 나타나기를 기다리게 되면 기다리는 동안에 모든 태세를 갖추고 병사들도 한숨 돌리며 휴식할 수 있으므로 여유 있게 싸울 수가 있다.

그러나 적군보다 뒤늦게 싸움터로 달려온 군대는 대열을 정비할 틈도 없이 달려 오는 동안 누적된 피로를 안고 적의 실정을 파악하지 못한 채 숨가쁜 상황에서 싸워야 하기 때문에 고달픈 싸움이 될 수밖에 없다.

그러므로 싸움의 속성을 잘 알고 전쟁을 잘하는 지휘관은 싸움의 주도권을 잡아 계획된 작전에 따라 적을 끌어들여 공격함으로써 승리하는 것이지 적의 작전에 말려들어가 공격당함으로써 패하는 일은 결코 없는 것이다.

孫子曰 凡先處戰地[1]에 而待敵者는 佚하고 後處戰地에 而趨
戰者[2]는 勞라 故로 善戰者는 致人[3] 而不致於人[4]이라

1) 先處戰地(선처전지) : 먼저 싸움터에 나아가 전열을 준비하고 있다.

2) 趨戰者(추전자) : 전투에 달려가는 사람.

3) 致人(치인) : 적을 나오게 하다. 인(人)은 적(敵)을 뜻한다.

4) 不致於人(불치어인) : 적에 의해 나아가지 않다.

〔실례〕

※먼저 주도권을 확보한 쪽이 이긴다.

—오대시대(五代時代), 후주(後周)가 돌궐(突厥)을 사주해 후제
(後齊)를 공격했다. 후제에서는 장군 단소(段韶)가 적군을 맞아 진을
펼치고 있었다. 마침 큰 눈이 내린 뒤였는데 적진을 보니 보졸(步卒)을
선두에 내세우고 서쪽에서 몰려와 성밖 2리쯤 되는 지점까지 육박했다.

후제의 여러 장수는 나아가 적군을 맞아 싸우자고 주장했으나 단소는
허락하지 않았다.

"보졸의 기력이나 기세에는 한도가 있는 것이다. 더구나 지금은 눈이
많이 쌓였으므로 공격해 나가기에는 그리 좋은 조건이 못된다. 아직은
진중에서 대기하라. 적은 피로하고 아군은 힘이 남아 있으므로 이것을
격파하기는 쉬운 일이다."

그 뒤 한 번의 교전으로 단소가 적군을 크게 격파하니 그 선두부대는
전멸되고, 후미군대는 정신없이 도망쳐 버렸다.

먼저 전쟁터에 진을 펴고 기다리면 충분한 준비도 할 수 있고, 병사나
말도 충분히 휴식하여 힘을 기를 수 있다. 그러나 전쟁터에 도착하는 것
이 늦으면 충분한 준비를 갖출 틈도 없고, 또 피로에 지친 몸으로 갑자기
전투에 투입되지 않으면 안되기 때문에 주도권을 빼앗기게 된다는 것을
싸움에 활용한 예라 할 수 있다.

이것은 싸움을 잘하는 자는 사람을 조종하고 사람에게 조종당하지 않
는다〔善戰者致人 而不致於人〕는 것이다.

2. 적이 안정되어 있으면 동요시켜야 한다

적의 군사로 하여금 스스로 이르게 하는 것은 적을 이롭게 하기 때문이요, 적의 군사로 하여금 이르지 않게 하는 것은 해롭게 하기 때문이다.

그러므로 적이 편안하면 이를 수고롭게 할 수 있어야 하고 배부르면 이를 굶주리게 할 수 있어야 하고 안정되어 있으면 이를 동요하게 할 수 있어야 한다.

▨적군이 스스로 이쪽으로 다가오는 것은 이쪽에서 물고기에게 미끼를 던져 주듯이 적에게 작은 이로움을 보여줌으로써 적이 스스로 따라오도록 유인하는 전략이 있기 때문이다. 만약 이익이 전혀 없다면 위험천만한 적의 진영으로 스스로 뛰어들 리 만무하다.

그러므로 적이 편안한 상태에 놓여 있다면 그들로 하여금 피곤하게 만들 방안을 강구할 수 있어야 하고, 적의 진영에 식량이 풍부하여 그들이 배불리 먹고 지낸다면 그들의 식량 보급로를 끊음으로써 그들로 하여금 굶주리게 할 수 있어야 하고, 적군이 안정된 태세를 취하고 있으면 계략으로써 적의 진영을 혼란 상태로 빠지게 할 수 있어야 한다.

아무튼 어떤 경우에 어떤 계략을 써서라도 적군으로 하여금 스스로 이쪽으로 도전해 오도록 만들 수 있어야 한다.

能使敵人自至者는 利之也[1]오 能使敵人不得至者는 害之也라
故로 敵佚能勞之[2]하고 飽能飢之하고 安[3]能動之[4]니라

1) 利之也(이지야) : 이들에게 이로움이 있게 하기 때문이다.

2) 能勞之(능로지) : 적을 수고롭게 할 수 있다.

3) 安(안) : 안정되어 있다.

4) 能動之(능동지) : 적을 동요하게 할 수 있다.

3. 뜻밖의 곳을 공격한다

나가는 데는 반드시 쫓아올 곳으로 나가고 적이 뜻하지 않은 곳으로 추격해야 한다.

천리를 가도 피로하지 않은 것은 적이 없는 땅을 가기 때문이다. 공격하여 반드시 취하는 것은 그 지키지 않는 곳을 공격하기 때문이다. 수비하는 것이 반드시 견고한 것은 그 공격하지 못하는 곳을 수비하기 때문이다.

▨적이 꼼짝 않고 있으면 반드시 유인하여 이르게 하고 적을 공격할 때는 적이 전혀 생각지 못하는 곳을 가려 적의 허점을 찔러야 한다.

머나먼 길을 행군하는데도 군사들이 피로하지 않는 것은 적의 저항이 없는 곳을 가려 전진했기 때문이다. 적을 공격하면 반드시 적진을 함락시킬 수 있는 것은 적의 방어가 허술한 곳을 가려 공격하기 때문이다. 또 수비하는데 있어 반드시 진지를 견고하게 지킬 수 있는 것은 적이 공격하기 어려운 곳을 가려서 지키기 때문이다.

요컨대 적들이 지킬 수 없는 곳을 가려서 공격하고 적들이 공격할 허술한 곳을 찾을 수 없도록 수비한다면 공격과 방어가 다 완벽할 것이다.

出其所必趨[1]하고 趨其所不意라 行千里而不勞[2]者는 行於無人之地[3]也라

攻而必取[4]者는 攻其所不守也요 守而必固[5]者는 守其所不攻[6]也니라

1) 出其所必趨(출기소필추) : 나아가면 반드시 적이 쫓아오도록 유인한다.

2) 不勞(불로) : 피로하지 않다.

3) 無人之地(무인지지) : 사람이 없는 땅. 곧 적이 없는 곳.

4) 必取(필취) : 반드시 취하다. 반드시 점령하다.

5) 固(고) : 굳다. 견고하다.

6) 守其所不攻(수기소불공) : 적이 공격하지 못하는 곳을 수비하다.

〔실례 1〕

※상대의 약점을 찌르면 반드시 이긴다.

—후한(後漢) 때 장보(張步)는 도읍을 극(劇)에다 정하고, 동생 남(藍)에게 서안(西安)을 지키게 하고 다른 장군에게 임동(臨潼)을 지키게 했다.

그런데 경감(耿弇)이 임동에서 40리쯤 떨어진 지점으로 군사를 이끌고 진주해 왔다. 경감은 진을 치고 자세하게 정세를 살펴 서안은 비록 성은 작으나 견고하고 남이 인솔하고 있는 군사도 정예하다는 것과, 임동은 유명하기는 하나 실제로는 공격하기 쉬운 성이라는 것을 알아냈다.

5일 후, 경감은 군사에게 무기를 준비시키고 서안을 공격해서는 성 주위에서 한참 동안 함성만 지르게 한 다음 그대로 후퇴해 버렸다.

남은 그 소리를 듣고 틀림없이 적이 공격해 온 것이라 생각하여 성문을 굳게 닫고 철통같은 수비태세를 취했다.

경감은 밤중에 아침식사를 먹게 하고 출발하여 새벽에는 임동성에 도착했다.

부장 순량(荀梁) 등은

"속히 서안을 공격해야 합니다."

하였으나 경감이 말했다.

"서안은 우리 군사들의 함성소리를 듣자 공격당하는 줄 알고 철통같이 성을 지키느라 지원군 요청도 하지 못하고 있을 것이다. 이때 서안이 공격당하고 있다고 생각하는 임동을 불의에 공격한다면 임동은 몹시 놀라 당황할 것이다. 그 틈을 타 임동을 공격하면 반드시 하루만에 함락시킬 수 있고 임동이 함락되면 서안은 고립된다. 이것이야말로 일석이조가 아닌가."

이렇게 해서 경감은 임동을 공격하였고 모든 것이 계획대로 되었다.

이것은 공격하면 반드시 취하는 것은 그 지키지 않는 곳을 공격하기 때문이다〔攻而必取者 攻其所不守也〕라는 말의 실례인 것이다.

〔실례 2〕
※지키지 않는 곳을 습격하다
—한(漢)나라의 유방(劉邦)과 초(楚)나라의 항우(項羽)는 서기전 205년부터 4년간 광대한 북부 중국을 무대로 패권을 다투는 혈전을 벌였다.

결국은 유방이 최후의 승리를 거두어 한나라 왕조(王朝)를 세우게 되지만 처음 얼마동안은 유방에게 불리한 싸움이었다. 싸우면 패하고, 싸우면 또 패하여 유방은 초나라의 군대를 피해 돌아다녔다.

유방은 부득이 전선을 후퇴시켜 최후의 방위선을 펴고 항우 군대의 진격을 방어하려 했다. 계속 패전하는 바람에 유방의 사기가 그만큼 저하되었던 것이다.

그런데 이때 역생(酈生)이라는 참모가 말했다.

"아군에게 무엇보다도 필요한 것은 군량입니다. 오창(敖倉)은 예로부터 천하의 식량이 다 모여드는 곳으로, 지금도 그곳에는 식량이 산처럼 쌓여 있습니다. 그런데도 항우는 오창의 방위를 소홀히하여 수비대도 별로 없는 형편입니다. 지금이야말로 좋은 기회입니다. 민첩하게 오창을 탈취하여 식량을 확보해야 합니다."

오창이란 이때로부터 20년전에 진시황(秦始皇)이 만들어놓은 식량 저장지이다.

유방은 곧 군대를 이끌고 오창으로 가서 수비태세가 허술하였으므로 어려움 없이 탈취했다. 이로써 유방의 군대는 배불리 먹고 충분한 휴식을 취할 수 있었다.

유방이 역전의 승리를 거두기 시작한 것은 이 오창 탈취 이후부터이다. 이야말로 '적이 지키지 않는 곳을 공격하여' 승리를 거둔 좋은 예라 하겠다.

4. 추격할 수 없는 것은 빨라서이다

그러므로 공격을 잘하는 사람은 적이 그 수비해야 할 곳이 어디인지를 알지 못하고 수비를 잘하는 사람은 적이 그 공격해야 할 곳이 어디인지를 알지 못한다.

미묘하고도 미묘하여, 형태가 없음에 이르는것이요, 신기하고 신기하여, 소리가 없음에 이르는 것이므로 적의 목숨을 맡아 다스릴 수 있는 것이다.

진격하면 막을 수가 없는 것은 그 허(虛)를 찌르기 때문이요, 퇴각하는데 추격할 수 없는 것은 신속하여서 따를 수가 없기 때문이다.

▨공격을 잘하는 사람이 공격을 하면 적은 그 공격에 대비해 어디를 어떻게 수비해야 할지 몰라 당황하게 되는 것이요, 수비를 잘하는 사람이 수비를 완벽하게 하면 적은 그 수비의 허점을 찾지 못해 어떻게 공격하여 깨뜨려야 할지 몰라 망설이게 된다.

이런 공격과 수비라면 적군은 공격도 수비도 하지 못하고 이쪽의 정세를 살피기 위해 안간힘만 쓰면서 아무 행동도 취할 수 없을 것이다.

적으로 하여금 이쪽의 모습도 볼 수가 없고 이쪽의 소리도 들을 수 없게 만드는 것은 저절로 '미묘하도다, 신기하도다' 하는 감탄사만 연발하게 한다. 그러므로 이런 전략가를, 적의 생명을 맡아 다스린다는 하늘의 별이라고 하는 사명(司命)이라 할 수 있는 것이다.

적의 허점을 찔러 공격해 들어가면 적은 생각지 못한 공격에 당황하여 혼란에 빠지게 되며 제대로 수비를 하지 못하게 된다. 전략을 잘 짜는 사람이 후퇴를 하면 적은 그를 추격하지 못하는데 그것은 그 후퇴작전이 너무도 신속하기 때문이다.

요컨대 공격에 있어서는 적의 허점을 찔러야 하고 후퇴작전에 있어서

는 적에게 시간을 주지 않고 전광석화(電光石火)처럼 해야 하는 것이
공격과 후퇴의 중요한 요체인 것이다.

　故로 善攻者는 敵不知其所守[1]하고 善守者는 敵不知其所攻이
라 微乎[2]微乎하여 至於無形[3]이고 神乎[4]神乎하여 至於無聲이라 故
로 能爲敵之司命[5]이라
　進而不可禦者[6]는 衝其虛[7]也오 退而不可追者는 速而不可
及[8]也니라

1) 不知其所守(부지기소수) : 그 수비할 곳을 알지 못하다.

2) 微乎(미호) : 미묘하도다. 미묘하여 알 수가 없다는 뜻.

3) 至於無形(지어무형) : 형태가 없음에 이르다.

4) 神乎(신호) : 신기하도다. 신기하여 알 수가 없다는 뜻.

5) 司命(사명) : 사람의 목숨을 맡아 다스린다는 하늘의 별 이름.

6) 不可禦者(불가어자) : 막을 수가 없는 것.

7) 虛(허) : 허점(虛點).

8) 速而不可及(속이불가급) : 빨라서 따를 수가 없다.

〔실례〕
　※아군의 정체를 알리지 않는다.
　—초(楚)나라 성왕(成王)과 송(宋)나라 양공(襄公)이 홍수(泓水)
라는 강을 끼고 대치하였다.
　양공의 군세는 적고 성왕의 군세는 훨씬 많았으므로 군사의 수가 많
은 것을 믿고 초나라 군대가 홍수를 건너기 시작했다.
　이것을 보고 자어(子魚)가 양공에게 말했다.
　"적은 보시는 바와 같이 대군입니다. 지금이라면 적의 허를 찌를 수 있
으니 강을 다 건너기 전에 공격해야 합니다."
　그러나 양공은 듣지 않았다.
　강을 다 건넌 초나라 군대가 잠시 진형을 정비하지 못하고 있었다.

자어가 다시 말했다.

"이 기회를 놓치면 공격할 시기는 없습니다."

"아니다. 적이 진형을 정비할 때까지 기다려라."

이렇게 해서 초나라 군대의 진형이 정비되자 양공은 그때서야 공격 개시의 북을 울렸다.

물론 양공은 진형을 갖춘 초나라의 대군을 이길 수가 없었다.

송나라 사람들이 원망하자 양공은 태연하게 말했다.

"군자란 남이 곤경에 있을 때 그것을 괴롭혀서는 안된다. 초나라 군사의 진형이 정비될 때까지 공격 신호를 내리지 않은 것은 그 때문이다."

이에 자어가 화를 내며 말했다.

"전쟁은 승리가 공적의 전부입니다."

자어의 이 말은 그 의미하는 바가 크다. 패배한 전쟁은 굴욕과 상처만 남을 뿐이다.

5. 아군이 싸우고자 하면 싸우지 않을 수 없다

그러므로 우리가 싸우고자 하면, 적이 비록 성루(城壘)를 높이 쌓고 참호를 깊이 판다고 하더라도 우리와 더불어 싸우지 않을 수 없는 것은, 적이 반드시 막아야 할 곳을 공격하기 때문이다.

우리가 싸우고자 하지 않으면, 땅에 금을 긋고 이를 지킨다고 하더라도 적이 우리와 더불어 싸울 수 없는 것은, 적이 가는 곳이 잘못된 것이기 때문이다.

▨적이 비록 성루를 높이 쌓고 참호를 깊이 파고 견고하게 수비를 하고 있다 해도 이쪽에서 싸우려고 마음만 먹으면 적이 응하지 않을 수 없게 하는 방법은 적의 무기창고나 식량창고나 보급로와 같은 적에게 있어 가장 중요한 곳을 공격하는 것이다. 이러한 중요한 곳을 공격하는데 그저 바라만 보겠는가. 그곳을 지키기 위해 싸우지 않을 수 없는 것이다.

이와는 반대로 이쪽에서 싸움을 피하고자 할 경우에는 비록 땅위에 금만 그어 놓고 허술하게 그것을 지킨다고 하더라도 적이 공격하지 못하게 하는 방법이 있는데, 적의 의도와는 어긋나게 전혀 생각지 못한 곳에 방위선을 치거나 완벽한 방위태세를 취하여 적이 의심하거나 두려워서 감히 공격해 오지 못하게 하는 것이다.

故로 我欲戰[1]이면 敵雖高壘[2] 深溝[3]라도 不得不[4]與我戰者는 攻其所必救[5]也오 我不欲戰이면 畫地[6]而守之라도 敵不得與我戰者는 乖其所之也니라

1) 我欲戰(아욕전) : 우리가 싸우고자 하다. 우리가 싸우기를 바라다.

2) 高壘(고루) : 성루(城壘)를 높이 쌓다.

3) 深溝(심구) : 도랑, 곧 참호(塹壕)를 깊이 파다.

4) 不得不(부득불) : 아니 할 수 없다.

5) 攻其所必救(공기소필구) : 적이 반드시 구원해야 할 바를 공격하다.

6) 畫地(획지) : 땅에 금을 긋다.

〔실례〕

※ 적은 군대로 많은 군대를 물리치다.

—제갈량(諸葛亮)이 불과 2천5백명의 군사를 이끌고 서성(西城)에 머물러 있을 때, 위(魏)나라의 장군 사마의(司馬懿)가 15만 대군을 이끌고 공격해왔다. 제갈량이 아무리 지략에 뛰어났다 하더라도 2천5백명의 군사와 15만의 대군은 비교할 수 없었으므로 성 안에 있던 병사들은 모두 두려움에 떨었다.

그러나 제갈량은 조금도 당황하지 않고 "나에게 좋은 생각이 있다."고 말한 다음, 사방의 성문을 활짝 열어놓게 하고 20명 가량의 병사들에게 평상복 차림으로 길을 쓸도록 했다. 제갈량 자신은 도사 차림으로 성루(城樓)에 올라가 태연하게 향불을 피워놓고 거문고를 타기 시작했다.

한편 성 밑까지 공격해 온 사마의가 바라보니 성 안은 이상하게 고요

하고 성루 위에서는 제갈량이 한가하게 거문고를 타고 있는 것이었다.
이것을 본 사마의는

"이상하다. 제갈량은 원래 신중한 사람으로 한 번도 위태로운 지경에
빠져든 적이 없다. 지금 저와 같이 성문을 활짝 열어놓고 있는 것은 틀림
없이 복병이 있다는 증거이다. 공격해 들어가면 제갈량의 전술에 빠지게
될 것이다."

라고 말한 다음, 모든 군대에게 후퇴할 것을 명령했다.

사마의의 15만 대군이 조수같이 후퇴하기 시작하자 성 안에서 이 광
경을 보던 병사들은 새삼 제갈량의 지략에 감탄했다.

이쪽이 싸우고자 하지 않을 때 적에게 의심하게 하여 적을 물리친 한
예라 하겠다.

6. 적은 드러내고 우리는 숨는다

그러므로 적을 드러내고 우리는 드러나지 않으면 우리는 집중
하고 적은 분산된다. 우리는 집중하여 하나가 되고 적은 분산하
여 열이 되면 이것은 열로써 적의 하나와 함께하는 것이다.

곧 우리는 많고 적은 적어지는 것이다. 많은 것으로써 적은 것
을 공격할 수 있으면 곧 우리가 더불어 싸우는 것은 수월해지는
것이다.

▨열로써 하나를 공격하는 전법이다.

적진의 형세는 되도록 뚜렷이 알고 이쪽의 형세는 되도록 적이 알지
못하게 하면 이쪽의 전력은 집중할 수 있고 적의 전력은 여러 곳을 수비
하느라 분산된다.

이쪽의 전력이 집중되어 하나가 되고 적의 전력이 분산되어 열로 갈
라지면 이것은 곧 이쪽의 열의 전력으로써 적의 하나의 전력을 공격하
는 것과 같은 효과를 볼 수 있는 것이다.

그렇게 하나로 집중되어 크고 강해진 이쪽의 전력으로써 열로 분열되어 작고 약해진 적의 전력과 싸우면 적은 쉽게 무너진다.

이와 같이 적을 분산시켜서 정복하는 방법은 그 효과가 매우 크다. 집중되면 전력이 강화되고 분산되면 전력이 약화되는 것은 자명한 사실 아니겠는가?

故로 形人[1]而我無形[2]이면 則我專[3]而敵分[4]이오 我專爲一이고 敵分爲十이면 是以十共其一[5]也니라 則我衆而敵寡라 能以衆擊寡[6]者면 則吾之所與戰者는 約矣[7]니라

1) 形人(형인) : 적을 드러내다. 형(形)은 '드러나다'로 인(人)은 '적(敵)'으로 풀이된다. 적의 형세를 살펴 알다.

2) 我無形(아무형) : 우리는 드러나지 않다. 아(我)는 아군, 우리의 뜻. 우리의 정세를 알지 못하게 하다.

3) 專(전) : 오로지 하다. 집중(集中)하다.

4) 分(분) : 나뉘다. 분산(分散)되다.

5) 以十共其一(이십공기일) : 열로써 적의 하나를 공격하다. 기(其)는 '적'으로 풀이된다.

6) 以衆擊寡(이중격과) : 많은 것으로써 적은 것을 공격하다. 중(衆)은 많다는 뜻이고, 과(寡)는 적다는 뜻.

7) 約矣(약의) : 간략하다. 수월하다.

7. 수비할 곳이 많아지면 싸울 사람이 적다

우리와 함께 싸워야 할 곳을 적이 알지 못하게 한다. 싸워야 할 곳을 알지 못하게 하면 적은 수비해야 할 곳이 많아진다. 적이 수비할 곳이 많아지면 우리가 함께 상대하여 싸워야 할 사람이 적어진다.

그러므로 앞을 수비하면 뒤가 적어지고 뒤를 수비하면 앞이 적어지며 왼쪽을 수비하면 오른쪽이 적어지고 오른쪽을 수비하면 왼쪽이 적어지니 수비하지 않는 곳이 없으면 적어지지 않을 수가 없게 된다.〔전체를 수비하려면 각각의 장소를 지키는 병사의 수는 적어지게 된다〕

적은 것은 수비하는 사람이요, 많은 것은 적으로 하여금 우리를 수비하게 하는 것이다.

▨적이 이쪽의 정세와 전략 등을 파악하지 못하여 언제 어디를 공격당할지 모르게 되면 적은 여러 곳을 수비해야 한다. 여러 곳을 수비하기 위해서는 각각의 장소에 병력을 분산시켜야 하고 적의 병력이 분산되면 이쪽이 공격했을 때 상대해서 싸울 적의 병력이 적어지는 것이다.

이와 같이 적에게 우리가 언제 어디를 공격할지 알지 못하게 하면 적은 이쪽을 수비하면 저쪽의 병력이 적어지고 저쪽을 수비하면 이쪽의 병력이 적어진다는 것을 알면서도 어쩔 수 없이 모든 곳을 수비해야 하고 그렇게 되면 전체적인 수비력이 약해지지 않을 수 없다.

결국 적은 수비할 곳이 많아져 병력이 분산되므로 전력이 약해지고 반대로 이쪽은 전력을 하나로 집중시킬 수 있으므로 강화되는 것이다.

적의 전력을 분산시키는 것이 적의 전력을 약화시키는 것이며 그만큼 이쪽의 전력을 강화하는 것이다.

吾所與戰之地[1]는 不可知[2]라 不可知면 則敵所備者는 多[3]오 敵所備者 多면 則吾所與戰者는 寡[4]矣니라

故로 備前則後寡[5]오 備後則前寡며 備左則右寡오 備右則左寡니 無所不備[6]면 則無所不寡[7]니라 寡者는 備人者[8]也오 衆者는 使人備己者[9]也니라

1) 吾所與戰之地(오소여전지지) : 우리와 더불어 싸워야 할 곳. 서로의 격전지.

2) 不可知(불가지) : 알지 못하다.

3) 所備者多(소비자다) : 수비해야 할 곳이 많아지다.

4) 所與戰者寡(소여전자과) : 함께 싸워야 할 사람이 적어지다.

5) 備前則後寡(비전즉후과) : 앞을 수비하면 뒤가 적어지다.

6) 無所不備(무소불비) : 수비하지 않는 곳이 없다. 모든 곳을 수비하다.

7) 無所不寡(무소불과) : 적어지지 않는 곳이 없다. 모든 곳에서 숫자가 적
   어진다.

8) 備人者(비인자) : 적의 수비하는 사람.

9) 使人備己者(사인비기자) : 적으로 하여금 우리를 수비하게 하는 것.

8. 많은 병사가 승패에 도움이 되지 못하는 것

그러므로 싸울 곳을 알고 싸울 날짜를 알면 천리 밖에 나가 적
을 만나서 싸워도 되는 것이다.

싸울 곳을 알지 못하고 싸울 날짜를 알지 못한다면 좌측의 군
대가 우측의 군대를 구원하지 못하고 우측의 군대가 좌측의 군대
를 구원하지 못하며 전방의 군대가 후방의 군대를 구원하지 못하
고 후방의 군대가 전방의 군대를 구원하지 못할 것이니 하물며 멀
면 수십리요, 가까워도 수리가 떨어진 곳에 있어서이겠는가.

이러한 사실을 헤아려 보건대 월(越)나라 사람의 병사가 비록
많다고 하더라도 또한 어찌 승패(勝敗)에 도움이 되겠는가.

싸울 곳과 싸울 날짜를 미리 정확하게 예측할 수만 있다면 비록 천
리 밖 머나먼 곳에 나가서 적을 만나 싸운다고 하더라도 능히 싸움을 유
리하게 이끌 수 있다.

그러나 싸울 곳과 싸울 날짜를 전혀 예측하지 못하거나 빗나가게 예
측하고 있다가 적에게 주도권을 빼앗겨 이끌리게 되면 혼란에 빠지게 된
다. 그래서 같이 한 군데서 싸우면서도 이쪽 군대가 저쪽 군대의 위급함
을 구해주지 못하게 되는데 하물며 수십리 수백리 떨어진 곳에 있는 군

대가 구원해 줄 수 있겠는가.

　손자(孫子)는 월나라와는 견원지간(犬猿之間)인 오(吳)나라 사람으로서 원수의 나라인 월나라를 들췄다.

　손자의 생각으로는 적국인 월나라의 군사가 아무리 많다고 하더라도 그것이 결코 승리를 결정하는 요인이 되지는 못한다는 것이다.

　어떻게 전력을 집중하여 하나가 되어 싸우느냐 아니냐 하는 데에 달려 있다는 것이다.

　故로 知戰之地와 知戰之日[1]이면 則可千里而會戰[2]이오
　不知戰地나 不知戰日이면 則左不能救右[3]오 右不能救左며 前不能救後오 後不能救前인댄 而況遠者 數十里오 近者도 數里乎아
　以吾度之[4]컨대 越人之兵[5]이 雖多라도 亦奚益於勝敗哉아

1) 戰之日(전지일) : 싸울 날짜. 싸움이 일어날 것으로 예측한 날짜.

2) 千里而會戰(천리이회전) : 천리 밖 먼 곳에 나가서 적을 만나 싸우다.

3) 左不能救右(좌불능구우) : 좌측의 군대가 우측의 군대를 구원하지 못한다. 바로 옆에 있어도 스스로를 구원하기도 힘든 처지라는 것.

4) 吾度之(오탁지) : 내가 그것을 헤아리다.

5) 越人之兵(월인지병) : 월(越)나라 사람의 병사. 월(越)은 춘추시대(春秋時代)에 양자강(揚子江) 유역에 있던 큰나라. 그 위쪽에 있는 나라인 오(吳)나라와는 원수간으로 손자(孫子)는 오나라 사람이었다.

〔실례〕

※유인하여 승리로 이끄는 작전

　—서기전 341년, 제(齊)나라와 위(魏)나라의 싸움에서 제나라 장수인 손빈(孫臏)은 일부러 군대를 후퇴시켜 위나라의 군대를 유인했다.

　손빈은 적군을 속이기 위해 후퇴하면서 일부러 가마솥의 수를 오늘은 10만개, 내일은 5만개, 모레는 3만개로 줄여갔다.

　위나라의 장수 방연(龐涓)은 제나라 군대에 도망병들이 속출한다고

판단하고는 기병대를 이끌고 추격에 나섰다.

손빈은 위나라 군대가 어두울 무렵에는 마릉(馬陵)에 도착할 것으로 예측했다. 마릉에 도착한 손빈은 병사들을 시켜 길가에 서 있는 큰 나무의 껍질을 깎아내고 큰 글씨로 '방연이 이 나무 아래에서 죽는다'고 써 놓게 한 다음 활을 잘 다루는 병사들을 매복시켜 놓았다.

그는 병사들에게 "날이 저물면 이 나무 밑에 불이 켜질 것이다. 그 불을 목표로 일제히 공격하라."고 명령했다.

과연 밤이 되자 위나라의 기병대가 마릉에 도착하여 글이 써있는 나무 밑에 다달았다. 방연은 불을 켜들고 나무에 쓰어 있는 글을 읽으려 했다. 그 순간 제나라의 매복한 군사들이 일제히 함성을 지르며 화살을 쏘았다. 위나라의 군대는 혼란에 빠져 격멸당하고 방연은 혼전 속에서 스스로 목숨을 끊어 죽었다고 한다.

결전의 땅과 날을 제대로 예측하고 유인하여 승리한 싸움의 본보기라 하겠다.

9. 승리는 만들 수 있다

그러므로 말하기를 "승리는 만들 수 있는 것이니 적이 비록 많다고 하더라도 그들로 하여금 싸우지 못하게 할 수가 있다."고 하는 것이다.

그러므로 계책을 세워 득실(得失)의 계산을 알아야 하고 일을 일으켜 적의 동정(動靜)의 이치를 알아야 하고 전략을 나타내어 생사(生死)의 자리를 알아야 하고 수량을 헤아려 적의 군마가 여유있는 것과 모자라는 것을 알아야 하는 것이다.

▨적의 군사가 아무리 많더라도 수가 많은 것만 가지고는 승리할 수 없다. 수가 많더라도 싸우지 못하게 되면 아무런 소용이 없는 것이다.

그러므로 소수의 병력이 대군을 만나 적군이 그 병력을 다 쓰지 못하게 하고 승리하기 위해서는 다음 4가지를 알아야 한다.

그 첫째는 정세와 태세 등을 검토하여 계책을 세웠을 때의 이익과 손해를 잘 파악해야 하며, 둘째는 여러 유인작전을 펴서 적군의 움직임을 잘 관찰하여 그 체계를 파악해야 하며, 셋째는 이쪽 작전의 일부를 나타내어 지형상 유리하고 불리한 곳을 찾아내는 일이요, 넷째는 적군이 주둔하고 있는 각지의 병졸과 말의 수를 알아내어 적의 진영에서 여유로운 곳과 부족한 곳을 파악해야 한다.

이 4가지 알아낸 정보를 종합하여 공격 방향을 잡고 충분한 태세를 갖추는 한편 이에 알맞는 계략을 세우면 적은 군대로도 대군을 물리치고 승리할 수 있는 것이다.

故曰 勝可爲[1]也니 敵雖衆이라도 可使無鬪[2]라 故로 策之[3]而知得失之計하고 作之[4]而知動靜之理하고 形之[5]而知死生之地[6]하고 角之[7]而知有餘不足之處[8]니라

1) 勝可爲(승가위) : 승리는 만들 수 있다.

2) 可使無鬪(가사무투) : 적으로 하여금 전투를 하지 못하게 할 수 있다.

3) 策之(책지) : 정세를 검토하다. 계략을 세우다.

4) 作之(작지) : 분노를 일으키다. 작전을 일으키다.

5) 形之(형지) : 전략을 나타내다.

6) 死生之地(사생지지) : 죽고 사는 자리. 전투에 유리하고 불리한 지리적 조건.

7) 角之(각지) : 군마의 수를 헤아리다.

8) 有餘不足之處(유여부족지처) : 여유가 있는 것과 부족한 것. 곧 적의 전력이 넉넉한 것과 모자라는 것.

〔실례〕

※ 항상 상대의 제일 약한 곳을 공격한다.

─위(魏)나라 장수 사마의(司馬懿)가 요동을 평정하기 위해 출정했는데 군대를 움직이는 것이 느렸으므로 사마진규(司馬陳珪)가 물었다.

"옛날 상용(上庸)의 맹달(孟達)을 공격했을 때는 8개군을 동시에 진격시켜 밤낮으로 쉬지 않고 공격하여 겨우 닷새만에 견고한 성을 함락시키고 맹달을 격파하였습니다. 그런데 이번에는 멀리서 공격하며 아주 한가롭습니다. 저로서는 그 까닭을 알 수가 없습니다."

그러자 사마의가 대답했다.

"맹달은 병력은 적었으나 양식이 넉넉하여 1년은 견딜 만큼 준비가 되어 있었다. 아군의 병력은 맹달의 4배나 되었으나 양식은 1개월 남짓한 상태였다. 1개월분의 양식으로 1년분의 양식을 가진 적을 공격할 때는 급습을 하는 것이 당연하지 않은가. 또한 4배의 병력으로 공격하니 가령 반 정도의 손실이 있다해도 그때는 강공을 해야 한다. 그래서 사상을 돌보지 않고 양식의 소모와 경쟁을 하듯 공격했던 것이다. 지금은 적의 병력이 많고 아군의 병력이 적다. 그러나 적은 굶주리고 아군의 양식은 충분하다. 더구나 비가 오므로 교전을 하지 않고 있는데 적의 양식은 떨어지기 시작하고 있다. 이대로 아무것도 하지 않고 양식이 다 떨어지기를 기다리는 것이 마땅하지 않은가."

얼마 후 비가 그치자 사마의는 밤낮을 가리지 않고 공격하여 드디어 요동을 평정했다.

이러한 작전을 '동정의 이치를 알고 죽고 사는 땅을 알고 여유있고 부족한 것을 아는 것이다' 라고 할 수 있는 것이다.

10. 형체가 드러나지 않아야 한다

그러므로 형병(形兵)의 극치는 형체가 없는데 이르게 하는 것이다. 형체가 없으면 깊이 침투해 들어온 간첩이라도 엿볼 수가 없고, 지혜로운 사람이라도 꾀를 내지 못한다.

형체로 말미암아 많은 적에게 승리를 거두지만 많은 적은 능히 그것을 알지 못한다.

사람들은 모두 우리가 승리를 거둘 수 있었던 형세는 알고 있으나 우리가 승리를 거둘 수 있게 만든 형세에 대하여는 알지 못한다. 그러므로 싸움에 승리한 작전은 다시 쓰지 않고 적의 형세에 따라 무궁한 전략을 세우는 것이다.

▨무형(無形)이라는 말은 형체가 없다는 뜻이 아니라, 경우에 따라 변화하기 때문에 그 형태가 고정되어 변함이 없는 것이 아니라는 뜻이다.

작전을 자유롭게 변화시키면서도 본질을 잃지 않고 교묘하고 은밀하여 깊숙이 잠입해 들어와 있는 적의 간첩이라도 이쪽의 실정을 파악할 수가 없게 되고 지혜로운 적의 지휘자라 할지라도 예측조차 할 수 없게 해야 하는 것이다.

이렇게 이쪽의 형체는 적에게 드러나지 않고 변화 무쌍하게 움직이는 반면 적의 형체는 제대로 파악하고 있다면 이쪽의 병력이 비록 수가 적더라도 수가 많은 적을 격파하고 승리를 거둘 수 있게 된다.

이렇게 승리를 거둔 뒤에는 사람들이 누구나 우리가 어떤 형세를 취해서 승리를 거두었는지 알게 된다. 그러나 그들은 우리가 승리하기 위해 펼친 전략에 대하여는 알지 못한다.

일단 승리를 거둔 작전은 다시 되풀이 해서 쓸 수 없다. 똑같은 상황의 싸움이 두번 반복되지는 않는다. 싸움에 임해서 적의 형세에 따라 그때 그때의 상황에 맞는 새로운 전략을 개발하여 상황에 대처하는 무궁무진한 전략을 펴나가야 한다는 것이다.

故로 形兵之極¹⁾은 至於無形이라 無形이면 則深間²⁾이라도 不能窺³⁾하고 智者라도 不能謀⁴⁾라 因形⁵⁾而錯勝於衆⁶⁾이면 衆不能知라
人皆知我所以勝之形⁷⁾이라도 而莫知吾所以制勝之形⁸⁾이니 故로 其戰勝不復⁹⁾하고 而應形於無窮¹⁰⁾이라

1) 形兵之極(형병지극) : 형병의 극치. 형병(形兵)은 형체의 군대. 곧 군대의 형체라는 뜻.

2) 深間(심간) : 깊숙하게 잠입해 들어온 적의 간첩.

3) 不能窺(불능규) : 엿보지 못하다. 이쪽의 상황을 알아내지 못하는 것.

4) 不能謀(불능모) : 꾀를 내지 못하다. 곧 이쪽의 작전에 대처하는 작전을
   세우지 못하다.

5) 因形(인형) : 형체가 드러나지 않는 것으로 말미암다.

6) 錯勝於衆(조승어중) : 많은 적군에게 승리를 거두다. 중(衆)은 중적(衆
   敵)의 뜻. 착(錯)은 여기서는 두다의 뜻이다.

7) 我所以勝之形(아소이승지형) : 우리가 승리를 거둔 까닭의 형세. 밖으로
   드러난 형태.

8) 所以制勝之形(소이제승지형) : 승리를 거두게 된 까닭의 형세. 은밀히 사
   용된 계략.

9) 戰勝不復(전승불복) : 싸움에 승리한 작전은 다시 쓰지 않는다.

10) 應形於無窮(응형어무궁) : 적의 형세에 따라 무궁한 작전을 세우다.

〔실례〕

※비밀리에 준비하는 것이다.

—월왕(越王) 구천(句踐)이 오(吳)나라에게 패하고 회계산(會稽
山)에서 구원을 받아 돌아온 지 7년이 지나자 나라의 힘도 조금 충실해
졌고 백성들은 구천과 함께 오나라에 복수를 하고 싶어 했다. 이에 대부
(大夫) 봉동(逢同)이 간했다.

"우리나라는 지금 국세를 회복하여 겨우 상승하기 시작했습니다. 여
기서 다시 전쟁 준비를 시작한다면 오나라는 경계하여 반드시 공격해 올
것입니다. 사나운 새가 먹이를 공격할 때는 반드시 그 형태를 숨기는 법
입니다. 아직 당분간은 오나라에게 원한을 품고 있는 제(齊), 초(楚),
진(晉) 3국과 화친하도록 노력하고, 오나라에 대해서는 정중하게 대해
야 합니다. 오나라 왕이 교만해져 싸움을 가볍게 생각하게 되었을 때가
기회입니다."

이러한 간언을 듣고 그로부터 3년이 지났다.

대부 종(種)이 월나라 왕에게 간했다.

"오나라 왕의 정치를 보니 매우 교만해진 것 같습니다. 식량을 빌려 달라고 청하고 실정을 탐지해 보십시오."

과연 오나라 왕은 월나라에게 식량을 주었다. 월나라는 이제 되었다고 생각했다.

다시 3년이 지나 월나라 왕 구천이 범려(范蠡)에게 물었다.

"이제 오나라를 공격해도 좋지 않겠소? 오나라 왕은 충신인 오자서(伍子胥)를 죽인 후로는 아첨하는 자만을 상대하고 있다고 합니다."

범려가 대답했다.

"아직 시기가 아닙니다."

다음해 봄, 오나라 왕이 북상하여 황지(黃地)라는 곳에서 제후를 모았다. 정병은 전부 왕을 따랐으므로 오나라에는 늙은이와 어린아이만이 남아 있었다.

범려가 말했다.

"기회가 왔습니다."

월나라 왕은 노도같이 오나라로 진격해 들어갔고 전력이 약한 오나라 군사는 대패했다.

그후 다시 4년이 지났다. 오나라의 정예부대는 거의 제나라와 진나라의 전투에서 전사하고 백성은 피폐되어 있었다. 월나라는 이 기회를 놓치지 않고 오나라를 공격하여 각처에서 크게 오나라 군대를 격파했다. 오나라의 도읍을 3년 동안 포위하여 오나라 군사는 완전히 격멸당했다. 오나라 왕은 마침내 자살하고 월나라 왕 구천은 20여년간 쌓였던 복수를 끝냈다.

11. 전쟁의 형세는 물을 본받는다

대저 군사작전의 형세는 물을 본받는다. 물의 흐름은 높은 곳을 피하고 낮은 곳으로 달리며 군사작전의 형세는 실(實)한 곳을 피하고 허(虛)한 곳을 공격한다.

물은 땅에 의해 흐름이 결정되고 군사작전은 적에 의해 승리가 결정된다.

그러므로 군사작전에는 일정한 형세가 없고 물에는 일정한 형태가 없다.

적의 형세에 따라 작전을 변화하여 승리를 취할 수 있는 사람을 신묘(神妙)하다고 이른다. 그러므로 오행(五行)은 항상 이기는 것이 없고 사시(四時)는 항상 제자리에 있는 것이 없으며 해는 짧고 긴 것이 있고 달은 없어지고 생겨남이 있는 것이다.

▨적의 실(實)을 피하고 허(虛)를 찌르라는 말이다. 그러기 위해서 군사를 움직일 때의 태세는 물의 형세를 본받아야 한다는 것이다. 물은 절대로 높은 곳을 향해 흐르는 일이 없고 반드시 낮은 곳을 택하여 흐른다. 마찬가지로 군사를 움직일 때의 태세도 적의 수비가 충실한 곳을 피하여 허점이 있는 곳을 찾아서 공격해야 한다는 것이다.

물은 일정한 흐름이 없고 지형에 따라 어느 쪽으로 어떻게 흐르느냐 하는 흐름의 변화가 결정되듯이 군사작전에서도 일정한 태세가 있는 것이 아니다. 적의 태세에 따라 알맞은 작전을 세워 적의 허를 찌름으로써 승리가 결정되는 것이다. 작전을 세움에는 무엇보다도 적의 허점을 찾아 그곳을 공격하는 것이 가장 중요하다. 적이 아무리 강대하더라도 허점은 반드시 있게 마련이다.

이렇듯 물의 흐름을 본받은 변화무쌍한 전력으로써 승리를 거두는 사람의 작전을 우리는 신묘하다고 하는 것이다.

그것은 마치 오행(五行 : 金木水火土)이 번갈아 서로 이기고, 봄 여름 가을 겨울의 네계절이 순환하여 변화하며, 해가 길어졌다 짧아졌다 하고, 달이 이지러졌다 찼다 하는 것과 같다. 군사작전에 있어서 적의 변화하는 형세에 따라 대처해야 한다는 것이다.

夫兵形[1]象水[2]라 水之行은 避高而趨下[3]하고 兵之形은 避實而

擊虛[4]라 水因地[5]而制流[6]하고 兵因敵[7]而制勝[8]이라 故로 兵無常勢[9]하고 水無常形[10]이라 能因敵變化而取勝[11]者를 謂之神[12]이라한다 故로 五行[13]이 無常勝[14]하고 四時[15]가 無常位[16]하며 日有短長[17]이오 月有死生[18]이니라

1) 兵形(병형) : 군사작전의 형세.

2) 象水(상수) : 물을 본받다.

3) 避高而趣下(피고이추하) : 높은 곳을 피하여 낮은 곳으로 달리다.

4) 避實而擊虛(피실이격허) : 충실한 곳을 피하여 허점(虛點)이 있는 곳을 공격하다.

5) 因地(인지) : 땅의 형세에 따르다.

6) 制流(제류) : 흐름이 결정되다. 곧 통제된다.

7) 因敵(인적) : 적의 형세에 따르다.

8) 制勝(제승) : 승리가 결정되다.

9) 常勢(상세) : 일정한 태세.

10) 常形(상형) : 일정한 형태.

11) 變化而取勝(변화이취승) : 작전을 변화시켜 승리를 취하다.

12) 謂之神(위지신) : 신묘(神妙)하다고 말하다. 신(神)이란 미루어 헤아릴 수 없는 영력(靈力)이라는 뜻.

13) 五行(오행) : 금(金) 목(木) 수(水) 화(火) 토(土)의 5가지 요소

14) 無常勝(무상승) : 항상 이기는 것이 없다. 오행에는 상극(相剋)이 있어 수는 화를 이기고 화는 금을 이기고 금은 목을 이기고 목은 토를 이기고 토는 수를 이기지만 그것들을 다 이기는 것은 없고 서로 이기고 지기 때문에 항상 변화한다는 말.

15) 四時(사시) : 춘(春) 하(夏) 추(秋) 동(冬)의 네계절.

16) 無常位(무상위) : 항상 제자리에 있는 것이 없다. 곧 봄이 가면 여름이 오고 여름이 가면 가을이 오고 가을이 가면 겨울이 오고 겨울이 가면 봄이 오고 하여 항상 변화한다는 말.

17) 日有短長(일유단장) : 해에는 짧고 긴 것이 있다. 여름 해는 길고 겨울

해는 짧다는 말.

18) 月有死生(월유사생) : 달에는 없어지고 생겨남이 있다. 달은 그믐에 이
지러졌다가 초승에 다시 차오른다는 말.

〔실례〕
※세상의 모든 것은 변화하는 것이다.

─전국시대 제(齊)나라에 맹자(孟子)보다 다소 늦은 시대에 추연
(騶衍)이라는 사람이 나왔다. 그의 사상은 넓고 요원했으며 더구나 반
드시 작은 것에서 사실여부를 확인하고 큰 것을 거론하여 무제한에 이
르는 것이었다.

그의 사상은 제나라에서는 중요시되었고, 위나라의 혜왕(惠王)은 대
등한 예로써 마중할 정도였으며, 조나라 평원군(平原君)은 스스로 자
리의 먼지를 털고, 연나라 소왕(昭王)은 비(箒)를 선도하여 갈석궁(碣
石宮)을 짓고 그에게 하사할 정도였다.

제후들에게 유세해서 필사적으로 관직을 찾아헤매던 식객들과는 거
리가 멀었던 것은 그의 오행설이었다.

그는 역대 제왕의 변천을 목(木), 화(火), 토(土), 금(金), 수(水)의
오행으로 해석하고, 우주만물은 모두 오행의 변천에 따라 성쇠(盛衰)한
다고 했다. 목은 화를 낳고, 화는 토를 낳고, 토는 금을 낳고, 금은 수를
낳고, 수는 목을 낳는다. 이것을 역대 왕조와 조합시키면 요(堯:火)·
순(舜:土)·우(禹:金)·은(殷:水)·주(周:木)가 되고, 천지개벽
이래의 영고성쇠와 다시 산, 시내, 계곡, 새와 짐승의 변환을 말했다.

이 오행이 음양 이기(二氣)의 없어지고 발전하는 것과 변화 속에서
끊임없이 유동을 계속하므로, 이 세상에는 미리 정해진 형(形)이 존재
하지 않는다고 했다.

이와 같이 군사에서도 항상되는 형세가 없고 물에는 항상되는 형상이
없다고 하는 것이다〔兵無常勢 水無常形〕.

제7편 군사의 전투
(軍爭篇第七)

— 불리함을 이로움으로 바꿔라 —

1. 용병(用兵)의 방법

손자가 말하였다.

"무릇 용병(用兵)의 법은 장수가 군주에게서 명령을 받고 군사를 모으고 백성을 징집하여 진영을 마주하고 주둔하는 것이므로 군쟁(軍爭)보다 더 어려운 것은 없다."

▨여기서부터는 적군과 직접 싸우는 전투상황에 대한 작전이 전개되는 것을 논한 것이다.

용병(用兵)의 방법은 우선 장수가 통치권자(統治權者)에게서 명령을 받아 군사를 모으고 백성들을 징집하여 부대를 편성하고 적의 진영과 대치하여 주둔하는 것이다.

용병의 방법 중 가장 어려우면서 중요한 것은 적과 전투를 하여서 승리를 겨루는 일이다.

孫子曰 凡 用兵[1]之法은 將受命於君하여 合軍[2]聚衆[3]하고 交和[4]而舍[5]이니 莫難於軍爭[6]이라

1) 用兵(용병) : 전쟁을 수행하다의 뜻.

2) 合軍(합군) : 군사를 모으다.

3) 聚衆(취중) : 무리를 모으다. 곧 백성들을 징집하다.

4) 交和(교화) : 진(陣)을 마주하다.

5) 舍(사) : 주둔(駐屯)하다의 뜻.

6) 軍爭(군쟁) : 싸워서 승리를 다투다. 서로 싸우다.

2. 군쟁(軍爭)의 어려움

군쟁(軍爭)의 어려움은 돌아가는 것으로써 곧게 가는 것으로 삼고 근심스러운 것으로써 이로운 것으로 삼는 데에 있다.

그러므로 그 길을 돌아서 가는 것으로 적을 유인하기를 이(利)로써 하고 적보다 뒤에 출발하여 적보다 먼저 도착하는 것이니 이것은 돌아가면서 곧게 가는 계략을 아는 사람이다.

그러므로 군쟁은 이로움이 되기도 하고 군쟁은 위태로움이 되기도 한다. 전군을 들어 이로움을 다투려면 미치지 못하고 일부의 군대를 버리고 이로움을 다투려면 치중(輜重)이 손해를 보게 된다.

▨우(迂)는 돌아서 가는 곡선의 길이며 먼 길로서 불리한 조건이요, 직(直)은 곧게 가는 직선의 길이며 가까운 길로서 유리한 조건이다. 이 멀리 돌아서 가는 불리한 조건의 길을 곧게 가는 유리한 조건의 길로 만들 수 있어야 적에게 승리할 수 있는 것이니 적과 싸워서 승리를 거두기는 참으로 어려운 일이다.

멀리 돌아가 적군이 이쪽의 상황을 알지 못해 근심하는 것을 이쪽의 유리한 점으로 만들어 적을 유인하는 요건으로 삼아서 적을 유인하여 기습하거나, 적군보다 늦게 출발하고서도 먼저 도착하여 대기하고 있다가 뒤늦게 오는 적을 요격한다. 이런 것을 돌아서 가되 곧게 가는 계략을 아는 사람이라고 한다.

　적군과 겨루어 승리를 거두는 데에는 이로움도 있으나 여기에는 위험
이 뒤따르기 마련이다.
　전군을 들어 중장비 부대까지 싸움에 투입하려고 하면 적군에게 뒤져
서 승리를 거둘 수가 없게 되고 그렇다고 경장비 부대만 먼저 나가서 싸
우다 보면 수송부대가 뒤쳐져서 물자의 공급이 어렵게 된다는 것을 논
했다.

　軍爭之難者는 以迂[1]爲直[2]하고 以患[3]爲利라 故로 迂其塗而誘
之以利[4]하고 後人發[5]이 先人至[6]는 此知迂直之計[7]者也니라
　故로 軍爭爲利요 軍爭爲危니 擧軍[8]而爭利면 則不及[9]하고 委
軍[10]而爭利면 則輜重捐[11]이라

1) 迂(우) : 돌아가는 것. 곡선거리.

2) 直(직) : 곧게 가는 것. 직선거리.

3) 患(환) : 근심. 해로움.

4) 誘之以利(유지이리) : 이(利)로써 적을 유인하다.

5) 後人發(후인발) : 적보다 뒤에 출발하다. 인(人)은 적으로 풀이된다.

6) 先人至(선인지) : 적보다 먼저 도착하다.

7) 迂直之計(우직지계) : 돌아가면서 곧게 가는 것과 같은 효과를 가져오는
　　계략.

8) 擧軍(거군) : 전군(全軍)을 들어.

9) 不及(불급) : 미치지 못하다. 승리하지 못한다는 뜻.

10) 委軍(위군) : 일부의 군대를 버리다. 경장비 부대만 먼저 간다는 뜻.

11) 輜重捐(치중연) : 수송부대가 손해를 보다. 치중(輜重)은 수송부대. 연
　　(捐)은 버리게 된다는 뜻.

〔실례 1〕
※의表를 찌르는 기습
―노(魯)나라 애공(哀公) 17년에 월나라 왕 구천이 오(吳)나라를

공격했을 때 월나라 왕 구천은 군사를 좌우로 나누어 각각 북을 울리며 진격시켰다. 밤이 되어도 북소리는 그치지 않고 월나라 군사의 진격도 그치지 않았다.

오나라 군대 안에서는 이 북소리에 따라 월나라 군대의 소재를 예측하고 군대의 진격 속도를 잰 다음 역시 군을 좌우로 나누어 만전의 방어태세를 갖추었다.

그런데 월나라 왕 구천은 중군에게 은밀히 강을 건너게 하고, 북을 조용히 울리며 진격시키고 있었다.

이 제3군을 눈치채지 못하고 좌우에 대해서만 만전의 방어태세를 취하고 있던 오나라 군사는 월나라의 중군이 돌연 습격해 왔을 때 완전히 주도권을 빼앗기고 말았다. 월나라의 좌우 양군에게 총공격을 당한 오나라의 군사는 전멸하다시피 했다.

〔실례 2〕
※상대를 쉽게 생각해서는 안된다
—서진(西晉)의 민제(愍帝) 건흥 4년에 석륵(石勒)과 희담(姬澹)이 싸웠다.

희담의 군대가 먼 곳에서 원정을 해왔기 때문에 피로에 지쳐있을 것이라 생각한 석륵은, 편안히 기다리고 있던 아군으로 지쳐있는 적군을 친다는 계산으로 장수 공장(孔長)을 선봉으로 하여 희담의 군대를 공격하게 했다.

그런데 희담의 군대는 의외로 날카로워 상대가 지쳐있기 때문에 제대로 수비하지 못할 것이라고 쉽게 생각하며 적군을 맞아 공격하던 공장의 군대는 오히려 격파되어 퇴각하였다. 그러자 희담은 곧 군사를 몰아 추격하기 시작했다.

이것을 안 석륵은 급히 그 진로에 복병을 매복시키고 있다가 패주하는 공장의 군대를 추격하는 데에만 전념하던 희담의 군대를 갑자기 좌우에서 협공을 하였다.

　좌우에서 쏟아지는 협공에 대해 전혀 무방비했던 희담의 군대는 크게
패배하였다.
　이러한 것을 '전투에서 이로우면 돌아가는 것을 직선으로 삼고 근심
스러운 것으로 이로움을 삼는다'고 한 것이다.

〔실례 3〕
　※ 서두르는 행군은 삼가한다
　—오왕 합려가 왕위에 오른 지 3년째 되던 해에 직접 군대를 이끌고
초(楚)나라를 공격해 들어가 요충지인 서(舒)를 함락시켰다. 합려는 그
여세를 몰아 초나라의 도읍인 영(郢)으로 진격해 들어가려 했다.
　이때 장수인 손무가 합려에게 말하기를
　"백성들의 피해가 클 뿐 아니라 아직은 그렇게 할 시기가 아닙니다. 부
디 이 이상의 진격은 그만두시는 것이 좋겠습니다."
　하니 합려는 손무의 말에 따라 군대를 이끌고 본국으로 돌아왔다.
　진격하려면 거기에 따르는 준비가 필요하다. 준비가 부족하다면 일단
후퇴한 다음 때를 기다리는 것도 좋은 '우직(迂直)의 계략'이라고 말
할 수 있다.
　그로부터 6년 뒤, 오왕 합려는 손무의 진언에 따라 다시 초나라를 침
공하여 그 도읍인 영(郢)을 함락시켰다.

3. 세 장군이 사로잡히는 백리의 행군

　이런 까닭에 갑옷을 벗어 들고 달려서 밤낮으로 쉬지 않고 길
을 배(倍)로 늘려 갑절로 행군하여 백리를 가서 승리를 다투려
고 하면 세 장군이 적에게 사로잡히게 되며 굳센 자는 먼저 가고
피로한 자는 뒤떨어져서 그 비율은 10분의 1만이 도착하게 된다.
　50리를 가서 승리를 다투려고 하면 상장군(上將軍)이 쓰러지

게 되고 그 비율은 반이 도착하게 된다.

30리를 가서 승리를 다투려고 하면 3분의 2가 도착하게 된다.

이런 까닭으로 군대에 치중(輜重)이 없으면 패망하고 양식이 없으면 패망하고 쌓아둔 물자가 없으면 패망하게 된다.

▨앞에서는 먼 길을 가깝게 만들어 행군을 서둘러야 적과 싸워서 승리할 수 있다고 하였다. 그러나 너무 먼 길을 무리하게 서둘러서 급하게 하는 행군은 삼가하라는 이야기이다.

백리 떨어진 곳에 가서 승리를 겨루기 위한 행군을 무리하게 강행하다가는 가는 도중에 너무 지쳐 정작 목적지에 이르렀을 때에는 겨우 강한 체력을 가진 병사 10분의 1만 도착하여 얼마 안되는 병력과 피로한 병졸들을 데리고 싸우게 되어 패배의 길로 들어서니 세 지휘자들을 다 잃게 된다. 체력이 약해 낙오된 나머지 10분의 9의 병력이 모두 도착한다 해도 이미 적과 겨루어 볼 생각은 아예 할 수 없는, 지리멸렬의 상태가 되고 마는 것이다.

이보다는 덜하다고 하더라도 50리떨어진 전투지에 도착하기를 강행군으로 할 때 한 사람의 지휘자의 희생쯤은 각오해야 하고 전투에 참여할 병력도 반쯤으로 계산하여야 한다. 30리의 행군 역시 마찬가지이다. 급하게 서두르는 행군의 결과는 같은 것이다.

그리고 전쟁에 있어서는 기동력은 없지만 수송부대의 역할도 중요하다. 전투에 경장비 부대만을 투입했다고 하자. 그들이 기동력이 있어서 비록 전투에는 승리했다고 하더라도 수송부대가 무기나 식량이나 그밖의 전쟁 물자를 보급하지 못한다면 그들은 무엇으로 싸울 것이며 어떻게 체력을 유지하겠는가. 결국 그들은 패망하고 말 것이다.

是故로 卷甲[1]而趨하여 日夜不處[2]하고 倍道[3]兼行[4]하여 百里而爭利[5]면 則擒三將軍[6]하며 勁者 先[7]하고 罷者 後[8]하여 其法[9]十一而至[10]라

五十里而爭利면 則蹶上將軍[11]이오 其法半至라

三十里而爭利면 則三分之二至라
是故로 軍無輜重則亡하고 無糧食則亡하며 無委積12)則亡이니라

1) 卷甲(권갑) : 갑옷을 접어 쥐다. 갑옷을 걷어올리다.

2) 不處(불처) : 쉬지 않다.

3) 倍道(배도) : 길을 배로 늘리다. 보통의 행군보다 두배의 거리를 행군한
   다는 말.

4) 兼行(겸행) : 갑절로 행군하다.

5) 爭利(쟁리) : 이(利)를 다투다. 승리를 다투다. 전투하다.

6) 擒三將軍(금삼장군) : 세 장군이 적에게 사로잡히다. 세 장군은 상장군
   (上將軍) 중장군(中將軍) 하장군(下將軍).

7) 勁者先(경자선) : 굳센 사람은 먼저 도착하다. 체력이 강한 병사는 행군
   속도에 맞춰 제대로 도착하다.

8) 罷者後(파자후) : 피로한 사람은 뒤떨어지다. 체력이 약해 행군 속도에 맞
   추지 못하는 사람은 낙오하게 된다.

9) 其法(기법) : 비율. 비례.

10) 十一而至(십일이지) : 10분의 1이 도착하다.

11) 蹶上將軍(궐상장군) : 상장군이 쓰러지다.

12) 委積(위적) : 쌓아둔 물자. 비축 물자.

〔실례〕

※원정에는 병사들이 피로하다

─촉한(蜀漢)의 유비(劉備)는 결의형제한 관우(關羽)가 오(吳)나
라 손권(孫權)의 모략에 빠져 죽은 원수를 갚기 위해 서기 222년에 대
군을 이끌고 오나라 땅을 공격해 들어갔다.

장강의 흐름을 타고 공격해 내려갔으므로 진격이 빨랐고, 순식간에 요
충지인 이릉을 함락시켜 유비 군대의 기세는 하늘을 찌를 것 같았다.

한편 오나라의 손권은 육손을 총사령관으로 임명하여 전군의 지휘를
맡겼다. 유비가 진격해 들어온다는 소식을 듣고 오나라 장수들은 일제히

불안해 했으나 육손은 오히려 여러 장수들을 위로했다.

"유비는 전군을 동원하여 총공격을 해왔기에 그 기세는 꺾을 수가 없소. 더구나 지리적인 이점을 이용하여 진을 치고 있기 때문에 공격해도 승리하기 어렵소. 설사 공격이 성공할지라도 전군을 파멸시키지는 못할 것이며 만일 실패한다면 돌이킬 수 없는 사태가 벌어질 것이오.

그러므로 당분간 아군의 사기를 유지하고 준비태세를 갖추어놓고 정세의 변화를 기다리기로 합시다. 이 일대가 평야라면 군대를 전개시켜 수습할 길 없는 혼전으로 몰아넣을 수도 있겠지만 적군은 산을 따라 진격하고 있기 때문에 마음대로 할 수가 없소. 그러나 적군은 산길의 행군으로 피로가 쌓여갈 것이니 아군은 동요하지 말고 적군이 피로하기를 기다려야 하오."

이와 같이 말하고 육손은 수비만 굳게 할 뿐 일체 움직이려 하지 않았다. 시일을 오래 끌수록 원정군에게는 불리하다. 유비는 때때로 싸움을 강요했지만 육손은 꼼짝도 하지 않았다.

이렇게 끌기를 반년이 지나자 유비의 군대는 차츰 피로한 기색이 보였다. 이제 반격을 가할 때가 되었다고 판단한 육손은 여러 장수들에게 공격준비를 명령했다. 그러자 여러 장수들이 일제히 반대했다.

"지금 공격을 가한다면 실패할 것입니다. 적군이 공격해 들어온 지 이미 반년이나 지났습니다. 그동안 적군은 수많은 요충지를 함락시켜 굳게 지키고 있습니다. 지금 공격을 가하면 승산은 없습니다."

그러나 육손은

"그렇지 않소. 유비는 천군만마(千軍萬馬)의 오래된 강자로 공격해 왔을 당초에는 치밀한 작전을 세워왔기 때문에 아군이 공격해도 승산이 없었소. 지금은 전투가 교착상태에 빠져 적군의 피로는 극에 달해 있고 사기도 떨어졌으며 이렇다 할 타개책도 가지고 있지 못할 것이니 지금이야말로 적군을 공격할 가장 좋은 기회요."

라고 하고는 전군에 총공격을 명령하여 단숨에 유비의 군대를 격파하고 큰 승리를 거두었던 것이다.

4. 지형을 알지 못하면 부대를 행군시킬 수 없다

그러므로 제후(諸侯)의 계략을 알지 못하는 사람은 미리 사귀지 못하고, 산림지대나 험난한 곳, 질퍽질퍽한 습지대의 지형을 알지 못하는 사람은 군대를 행군시키지 못한다.

길 안내인을 쓰지 않는 사람은 지형의 이로움을 얻을 수가 없는 것이다.

▨다른 나라의 제후가 도모하고 있는 바가 무엇인지 파악하여 알지 못하는 상태에서 그 나라와 미리 사귀는 것은 위험하다. 어떻게 이용당할지 모르기 때문에 그 도모하는 바를 잘 알아서 사귀어야 한다는 것이다.

싸우려는 나라의 지형을 잘 알지 못하는 사람이 군대를 이동시키다가는 산림이 우거진 곳이나 매우 험난한 곳이나 질퍽이는 습지대에 빠져들어 위험에서 빠져나오지 못할 위험성이 있다.

그러므로 그 지방의 지형을 잘 아는 길 안내인을 앞세운다면 지형을 유리하게 활용할 수 있는 것이다.

故로 不知諸侯[1]之謀[2]者는 不能豫交[3]오 不知山林險阻[4]沮澤[5]之形者는 不能行軍이오

不用鄕導[6]者는 不能得地利[7]니라

1) 諸侯(제후) : 춘추시대 열국(列國)의 군주들.

2) 謀(모) : 계략. 도모(圖謀)하다.

3) 豫交(예교) : 미리 사귀다. 미리 국교(國交)를 맺다.

4) 險阻(험조) : 험난하다.

5) 沮澤(저택) : 질퍽한 택지(澤地). 택지는 습지대(濕地帶).

6) 鄕導(향도) : 그 지방의 길을 안내하는 사람.

7) 地利(지리) : 지형의 이로움.

〔실례〕

※ 싸움터의 지형을 잘 알아야 한다

—한무제(漢武帝) 때에는 서역(西域) 평정을 국가의 책무로 하였는데 그러기 위해 먼저 흉노를 격멸하기로 했다.

강대한 흉노를 대적하려면 흉노와 적대관계인 대월씨(大月氏)와 손을 잡아야 한다고 하여 장건(張騫)을 사신으로 보냈다.

장건은 흉노 영내를 통과하지 않으면 대월씨에게 갈 수 없었으므로 그 곳을 지나다가 붙잡혀 10여년의 억류생활을 하던 끝에 겨우 탈출해서 다시 서쪽으로 향했다.

대완국(大宛國), 키르키즈(康居國)를 지나 아프가니스탄 북부(大夏韓)를 경유해서 대월국으로 들어갔다.

그동안 장건은 오손국(烏孫國), 누란(樓蘭), 고사(姑師), 안식(安息:페르샤), 신독(身毒:인도)에 이르기까지 두루 견문을 넓혔으며 곤륜산(崑崙山)에서 발하는 황하의 근원까지 알았다.

후에 고국으로 돌아온 장건은 교위(校尉)가 되어 대장군을 따라 흉노를 공격하는데 참가했다.

흉노의 땅을 속속들이 잘 알고 있는 장건이 길 안내를 했기 때문에 군은 막힘없이 싸울 수 있었다.

이러한 공로로 인해 장건은 뒤에 박망후(博望侯)에 봉해졌다.

흉노 땅의 지형을 잘 알지 못했다면 흉노의 평정은 어려웠을 것이다.

5. 전쟁은 이로움으로써 움직이는 것이다

그러므로 전쟁은 속임으로써 성립되고 이로움으로써 움직이고 분산과 집합으로써 변화를 삼는 것이다.

그러므로 그 빠르기가 바람과 같고 그 고요함이 숲과 같고 침략하는 것이 불과 같고 움직이지 않는 것이 산과 같고 알기 어려운 것이 어두움과 같고 움직이는 것이 뇌정(雷霆)과 같은 것이다.

 ▨전쟁을 하는데 있어서 상대가 이쪽의 동태를 알지 못하게 속이는 것은 기본이며 유리한 조건을 갖추기 위하여 그쪽으로 움직이고 적의 동태에 따라 분산시키고 집합시키는 일을 자유자재로 변화시켜 주도권을 잡음으로써 승리를 거둘 수가 있다는 것이다.

 이렇게 승리하는 전쟁을 치르기 위한 군대의 움직이는 방법이 있다. 빠르게 나아가야 할 때는 거센 바람같이 신속하게, 숨죽이고 있을 때는 깊은 숲속같이 고요하게, 공격해 들어갈 때는 활활 타오르는 불길과 같이 맹렬하게, 섣불리 움직이지 않아야 할 때는 산과 같이 중후하고 태연하게, 이쪽의 정황과 계략에 대해서는 어두운 굴속같이 숨겨 적이 눈치 채지 못하게 하고 일단 군대를 움직이면 천둥 벼락이 치듯이 격렬하게 하는데 승리의 열쇠가 있다는 것이다.

 故로 兵以詐立[1]이오 以利動이니 以分合[2]爲變者[3]也니라 故로 其疾如風이오 其徐[4]如林이오 侵掠如火[5]며 不動如山이오 難知如陰[6]이오 動如雷霆[7]이라

1) 兵以詐立(병이사립) : 전쟁은 속임으로써 성립되다.

2) 分合(분합) : 적의 동태에 따라 분산시키고 집합시키다.

3) 爲變者(위변자) : 변화하는 것. 변화를 일으키는 것. 상황에 따라 변화하는 것.

4) 徐(서) : 고요하다. 조용하다.

5) 侵掠如火(침략여화) : 침략함이 불과 같다. 곧 적을 공략할 때는 성난 불길과 같이 맹렬해야 한다는 뜻.

6) 難知如陰(난지여음) : 알기 어렵기가 어두움과 같다. '음(陰)'은 어둡다 라는 뜻.

7) 雷霆(뇌정) : 우레나 벼락. 격렬하다는 뜻.

6. 획득한 것은 그곳 백성들에게 나누어준다

적의 고을에서 약탈한 물건들은 그곳 백성들에게 나누어 주고 땅을 넓혀 이익을 나누어 주고 저울에 달아 움직여야 하니 먼저 우직지계(迂直之計)를 아는 사람이 승리한다.

이것이 군쟁(軍爭)의 법이다.

▨전쟁에서 우직지계(迂直之計), 곧 급할 때는 돌아서 가되 직행하는 길로 만드는 계략을 알고 사용할 줄 아는 사람이 적과 싸워 승리를 거둘 수 있는 사람이다.

분중(分衆)의 중(衆)을 '많은 병사'라고 보아 적에게서 약탈한 전리품들을 병사들에게 나누어 주는 것으로 해석할 수 있지만 전리품들을 '그곳 백성들'에게 나누어 주는 것으로 해석한다.

전리품을 그곳 백성들에게 나누어줌으로써 현지 백성들의 민심을 얻어 그들의 협력을 받을 수가 있는 것이다.

掠鄉[1] 分衆[2] 하고 廓地[3] 分利하고 懸權而動[4]이니 先知迂直之計[5]者勝이라 此軍爭之法也니라

1) 掠鄉(약향) : 적의 고을을 침략하여 약탈하는 것.

2) 分衆(분중) : 그곳 백성들에게 나누어주다. '중(衆)'은 그곳 백성들.

3) 廓地(확지) : 땅을 넓히다. 점령지를 넓히다.

4) 懸權而動(현권이동) : 저울에 달아서 행동하다. 곧 그곳에서 얻은 정보를 검토하고서 행동으로 옮긴다는 뜻. '권(權)'은 저울이라는 뜻으로 정보의 진위 등을 저울질한다는 뜻이다.

5) 迂直之計(우직지계) : 돌아서 가되 빨리 가는 계략.

7. 서로 들리지 않기 때문에 징과 북을 쓴다

군정(軍政)에 이르기를 "말해도 서로 들리지 않기 때문에 북과 징을 만들었고 보아도 서로 보이지 않기 때문에 깃발을 만들었다."고 하였다.

대저 북과 징과 깃발은 병사들의 귀와 눈을 하나로 하기 위한 것이다. 병사들이 이미 오로지 하나가 되면 용감한 병사도 홀로 나아가지 못하고 겁쟁이 병사도 홀로 물러나지 못하게 되는 것이다. 이것이 많은 병사를 운용하는 방법이다.

그러므로 밤의 전투에는 횃불과 북을 많이 쓰고 낮의 전투에는 깃발을 많이 쓰는데 이것은 병사들의 귀와 눈을 변화시키기 위한 것이다.

그러므로 상대편 삼군(三軍)의 사기(士氣)도 빼앗을 수가 있고 적장의 마음도 빼앗을 수가 있는 것이다.

▨적군과 서로 어울려 함성을 지르며 격렬하게 전투가 벌어졌을 때, 입으로 외치는 구령은 병사들의 귀에 들리지 않고 손으로 하는 지시는 병사들의 눈에 보이지 않는다.

그래서 병사들이 명령을 알아듣도록 하기 위해 징과 북을 만들었고 병사들이 지휘관의 지시를 쉽게 알아볼 수 있도록 하기 위해 깃발을 만들게 된 것이라고 옛날 병서(兵書)인 군정(軍政)에서 말하고 있다.

이러한 징과 북과 깃발같은 것들은 모든 병사들의 귀와 눈을 하나로 모아 행동을 통일시키기 위한 것이다.

모든 병사들의 행동이 하나로 통일되면 아무리 용감한 병사라도 상부의 지시없이 단독으로 전진하는 무모한 짓으로써 군의 기강을 어지럽히는 일이 없게 되고 겁많은 병사라도 감히 도망치거나 뒤쳐질 생각을 하지 못하게 된다.

　　모두가 하나로 통일되게 하는 이것이 대군을 움직이는 최선의 방법인 것이다. 힘이 하나로 통일되면 개개인이 가진 것보다 몇배의 강력한 힘을 발휘할 수 있게 되는 것이다.

　　힘을 하나로 통일시키는 수단으로 야간전투에서는 횃불과 북을 많이 쓰고 주간전투에서는 깃발을 많이 쓰게 되는데 이것은 이쪽의 위세를 과시하기 위한 것이며 적군의 귀와 눈을 어지럽혀 동요하게 하기 위한 것이다.

　　이러한 통일된 위세에 의한 위압감으로 적의 기세를 꺾고 적장으로 하여금 싸울 의지를 잃게 만들기도 한다.

　　싸움에 있어서는 먼저 위세로써 적의 기를 꺾는 것이 승리로 이끄는 길인 것이다.

　　軍政[1]曰 言不相聞[2]이라 故로 爲鼓鐸[3]이오 視不相見이라 故로 爲旌旗니라하니 夫金鼓旌旗者는 所以一民之耳目[4]也라 民旣專一[5]이면 則勇者는 不得獨進이오 怯者[6]는 不得獨退[7]니 此用衆之法[8]也니라 故로 夜戰[9]多火鼓[10]하고 晝戰多旌旗는 所以變民之耳目[11]也니라 故로 三軍도 可奪氣[12]하고 將軍[13]도 可奪心이니라

1) 軍政(군정) : 옛날의 병서(兵書).

2) 言不相聞(언불상문) : 말을 해도 서로 들리지 않는다. 곧 구령이나 명령을 해도 시끄러워서 병사들이 다 듣지 못하다.

3) 鼓鐸(고탁) : 북과 징.

4) 民之耳目(민지이목) : 병사들의 귀와 눈. '民'은 당나라 때 이세민의 휘를 피해 그후로는 '人'으로 고쳐 썼다. 본래 원본은 '民'. 아래의 '民'이 다 그렇다.

5) 民旣專一(민기전일) : 병사들이 이미 오로지 하나가 되다. 곧 병사들이 이미 하나로 통일되다.

6) 怯者(겁자) : 비겁한 자. 겁이 많은 병사. 겁쟁이.

7) 獨退(독퇴) : 홀로 물러나다. 홀로 후퇴하다.

8) 用衆之法(용중지법) : 많은 병사를 쓰는 방법. 곧 많은 병사들을 행동하
　게 하는 법. 많은 병사를 운용하는 법.

9) 夜戰(야전) : 밤의 전투. 야간전투.

10) 多火鼓(다화고) : 횃불과 북을 많이 쓰다.

11) 變民之耳目(변민지이목) : 병사들의 귀와 눈을 변화시키다. 병사들의 사
　기를 북돋아 주어 군대의 전체적인 힘과 위용을 세우는 것. 병사들이 모두
　용감하게 싸움에 임하도록 만드는 것.

12) 氣(기) : 사기(士氣).

13) 將軍(장군) : 적의 장수.

8. 나태한 때를 공격하는 것이다

　이런 까닭에 아침의 기세는 날카롭고 낮의 기세는 나태해지고
저녁의 기세는 돌아가려는 것이다.

　그러므로 군사를 잘 쓰는 사람은 그 날카로운 기세를 피하고 그
나태한 기세와 돌아가려는 기세를 공격하는 것인데 이것은 기세
를 다스리는 것이다.

　▨사람들은 대체로 아침에는 기운이 왕성하기 마련이니 기운이 왕성
하면 싸움에 있어 날카롭게 된다. 낮에는 보통 나른해지고 게을러지며
저녁에는 그만 쉬고 싶어져 쉴 곳으로 돌아가고 싶어 하기에 싸움에 있
어 강도가 약해지고 수비가 허술해 진다.

　용병을 잘하는 사람은 이러한 인간 심리와 체력의 변화를 잘 알아 적
의 기세가 왕성한 아침을 피하고 적의 기세가 나른해지는 대낮이나 쉬
고 싶어지는 저녁 때를 가려서 적을 공격하는 것이다. 이것이 적의 기세
를 다스려 승리하는 방법이다.

　是故로 朝氣銳[1]하고 晝氣惰[2]하고 暮氣歸[3]니라 故로 善用兵者[4]

는 避其銳氣하고 擊其惰歸[5]니 此治氣者也라

1) 朝氣銳(조기예) : 아침의 기세는 예리하다. 아침에는 기세가 날카롭다.

2) 惰(타) : 나태하다. 게을러지다. 나른해지다.

3) 氣歸(기귀) : 기세가 돌아가려 하다. 곧 휴식을 취하고 싶어 한다는 뜻.

4) 善用兵者(선용병자) : 군사를 잘 쓰는 사람.

5) 擊其惰歸(격기타귀) : 그 나태한 기세와 돌아가려는 기세를 공격하다.

〔실례〕

※ 상대의 기세가 약할 때를 노려라

—7세기 초의 수나라 말엽에 천하는 크게 어지러웠다. 당나라 태종이 고조(高祖)의 권유로 천하통일을 이루기 위해 군사를 일으켰는데 태종에게는 이정(李靖), 이적(李勣) 등의 명장이 있어 무위를 널리 떨쳤다.

특히 장락왕(長樂王)이라 자칭하던 두건덕(竇建德)과 범수(氾水) 동쪽에서 싸운 일은 유명하다.

건덕의 군대는 장장 수리(數里)에 걸쳐 진을 치고 있었다.

태종은 장군들과 함께 높은 곳으로 올라가 건덕의 군대를 바라보다가 자신있게 말했다.

"저들의 모습을 보니 얼굴은 험상궂고 평온하지 않으데다 무엇인가로 다투고 있으니 저것은 군에 정령(政令)이 없기 때문이오. 또 성 근처에 진을 치고 있는 것은 이쪽을 얕보고 있다는 증거요. 우리는 병사를 아껴 출격하지 말고 적의 기력이 쇠하기를 기다려야 하오. 대치 상태가 길어지면 군사는 배를 곯고 지쳐 틀림없이 돌아갈 생각을 할 것이오. 물러나는 때를 보아 나아가 공격하면 반드시 승리할 것이오."

이른 아침부터 전투태세에 들어간 건덕의 군대였으므로 정오가 되자 군사들은 공복과 피로로 털썩 주저앉거나 다투어 물을 빼앗아 마시기에 이르렀다. 태종은 이 기회를 포착해 전군에게 출격을 명령했고 마침내 두건덕을 사로잡았다.

상대방의 기세가 쇠약해졌을 때를 노리라는 전략의 실례인 것이다.

9. 당당한 진영은 공격하지 않는다

다스림으로써 어지러운 것을 기다리고 고요함으로써 소란스러운 것을 기다린다. 이것은 마음을 다스리는 것이다.

가까운 것으로써 먼 것을 기다리고 편안한 것으로써 피로한 것을 기다리고 배부름으로 굶주림을 기다린다. 이것은 힘을 다스리는 것이다.

정정(正正)한 기를 요격하지 않아야 하고 당당(堂堂)한 진영을 공격하지 않아야 한다. 이것은 변화를 다스리는 것이다.

▨이쪽은 잘 다스려져 정돈된 준비태세를 갖추고 있으면서 적진이 어지러워지기를 기다리고, 이쪽은 안정된 상태를 유지하며 적진이 소란스러워지기를 기다린다. 이것은 적의 마음을 빼앗는 것이다. 적이 우세하고 이쪽이 열세인 경우에 수비를 굳게 하면서 적군의 진영에서 내분이 생기기를 기다리다가 공격을 가하는 전략이다.

이쪽은 가까운 거리를 행군하여 피로하지 않고 안정된 자세로 있으면서 먼 길을 행군하느라 지칠대로 지친 적군을 기다리고, 먼 길을 행군하는 동안 군량을 다 소비하여 굶주리는 적을 이쪽에서는 배불리 먹고 편안히 지내면서 기다리는 것은 적의 전력을 빼앗는 것이다. 곧 주도권을 이쪽에서 잡을 수 있는 것이다.

정연하게 대형을 갖추어 깃발을 앞세우고 기세가 당당하게 전진하여 오는 적군의 진영은 맞이하여 공격하지 말아야 한다.

이와 같은 사기가 충천하여 정정당당한 적을 공격하다가는 큰 낭패를 볼 수 있으므로 정면 대결을 피하고 시기를 기다려야 한다. 이것은 적의 변화를 파악하는 것이다.

以治待亂[1]하고 以靜待譁[2]니라 此治心者也니라

以近待遠[3]하고 以佚待勞[4]하고 以飽待飢[5]니라 此治力者也니라
無要[6]正正之旗[7]오 勿擊堂堂之陳[8]이니 此治變者[9]也니라

1) 以治待亂(이치대란) : 다스림으로써 어지러움을 기다리다. 정돈된 태세로
   혼란한 적을 기다리다. 아군은 잘 다스리고 적이 혼란해지기를 기다리다.
2) 譁(화) : 소란하다. 곧 소란해진 적. 적진이 소란스러운 것.
3) 以近待遠(이근대원) : 가까운 곳에서 먼 길을 오는 적을 기다리다. 이쪽
   은 가깝고 적은 멀어야 유리해진다.
4) 以佚待勞(이일대로) : 편안한 것으로써 피로한 것을 기다리다. 곧 편안하
   게 지내면서 피로에 지친 적을 기다리다.
5) 以飽待飢(이포대기) : 배부름으로써 굶주림을 기다리다. 곧 배부르게 먹
   으면서 굶주림에 지친 적을 기다리다.
6) 無要(무요) : 요격(要擊)하지 말라.
7) 正正之旗(정정지기) : 정정(正正)한 기. 곧 질서정연한 대형으로 모든 기
   를 앞세우고 오는 적군.
8) 堂堂之陳(당당지진) : 당당한 적의 군진(軍陳).
9) 治變者(치변자) : 변화를 다스리는 것. 변화를 파악하는 것.

〔실례 1〕
※정정당당한 적과는 대적하지 않는다.
—후한(後漢) 말, 조조(曹操)가 업(鄴)땅을 포위하자 원상(袁尙)
이 업을 구원하기 위해 출발했다.
   이 사실을 알고 조조가 장수들에게 말했다.
   "원상이 만약 큰 길로 진격해 올 때는 피해야 한다. 그러나 서산(西
山) 간도쪽으로 오면 생포할 수 있다."
   원상은 서산 간도로 진격해 왔다. 이것을 본 조조의 군대는 즉시 공격
하여 원상의 군대를 크게 격파했다.
   큰 길로 위풍당당하게 진형을 펴고 진격해 오는 군사는 뒷받침되는 커
다란 힘을 가지고 있는 것이 틀림없다. 그러므로 기세있게 무서울 것이

없는 모습으로 정정당당하게 큰 길로 오는 것이니 함부로 대적할 수 없는 것이다. 남모르게 진격해 오는 부대는 뒷받침할 아무 것도 없으므로 숨어오는 것이다.

'정정당당한 군대를 습격하지 말라. 위풍당당한 진지를 습격하지 말라'고 한 것은 그만큼 힘이 강하고 격파하기 어려우며 이쪽의 희생이 클 수 있고 이쪽이 오히려 격파될 수 있기 때문이다.

〔실례 2〕

※ 좋은 기회가 오면 잡아야 한다.

─서기 383년, 사현(謝玄)이 이끄는 진(晉)나라 군대가 비수(淝水) 강가에서 진(秦)나라의 대군을 맞이하여 싸웠다.

장기전이 된다면 진(晉)나라 군대에게는 승산이 없었으므로 사현은 적군의 장수인 부견(符堅)에게 사람을 보내 말하기를

"그대의 군대가 조금만 후퇴를 해준다면 우리 군대가 강을 건너갈 수 있으니 강을 건너게 한 다음 한판 승부를 겨루어 볼 생각은 없는가?"

하니, 부견이 이 말을 받아들였다. 진(秦)나라의 여러 장수들이

"병력은 아군이 압도적으로 우세합니다. 만일 적군을 건너편에서 이쪽으로 건너오지 못하게 한다면 절대로 아군이 불리할 것은 하나도 없습니다."

하고 반대했지만 부견은

"아군이 조금만 후퇴해 주면 되오. 적군이 강물을 반쯤 건너왔을 때 기병대를 보내 단숨에 쳐부순다면 아군의 승리는 의심할 여지가 없을 것이오."

하고 전군에게 후퇴명령을 내렸다. 그런데 워낙 대군이었기 때문에 한 번 후퇴하기 시작하자 멈출 수가 없었다.

이 틈에 진(晉)나라의 군대는 강을 건너 일제히 공격을 가해 왔으므로 진(秦)나라의 대군은 크게 격파되어 패주하고 말았다.

한 번 좋은 기회를 놓치면 여간해서 그런 기회는 잡기 어렵다. 그러므

로 좋은 기회가 왔을 때는 어떻게 하든지 그 기회를 놓치지 말아야 한다.

그러므로 항상 태세를 갖추어 놓고 있다가 좋은 기회가 왔을 때는 이를 충분히 활용하도록 해야 한다.

10. 궁지에 몰린 적을 핍박하지 말라

그러므로 군사를 쓰는 방법은 높은 언덕에 있는 적을 향하여 공격하지 말고 언덕을 등지고 있는 적에게는 덤비지 말고 거짓으로 도망하는 적을 쫓아가지 말아야 한다.

날카로운 적의 군졸을 공격하지 말고 미끼로 던져주는 것을 먹지 말고 돌아가는 적의 군사를 막지 말고 적의 군사를 포위하면 반드시 한쪽을 비워두고 궁지에 몰린 적군을 핍박하지 말아야 하는 것이다.

이것이 군사를 운용할 줄 아는 방법이다.

▨군사를 이용하는데 있어 지켜야 할 8가지 방법이 있다.

첫째 고릉물향(高陵勿向)—높은 언덕에 진을 치고 있는 적을 향해 공격하지 않아야 한다는 것이다. 적은 높은 곳에서 내려다보며 준비태세를 갖추고 안정되게 기다리고 있고 이쪽은 낮은 곳에서 위를 향해 공격하는 것이므로 모든 것이 불리하다. 또한 높은 곳에서 내려다보면 이쪽의 진형이나 작전형태를 알아내기 쉬우므로 이런 지리적 조건에서의 공격은 희생자를 많이 낼 뿐 아니라 승리를 거두기도 어렵다.

둘째 배구물역(背丘勿逆)—언덕을 등지고 있는 적에게는 덤비지 말라. 적은 등뒤를 언덕이 막아 주기 때문에 그쪽을 지켜야 할 만큼의 병사가 다른쪽에 배치되어 한층 강한 힘을 가지고 있는 것이다. 이러한 적을 공격하는 일은 그 만큼 어렵고 많은 희생을 각오해야 한다.

셋째 양배물종(佯北勿從)—거짓으로 도망하는 적을 쫓아가지 말라. 적이 약한 부대를 내세워 싸우는 척하다 일부러 패한 듯이 도망하여 이쪽 부대를 유인하려는 위장전술이다. 이런 적의 전술에 속아 그들을 추격하는 것은 함정 속으로 뛰어드는 것으로 필경 적군에게 사로잡히거나 격파당할 것이다. 적의 전술을 잘 살피지 않고 경솔하게 작은 승리에 도취되어 뒤를 쫓는 일이 없어야 한다는 것이다.

넷째 예졸물공(銳卒勿攻)—날카로운 적의 군졸을 공격하지 말라. 사기가 왕성한 적군은 공격하지 말라는 것이다. 적의 사기가 왕성하면 일단 그들과의 정면 대결을 피하고 그들의 사기가 저하되기를 기다려야 한다. 사기 왕성한 적을 공격하다가는 많은 희생자를 내게 되는 것은 두말할 필요가 없다.

다섯째 이병물식(餌兵勿食)—미끼로 던져주는 것을 먹지 말라. 적군이 약한 병사를 내세워 이쪽에게 작은 승리를 거두게 하여 이쪽 군대를 유인하려는 작전이다. 적이 내세운 약한 병사는 고기에게 던져주는 미끼와 같은 것인데 그 미끼에 눈이 멀어 유인되어 섣불리 나아가면 그뒤에는 반드시 강한 적군이 기다리고 있을 것을 염두에 두고 항상 경계해야 하는 것이다.

여섯째 귀사물알(歸師勿遏)—돌아가는 적의 군사를 막지 말라. 본국으로 돌아오라는 귀국명령을 받고 돌아가려는 병사들은 돌아간다는 기쁨으로 돌아가야 한다는 마음이 서로 뭉쳐 있기 때문에 오히려 만만치 않은 상대이다. 만일 그들의 귀국을 방해한다면 그들은 결사적으로 싸울 것이다. 그들은 이미 전쟁을 포기하고 돌아가려는데 굳이 공격해서 무슨 소득이 있겠는가.

일곱째 위사필궐(圍師必闕)—적의 군사를 포위하면 반드시 한쪽을 비워두어야 한다. 물샐 틈도 없이 사방을 꼭 막아두지 말고 어딘가 한쪽은 터놓아 도망갈 틈을 주라는 말이다. 전쟁의 목적이 적군을 전멸시키자는 것이 아니고 적에게 승리를 거두자는 데에 뜻이 있는 것이라면 적으로 하여금 도망하여 빠져나갈 틈도 주어야 한다. 완전 포위상태라면 어차피 죽는 목숨이므로 적군은 목숨을 바쳐 항거할 것이다. 그렇게 되면 이쪽의 피해도 커지게 되고 전세가 역전될 수도 있게 된다.

여덟째 궁구물박(窮寇勿迫)―궁지에 몰린 적을 핍박하지 말라. 적이 궁지에 몰렸다고 해서 끝까지 쫓지 말라는 것이다. 쥐도 궁지에 몰리면 고양이를 물려고 덤빈다는 말이 있듯이 사람도 궁지에 몰리게 되면 의외로 초인적인 힘을 쓸 수 있다. 이런 초인적인 힘으로써 반격을 가하면 이쪽이 큰 손실을 보게 되는 것이다. 이 방법은 위사필궐(圍師必闕)과도 일맥상통한다.

이상의 8가지 방법은 실전에 있어서는 항상 염두에 두고 잊지 않아야 하는 병법의 일반상식이다.

故로 用兵之法은 高陵[1]勿向[2]하고 背邱[3]勿逆[4]이오 佯北[5]勿從[6]이오 銳卒[7]勿攻이오 餌兵[8]勿食[9]이오 歸師[10]勿遏[11]이오 圍師[12]必闕[13]이오 窮寇[14]勿迫[15]이라 此用兵之法也니라

1) 高陵(고릉) : 높은 언덕.

2) 勿向(물향) : 향하지 말라. 향하여 공격하지 말라.

3) 背邱(배구) : 언덕을 등지다. 언덕을 방패막이로 이용하는 것.

4) 勿逆(물역) : 덤비지 말라. 거스르지 말라.

5) 佯北(양배) : 거짓으로 도망하다. 배(北)는 달아나다의 뜻. 달아나다의 뜻일 때는 '배'로 읽는다.

6) 勿從(물종) : 쫓아가지 말라. 쫓지 말라.

7) 銳卒(예졸) : 날카로운 적의 군졸. 사기가 충천해 있는 적의 병사.

8) 餌兵(이병) : 군대에게 미끼로 주는 것.

9) 勿食(물식) : 먹지 말라.

10) 歸師(귀사) : 돌아가는 적의 군사. 싸움을 포기하고 본국으로 돌아가는 적군.

11) 勿遏(물알) : 막지 말라. 공격하지 말라.

12) 圍師(위사) : 적의 군사를 포위하다.

13) 必闕(필궐) : 반드시 한쪽을 비워두다. 도망갈 틈을 주다.

14) 窮寇(궁구) : 궁지에 몰린 적.

15) 勿迫(물박) : 핍박하지 말라. 끝까지 추격하여 괴롭히지 말라. 적당히 추
　　격하라.

〔실례〕

※적을 궁지로 몰아서는 절대 안된다.

—기원전 119년. 한나라 문제 때, 소금과 철에서 나오는 이익을 조정
에서 독점했다.

　문제의 뒤를 이어 소제(昭帝)가 왕위에 오르자 학자들을 모아 회의를
열었는데 모두들 입을 모아 옳지 못함을 간했다. 이러한 내용을 수록한
것이『염철론(鹽鐵論)』12권이었다.

　한(漢)나라는 오랑캐와의 싸움, 북경의 수비, 내몽고정벌 등을 일삼
아 청년들은 군인으로 징집되어 싸움터로 나가고, 노인들과 어린이들은
군량 운반으로 나날을 보내고, 조정의 재정은 바닥이 나 있었다.

　그렇지만 부자와 대상(大商)들은 엄청난 부를 독차지하여 돈으로 병
역을 면제시키고 또는 대신하는 것도 가능하였으니 소금과 철의 생산지
에 관청을 두고 엄하게 그것을 거두어들인 것도 이 때문이었다.

　또 제멋대로 돈을 만드는 사사로운 주전소가 난립하여 백금에 납을 섞
고 주석을 섞어 가볍고 가치 없는 돈을 마구 만들어냈으며 이로 말미암
아 드디어는 화폐가 통용되지 않는 상황에까지 이르게 되었다.

　이에 세상은 소란해져 투계(鬪鷄)와 개(犬), 말(馬)에 의한 도박이
나 매관매직 등이 성행했다.

　독점과 규제에, 관리들의 횡포가 겹쳤으며 오랑캐에 대한 공포심까지
함께 어우러져 드디어는 백성들이 필사의 저항을 하게 되었다.

　그러므로 사마담(司馬談)은

　"남자는 아무리 밭을 갈아도 식량이 부족해 굶주리고 여자는 아무리
길쌈을 해도 의복이 부족했다. 백성들은 참다못해 드디어는 임금을 배반
할 것이다."

　라고 말했던 것이다.

이렇듯 사람을 너무 궁지에 몰면 오히려 필사의 저항이나 초인적 힘에 의해 이쪽이 당할 수 있는 것이다.

그렇기 때문에 '포위된 군사에게는 반드시 길을 터주고 궁색한 도적에게는 윽박지르지 말라'한 것이 아닐까.

제8편 9가지 변화
(九變篇第八)

— 임기응변의 전략 —

1. 사지(死地)에서는 싸워야 한다

손자가 말하였다.

"무릇 전쟁을 하는 방법은 장수가 군주에게서 명을 받아서 군사를 모으고 백성을 징집하는 것이다. 비지(圮地)에는 쉬지 말아야 하고, 구지(衢地)에서는 외교에 맞추어야 하고, 절지(絶地)에서는 머무르지 말아야 하고, 위지(圍地)에서는 빨리 벗어날 것을 도모해야 하고, 사지(死地)에서는 싸워야 하는 것이다.

길에는 따르지 않아야 할 길이 있고, 군대에는 공격하지 않아야 할 군대가 있고, 성에는 공격하지 않아야 할 성이 있고, 땅에는 다투지 않아야 할 땅이 있고, 군주의 명령에는 받지 않아야 할 명령이 있다."

▨앞에서는 장수가 군주에게서 명령을 받아 군대를 편성하고는 군대를 이끌고 싸움터로 나가는데 있어 주의해야 할 불리한 입지적조건 5가지를 들어 말하였다.

첫째 교통이 나빠 수레도 통과하기 어렵고 행군하기도 불편할 정도의 지형에서는 군대를 휴식시키지 않아야 한다.

둘째 사통팔달의 편리한 요지이지만 그곳이 다른 나라의 영토일 경우 우선 그 나라와 접촉하여 외교교섭을 통해 문제가 없도록 해야 한다.

셋째 멀리 외떨어져 있어 본국과의 교통이 불편하여 연락이 어려운 곳에서는 군대를 머무르게 하지 않아야 한다.

넷째 사방이 산이나 물로 둘러싸여 있어 위급할 때 빠져 나가기가 어려운 곳에서는 그곳을 빨리 벗어나도록 도모해야 한다.

다섯째 전진도 후퇴도 할 수 없는 위험한 곳에서는 목숨을 걸고 적과 맞서 용감하게 싸우는 길밖에 없다.

5가지 불리한 입지조건에서의 대처방법을 제시하고 있다. 그 뒤로 전쟁에 있어 그때 그때의 정세에 따라 기본원칙에서 벗어나 융통성을 발휘해야 하는 5가지를 들어 설명하고 있다.

첫째 길로 통행하는 것이 원칙이지만 전쟁에 있어서는 정상적인 길을 버리고 다른 곳으로 돌아가야 할 필요가 생기기도 한다.

둘째 적을 만나면 싸우는 것이 원칙이지만 경우에 따라서는 공격해서는 안될 때도 있다.

셋째 적군의 성은 공략하는 것이 원칙이지만 전략상 요지가 아니면 그대로 지나가는 것이 도리어 좋은 경우도 있는 것이다.

넷째 점령할 수 있는 적의 지역이면 공격하는 것이 원칙이지만 꼭 필요한 곳이 아니면 굳이 싸울 것이 없다.

다섯째 군주의 명령에는 절대 복종하는 것이 원칙이지만 전쟁의 상황에 따라서는 그것을 받아들이지 않고 행동을 다르게 취해야 할 경우도 있는 것이다.

孫子曰 凡用兵之法은 將受命於君하고 合軍[1]聚衆[2]이니 圮地[3]無舍[4]하고 衢地[5]合交[6]하고 絶地[7]無留[8]하고 圍地[9]則謀[10]하고 死地[11]則戰이니라

塗有所不由[12]하고 軍[13]有所不擊하고 城有所不攻하고 地有所不爭하고 君命有所不受니라

1) 合軍(합군) : 군사를 모으다.

2) 聚衆(취중) : 무리를 모으다. 곧 백성을 징집하다.

3) 圮地(비지) : 행군하기가 불편한 땅.

4) 無舍(무사) : 쉬지 않아야 한다. 잠시 휴식하는 것도 않아야 한다.

5) 衢地(구지) : 교통이 편리한 요충지. 사거리의 도로.사통팔달로 통할 수
    있는 요충지.

6) 合交(합교) : 외교(外交)에 맞추다. 곧 외교로 잘 해결하다.

7) 絶地(절지) : 교통이 불편한 외진 땅. 교통이 단절된 곳.

8) 無留(무류) : 머무르지 않다.

9) 圍地(위지) : 사방이 산이나 물로 둘러싸인 땅.

10) 謀(모) : 도모하다. 곧 빨리 벗어날 것을 도모하다.

11) 死地(사지) : 나아갈 수도 없고 물러날 수도 없는 위험한 땅.

12) 不由(불유) : 따르지 않다. 그 길로 가지 않다.

13) 軍(군) : 싸움의 뜻.

〔실례〕

※ 때에 따라서는 명령을 지키지 않을 때도 있다

—춘추전국시대 때 제(齊)나라 맹상군(孟嘗君)이 식객인 풍환(馮
驩)에게 맹상군이 빌려 준 돈의 이자를 받아 올 것을 지시했다.

풍환은 설(薛)로 가서 우선 술을 빚고 소를 샀다. 그리고는 맹상군에
게 돈을 빌려 쓴 사람들을 불렀다.

"이자를 낼 수 있는 사람은 다 오시오. 또 이자를 낼 수 없는 사람도 다
모이시오. 올 때는 차용 증서를 가지고 오시오."

약속한 날이 되자 소를 잡고 술을 냈다. 술이 얼근했을 때 증서를 꺼내
일일이 대조하고 이자를 낼 수 있는 자에게는 반환기한을 약속받고, 가
난해서 이자를 내지 못하는 자에게는 그 증서를 회수해서 불태워 버리
며 말했다.

"맹상군께서 돈을 꾸어 준 것은 돈이 없는 자에게 본업(本業)을 하도

록 하기 위한 것이었소. 이자를 받는 것은 식객들을 돌보는 비용이 부족하기 때문이오. 그런데 이미 부유해진 자에게는 반환기한을 정하고, 빈궁한 자의 증서는 불태워 버렸소. 여러분 어서 많이들 드시오. 주군께서 이토록 마음을 쓰시고 계시니 어찌 배반할 수 있겠소”

모든 사람들이 일제히 일어나 재배했다.

맹상군은 풍환이 증서를 불태워 버렸다는 소식을 듣고 화가 치밀어 그를 소환하여 문책했다.

“그대는 소를 잡고 술을 준비하여 채무자들을 실컷 먹이고 증서를 불태워 버렸다는데 도대체 어찌할 셈이오?”

“그렇습니다. 쇠고기와 술을 많이 준비하지 않으면 한 사람도 남기지 않고 다 불러모을 수가 없고, 그렇게 되면 여유있는 자와 부족한 자를 구별할 수 없습니다. 여유있는 자에게는 반환할 기한을 정했습니다. 부족한 자는 증서를 내밀며 10년을 재촉해 보아야 이자만 늘 뿐이고 엄하게 독촉하면 도망쳐 버려 증서 따위는 소용이 없게 됩니다. 그렇게 되면 위로는 주군이 이익을 즐겨 백성을 사랑하지 않고 아래로는 백성이 흩어져 부채를 떼먹었다고 비난을 받을 것입니다. 지금이야말로 백성을 격려해 주군의 명성을 빛낼 기회가 아닙니까? 그래서 쓸모없는 헛증서는 태우고 설(薛)의 백성들을 주군에게 끌어들임으로써 주군의 명성을 나타내려고 한 것입니다. 그래도 납득이 가지 않으십니까?”

맹상군은 손뼉을 치며 사과했다.

풍환은 상관의 명령을 어기고도 상관의 명령을 돋보이게까지 했다.

그러므로 성곽에는 공격하지 않을 곳이 있고 땅에는 싸우지 않아야 할 곳이 있고 임금의 명령은 때로는 받지 않아야 할 것이 있다라고 하였다.

2. 장수는 9가지 변화의 이로움에 통달해야 한다

그러므로 장수로서 9가지 변화의 이로움에 통달한 사람은 용병을 알고 있는 것이다.

장수로서 9가지 변화의 이로움에 통달하지 못한 사람은 비록 땅의 형세를 잘 알고 있다 하더라도 땅의 이로움을 얻지는 못할 것이다.

군사작전을 개시함에 있어 9가지 변화의 전술을 알지 못하면 비록 5가지 이로움을 알고 있다 하더라도 적재적소의 용병에 능하지는 못할 것이다.

이런 까닭으로 지혜로운 사람의 생각에는 반드시 이로움과 해로움이 섞여 있다. 이로움에도 해로움이 섞여 있어서 함께 힘을 합할 수가 있고 해로움에도 이로움이 섞여 있어서 환난을 해결할 수 있는 것이다.

▨정세의 변화에 따라, 비지(圯地) 구지(衢地) 절지(絶地) 위지(圍地) 사지(死地)의 5가지 지형의 변화와 도(塗) 군(軍) 성(城) 지(地)의 4가지 경우의 변화에서 오는 이로움을 뜻하는 대로 활용할 수 있는 장수는 용병(用兵)을 잘하여 승리를 거둘 수 있는 사람이다.

그러나 비록 지형에 대한 지식이 있다고 하더라도 그것을 제대로 활용하지 못하는 장수는 실패하게 된다.

군사를 다스리는 데에도 이상의 9가지 변화에 대처할 임기응변의 전술을 알지 못하는 사람이라면 그가 비록 비지 구지 절지 위지 사지 등 5가지 지형의 변화에 따른 유리함을 알고 있다 하더라도 군대의 운용을 잘하지 못한다.

지혜로운 사람은 항상 이로움과 해로움을 함께 생각해야 한다. 사람은 대개 이롭게만 생각하거나 해롭게만 생각하기가 쉽다.

그러나 지혜로운 사람은 반드시 유리한 조건과 불리한 조건의 양면에서 사태를 검토한다. 그래서 유리한 면을 생각할 때에도 불리한 면을 검토하기 때문에 힘쓰는 일이 불리한 방향으로 가지 않고 잘 이루어질 수 있으며 또 불리한 면을 생각할 때에 유리한 면을 함께 검토하기 때문에 환난을 미리 제거할 수도 있는 것이다.

故로 將通於九變之利[1]者는 知用兵矣니라 將不通於九變之利者면 雖知地形[2]이라도 不能得地之利[3]矣니라 治兵[4]不知九變之術[5]이면 雖知五利[6]라도 不能得人之用[7]矣니라

是故로 智者之慮는 必雜於利害[8]니 雜於利[9]而務可信[10]也오 雜於害[11]而患可解[12]也니라

1) 通於九變之利(통어구변지리) : 9가지 변화의 이로움에 통하다. 9가지는 앞에서 말한 비지(圮地) 구지(衢地) 절지(絶地) 위지(圍地) 사지(死地) 도(塗) 군(軍) 성(城) 지(地).
2) 知地形(지지형) : 땅의 형세를 알다.
3) 不能得地之利(불능득지지리) : 땅의 이로움을 얻지 못하다.
4) 治兵(치병) : 군사를 다스리다.
5) 術(술) : 전술(戰術).
6) 五利(오리) : 비지 구지 절지 위지 사지의 5가지 변화의 이로움.
7) 人之用(인지용) : 병사들의 활용. 병사들을 적재적소에 배치하여 최대로 활용하는 것.
8) 雜於利害(잡어이해) : 이로움과 해로움이 섞여 있다.
9) 雜於利(잡어리) : 이로움에도 해로움이 섞여 있다는 뜻.
10) 務可信(무가신) : 가히 함께 힘쓸 수 있다. 한층 이롭게 되는 것.
11) 雜於害(잡어해) : 해로움에도 이로움이 섞여 있다는 뜻.
12) 患可解(환가해) : 환난이 해결될 수 있다.

〔실례〕
※손해나 이익을 반드시 함께 생각해야 한다.
—월(越)나라 왕 구천(句踐)과 함께 오(吳)나라를 멸망시킨 범려는 구천의 사람됨을 꿰뚫어 보고 숙청당하기 전에 월나라를 떠나 만년을 도(陶 : 제나라의 요지)에서 보냈다. 그는 주공(朱公)이라 이름을 바꾸고 농업, 목축 등으로 많은 재산을 모아 거부라는 소리를 들었다.
도에서 출생한 주공의 막내아들이 장년이 되었을 때, 둘째아들이 사람

을 죽이고 초(楚)나라에서 잡혔다.

　주공은 처음에 막내아들을 보내 둘째아들을 구하려고 했으나 장남이 "막내를 보내는 것은 내가 불초한 탓일 것이다."하고 자살을 꾀했으므로 할 수 없이 장남을 파견하기로 했다.

　주공은 황금 천일(千鎰 : 1일은 24냥)과 한 통의 편지를 준비하고 친교가 있던 초나라(楚) 장생(莊生)에게 전하도록 장남에게 명했다. 그리고 "장생이 하는 대로 내버려두고, 너는 보고만 있거라."하고 굳게 타일렀다.

　장남은 초나라에 도착하자 장생을 찾아 편지와 황금을 전부 내놓았다. 그런데 장남은 너무 초라한 집에 살고 있는 장생을 믿을 수가 없어 따로 초나라의 권력자를 찾아가 자기가 숨겨 온 돈을 헌상했다.

　장생은 청렴하고 정직하기로 이름있는 사람으로 초나라 왕 조차 그를 스승으로서 존경하였다.

　장생은 주공의 편지를 읽고나서 초나라 왕을 알현하고 말했다.

　"모성(某星)이 모(某)에 드새고 있습니다. 이것은 불길한 징후입니다."

　장생의 말을 듣고 초나라 왕은 덕을 닦을 생각으로 대사(大赦)를 펴려고 했다. 앞서 장남에게서 황금을 받은 권력자가 이 사실을 장남에게 알렸다. 대사가 내리면 동생도 사면될 것으로 여긴 장남은 장생에게 준 천금이 아깝게 생각되어 다시 장생을 찾아갔다.

　"동생은 조정회의의 결과 자연히 용서받게 되었습니다."

　장생은 장남의 이 말을 듣자 곧 돈을 돌려 주고는 재차 초나라 왕에게 아뢰었다.

　"길 가는 사람들이 다 대사의 원인은 주공이 왕의 좌우에 뇌물을 보냈기 때문이라고 말하고 있습니다."

　주공의 둘째아들은 사형당하고 그 이튿날 대사령이 선포되었다.

　주공은 장남을 보낼 때 이미 그렇게 될 줄을 알고 있었다.

　"장남은 나의 젊은 시절을 알고 있으므로 재물을 중요하게 여기고 있다. 막내는 태어나면서부터 내가 부유한 것을 보았으므로 재물 버리는 것을 아까워하지 않는다. 막내를 초나라로 보내려고 한 것은 그가 서슴지 않고 재물을 버릴 수 있기 때문이었다. 장남에게는 그런 배짱이 없어 그만 차남을 죽이고 말았다.”

이러한 것을 보더라도 '지혜로운 사람은 반드시 이익과 손해를 함께 생각한다(智者之慮 必雜於利害)'고 하는 것이다.

3. 제후를 굴복시키려면 해로운 것으로 한다

이런 까닭으로 제후를 굴복하게 하려면 해(害)로운 것으로써 하고 제후를 부리려면 사업으로써 하고 제후를 따르게 하려면 이로운 것으로써 한다.

그러므로 용병의 방법은 적이 오지 않을 것을 믿지 말고 우리가 기다리고 있음을 믿어야 하며 적이 공격하지 않을 것을 믿지 말고 우리에게 적이 공격할 수 없는 상태가 있음을 믿어야 한다.

▨적과의 싸움에서 승리를 거두기 위해서는 다른 제후들의 협력이 있어야 하는데 제후들의 협력을 얻기 위한 방법에는 3가지가 있다.

그 첫째는 상대국의 약점으로써 위협하여 무조건 이쪽의 요구를 들어주도록 하는 것이요, 그 둘째는 사업을 일으켜 상대국에게 일을 맡겨 부리는 것이고, 그 셋째는 이익으로써 상대방을 유인하여 협력하게 하는 것이다. 이 3가지 방법으로 다른 제후들의 협력을 얻어낸다면 유리한 조건을 갖추는 것이다.

적이 아마도 침입해 들어오지 않을 것이라는 희망적인 기대를 걸어서는 안되고 이쪽의 방위태세를 철저하게 갖추고 언제라도 적이 침입해 들어와도 충분히 물리칠 수 있는 준비를 해야 한다.

그리고 적은 아마도 공격해 오지는 않을 것이라는 희망적인 기대를 걸어서는 안되고 비록 적이 공격해 오더라도 이쪽의 방위태세가 견고하여 적이 감히 공격해 올 생각을 하지 못하도록 만들어야 할 것이다.

是故로 屈諸侯[1]者는 以害이고 役[2]諸侯者는 以業[3]이고 趨諸侯[4]者는 以利니라

故로 用兵之法은 無恃[5]其不來[6]하고 恃吾有以待也오 無恃其不攻[7]하고 恃吾有所不可攻[8]也니라

1) 屈諸侯(굴제후) : 제후를 굴복하게 하다.

2) 役(역) : 부리다. 사역(使役) 시키다.

3) 業(업) : 일. 사업을 뜻한다.

4) 趨諸侯(추제후) : 제후를 달려나오게 하다. 따르게 하다.

5) 無恃(무시) : 믿지 말라.

6) 其不來(기불래) : 적이 오지 않을 것.

7) 其不攻(기불공) : 적이 공격하지 않을 것.

8) 吾有所不可攻(오유소불가공) : 우리에게 적이 공격할 수 없는 바가 있다. 곧 우리에게 빈틈이 없다는 뜻.

4. 장수에게는 5가지 위험이 있다

그러므로 장수에게는 5가지 위험한 것이 있다.

죽음을 각오하고 싸우면 죽임을 당할 수 있고, 반드시 살아날 각오를 하고 싸우면 포로가 될 수 있고, 분노가 빠르면 업신여김을 당할 수 있고, 청렴하고 결백하면 모욕을 당할 수 있고, 병사들을 사랑하면 번거로워질 수 있다.

무릇 이 5가지는 장수된 자의 과실이고 용병에 있어서의 재난인 것이다.

군대가 뒤집어지고 장수가 죽임을 당하는 일은 반드시 이 5가지 위험으로 이루어지는 것이다. 가히 살피지 않을 수 없다.

▨장수에게는 5가지의 경계를 요하는 위험이 항상 따르게 된다.

　첫째 장수가 죽음을 각오하고 싸우다가는 적에게 살해될 가능성이 많다. 둘째 장수가 꼭 살아나야 한다는 생각으로 싸우다가는 적에게 포로가 될 수 있다. 셋째 분노를 참지 못하는 장수는 적이 업신여겨 분노하게 만드는 전술로 유인하게 되는데 그 유인전술에 말려들어 낭패를 볼 수 있다. 넷째 청렴하고 결백함이 지나쳐 융통성이 없는 장수는 적의 유인 작전에 말려들어 패전하고 욕을 당하게 된다. 다섯째 인정이 많아 병사들을 너무 아끼는 장수는 마음이 번거로워져 냉정해질 수 없다.

　이상의 5가지는 장수에게 항상 따르는 위험요소로 이것들은 전쟁을 수행하는 장군들에게 있어서는 반드시 명심하고 경계해야 할 요건들이다. 모름지기 군대가 전멸을 당하고 장수가 피살되는 것도 반드시 이 5가지 위험에 빠지기 때문이다. 어찌 깊이 살피지 않을 수 있겠는가. 꼭 살펴야 할 일들이다.

　故로 將有五危니 必死可殺[1]也오 必生可虜[2]也오 忿速可侮[3]也오 廉潔[4]可辱也오 愛民[5]可煩也니 凡此五者는 將之過[6]也오 用兵之災也니라 覆軍[7]殺將[8]은 必以五危니라 不可不察也니라

1) 必死可殺(필사가살) : 필사는 반드시 죽다. 곧 죽음을 각오하다. 가살은 죽임을 당할 수 있다는 뜻.

2) 必生可虜(필생가로) : 필생은 반드시 살다. 곧 살기를 각오하다. 가로는 적의 포로가 될 수 있다는 뜻.

3) 忿速可侮(분속가모) : 분속은 분노가 빠르다. 곧 성을 빨리 내다. 가모는 업신여김을 당할 수 있다는 뜻.

4) 廉潔(염결) : 청렴하고 결백하다.

5) 愛民(애민) : 백성을 사랑하다. 곧 자기의 병사들을 사랑하다.

6) 將之過(장지과) : 장수의 잘못.

7) 覆軍(복군) : 군대가 뒤집어지다. 군대가 전멸하는 것.

8) 殺將(살장) : 장수가 죽임을 당하다.

제9편 군대의 행진
(行軍篇第九)

— 지형과 정세의 판단이 중요 —

1. 군대를 산으로 행군시킬 때에는

손자가 말하였다.

"무릇 군대를 주둔시키고 적의 형세를 잘 살피는 데에는 험악한 산을 배경으로 하고 골짜기에 의지하여, 살아 있는 것을 관찰하고 높은 곳에 처하며, 높은 곳에서 싸울 때에는 오르면서 싸우지 말아야 하는 것이니 이것이 산 속에 주둔한 군대의 대처방법이다."

▨군대를 산 속에 주둔시킬 때의 방법을 말하고 있다. 산에서는 험준한 산악을 배경으로 하고 골짜기에 의지하며 산의 무성한 초목을 이용하고 적보다 높은 곳에 주둔해야 한다.

그러나 적이 높은 곳에 버티고 있으면 올라가면서 싸워서는 안된다.

산 속에 주둔한 적은 몰래 관찰하고 적절한 대처를 위한 예비 부대이기 때문에 전력을 손상하면서까지 싸울 필요는 없다.

孫子曰 凡 處軍相敵[1]은 絶山[2] 依谷하고 視生[3] 處高[4]하며 戰隆[5] 無登[6]이니 此는 處山之軍[7]也니라

1) 處軍相敵(처군상적) : 처군은 주둔군. 또는 행군. 상적은 적을 상대하다
   로 적의 형세를 잘 살피다의 뜻.
2) 絶山(절산) : 험난하고 깎아지른 절벽이 있는 산을 뒷배경으로 하다.
3) 視生(시생) : 살아 있는 것을 보다. 양지(陽地)를 본다. 생물들을 보다.
   산림을 이용하는 것.
4) 處高(처고) : 높은 데에 주둔하다.
5) 戰隆(전륭) : 높은 곳에서 싸우다.
6) 無登(무등) : 오르지 않다. 곧 오르면서 싸우지 않는다.
7) 處山之軍(처산지군) : 산에 주둔하거나 행군하는 일, 군대.

2. 물가에서 적을 만나거든

물을 건너면 반드시 물에서 멀리 하라. 적이 물을 건너서 오면 물 속에서 그들을 맞이하여 싸우지 말고 그들로 하여금 반쯤 건너오게 하고서 그들을 공격하는 것이 유리하다.

싸우고자 하는 사람은 물가에 붙어서 적을 맞아 싸우지 말고 양지(陽地)쪽을 보고 높은 데에 진을 쳐야 하며 물의 흐름을 맞이하여 싸우지 않는 것이다. 이것이 물 위에서 행동하는 군대의 대처방안이다.

▨물가에서 적을 맞이하여 싸우게 되는 경우에 취해야 할 행동이다.

이쪽이 일단 물을 다 건넜을 때는 되도록 빨리 물가에서 멀리 떨어져야 한다.

만일 물가에서 벗어나기 전에 적의 공격을 받게 되면 이쪽은 물을 등지고 싸우는 배수(背水)의 진을 쳐야 하는데 배수의 진은 군대로 하여금 결사적으로 싸우게 하는 데에는 효과가 있지만 퇴로가 차단된 상태이기 때문에 잘못하면 군대를 전멸시킬 위험성이 크다.

적군이 물을 건너온다면 그들을 물 속에서 맞아 싸우는 것은 같은 위

험한 상태에서 싸우는 것으로 어리석은 짓이다. 그러므로 적군이 물을 건너오고 있는 중이라면 적군의 반쯤이 물을 건너고 반쯤은 건너는 중에 갑자기 공격을 가하면 물을 다 건넌 적은 아직 진영이 갖추어지지 않았기에 허술할 것이고 물 속의 적은 도움을 주기 힘들기에 힘을 합칠 수가 없어 적이 혼란에 빠질 것이므로 싸움은 이쪽에게 유리해진다.

또한 물가에서 싸울 때 물가에 너무 가까이 붙어서 싸우다가는 물을 등지게 될 위험성이 있으므로 산림이 있고 높은 곳이 있으면 그곳에 진을 치는 것이 좋다.

그곳에서 숨어 있다가 안심하고 도하하는 적군을 습격한다면 매우 유리하다. 그리고 상류에 적이 있으면 맞아 싸워서는 안된다.

산을 오르며 공격하는 것과 같이 매우 불리한 조건인 것이다.

絶水[1]必遠水[2]라 客[3]絶水而來거든 勿迎之於水內[4]오 令半濟[5]而擊之利니라 欲戰者는 無附於水而迎客[6]이니 視生處高[7]하고 無迎水流[8]니라 此는 處水上[9]之軍也니라

1) 絶水(절수) : 물을 끊다. 곧 물을 건너다.

2) 遠水(원수) : 물에서 멀리하다. 물과 멀리 떨어지다.

3) 客(객) : 적(敵).

4) 迎之於水內(영지어수내) : 그들을 물 안에서 맞이하여 싸우다. 물 속에서 싸우다.

5) 令半濟(영반제) : 그들로 하여금 반쯤 건너오게 하다.

6) 無附於水而迎客(무부어수이영객) : 물가에 붙어서 적을 맞아 싸우지 않아야 한다.

7) 處高(처고) : 높은 곳에다가 진을 치다.

8) 無迎水流(무영수류) : 물의 흐름을 맞이하여 싸우지 않다. 상류의 적과 싸우지 않다. 수류(水流)는 물의 상류(上流).

9) 處水上(처수상) : 물 위에서 행동하다.

〔실례 1〕

※도강(渡江)하는 적군은 절반쯤 상륙하면 공격한다

—당(唐)나라 고조(高祖)의 무덕연간(武德年間)에 설만균(薛萬均)은 나예(羅藝)와 함께 범양성(范陽城)을 의지하여 유연(幽燕) 일대를 지키고 있었다. 충분한 병력도 아니고 또 견고한 성도 아니었다.

그곳으로 두건덕(竇建德)이 10만의 군사를 이끌고 진격해 왔다.

이때 설만균이 나예에게 말하기를

"우리의 병력으로 싸운다는 것은 도저히 불가능하오. 지금 만약 성을 나가 정면으로 싸우면 아마도 백전백패할 것이다. 결국 계략으로 이기는 수밖에 없소. 그래서 약한 병졸과 말로써 강을 사이에 두고 성을 등진 채 진을 치게 하여 적을 유인하고자 하오. 적이 만약 유인되어 강을 건너 교전하려고 하거든 귀공은 정예의 기병 백기(百騎)를 성 옆에 숨겨 두었다가 적이 반쯤 건너왔을 때를 노려 공격해 주시오"

하니 나예는 설만균의 계략에 따르기로 했다.

설만균의 계략에 넘어간 두건덕의 군사가 강을 건너기 시작했다. 두건덕의 군대가 강을 반쯤 건너자 기다리고 있던 나예의 군사가 맹공격을 감행하였다. 두건덕의 군대는 대군인데도 우왕좌왕하다가 크게 격파되었다.

싸움에서 산이나 강은 큰 장애물로 전력손실을 가져오는 큰 요인이다. 그렇기에 그때를 이용하는 것이야말로 적을 격파할 수 있는 절호의 기회라고 병법가들은 말하고 있다. 그러나 상대가 산을 넘지 않거나 강을 건너지 않으면 기회는 생기지 않는다.

〔실례 2〕

※강을 건너도록 유인하다

—한신(韓信)은 제(齊)나라를 공격해 그 수도인 임치(臨菑)를 평정하고 도망친 제나라 왕 전광(田廣)을 추격해서 고밀(高密)의 서쪽까지 이르렀다.

　초나라에서 용저(龍且)를 대장으로 삼아 20만 대군을 파견해 제(齊)나라를 도왔다. 이에 전광은 한신과 싸우기 위해 용저와 군사를 합쳤다.

　한신의 군사가 도착하자 양쪽 군대는 유수(濰水)를 사이에 두고 진을 쳤다. 밤이 되자 한신은 I만이 넘는 포대에다 토사(土砂)를 넣어 토낭을 만든 다음 그것으로 유수의 상류를 막게 했다.

　날이 새자, 한신은 군사를 이끌고 이미 물이 빠진 유수를 건너 용저의 군사를 습격했다. 용저의 군사가 반격하자 한신의 군사는 지는 척 도망쳐 돌아왔다.

　용저는 그 광경을 보고 크게 기뻐하며

　"한신이 겁쟁이란 것은 오래 전부터 알고 있었다."

　하고는 추격명령을 내렸다.

　용저의 군대가 말라버린 강으로 들어가는 것을 본 한신은 재빨리 강물을 막고 있던 토낭벽을 터놓게 했고 막혔던 물이 한꺼번에 쏟아져내려 용저의 군사들은 강을 건너지 못하고 그 자리에서 움직이지 못했다.

　이때를 기다리고 있던 한신은 급습을 하여 어렵지 않게 용저를 죽였다. 유수 동쪽 언덕에 남아 있던 용저의 군사는 그 광경을 보고 패주하였고, 제나라 왕 전광도 도망쳤다.

　그러자 한신은 도망치는 적을 쫓아 드디어 성양(城陽)에 이르러 초나라 병사를 모두 사로잡았다.

　한신은 인위적인 방법으로 강물을 막았다가 안심하고 강 속으로 들어간 적을 격파하였던 것이다. 강물이 평상시와 같이 흐르고 있었더라면 적군은 건너지 않았을 것인데 한신은 적극적인 방법으로 적을 유인하는 전략을 펼친 것이다.

〔실례 3〕

※도하의 병법을 잘못 사용하다

―도하의 병법을 잘못 사용한 예로 '비수(淝水)의 싸움'을 들 수 있다.

서기 383년 11월에 사현(謝玄)이 이끄는 진(晉)나라의 군대가 비수

강가에서 진(秦)나라의 대군을 맞이하여 싸웠다. 장기전이 된다면 진(晉)나라 군대에게는 승산이 없었다. 그래서 사현은 적군의 장수인 부견(符堅)에게 사람을 보내 이렇게 말했다.

"당신네 군대에서 조금만 후퇴를 해준다면 우리 군대가 강을 건너갈 것이니 한판 승부를 겨루어 볼 생각은 없는가?"

부견이 이 말을 받아들이자 진(秦)나라의 여러 장수들이

"병력은 아군이 압도적으로 우세합니다. 만일 적군을 건너오지 못하게 한다면 아군이 불리할 것은 하나도 없습니다."

하고 반대했지만 부견은

"아군이 조금 후퇴해 주는 척하면서 적군이 강물을 반쯤 건너왔을 때 기병대를 보내 단숨에 쳐부순다면 아군의 승리는 의심할 여지가 없소"

하고 전군에게 후퇴명령을 내렸다. 그런데 워낙 대군이다보니 한번 후퇴하기 시작한 군대를 쉽게 멈출 수가 없었다.

이 틈에 진(晉)나라 군대는 강을 건너와 일제히 공격했으므로 진(秦)나라의 대군은 크게 격파되어 패주하고 말았다.

잘못 판단한 병법의 이용인 것이다.

3. 군대가 습지대에 있을 때에는

습지대(濕地帶)를 건널 때에는 오직 빠르게 지나가고 머무르지 않아야 한다. 만약 습지대 가운데에서 교전(交戰)하게 되면 반드시 수초(水草)에 의지하고 많은 나무들을 등지고 싸워야 한다. 이것이 습지대에서 행동하는 군대의 행동이다.

▨습지대에서의 군대의 행동을 말한 것이다.

몸을 자유롭게 움직일 수 없는 습지대를 행군하게 되면 오직 빨리 건너가도록 해야지 조금이라도 지체하는 일이 있어서는 안된다는 것이다.

만약 부득이하게 진펄에서 적과 교전을 하게 되었을 때는 수초가 우

거진 곳에 몸을 감추고 많은 나무숲을 등지고 싸우는 것이 위험이 적다
는 것이다.

　絶斥澤[1]에는 惟亟去[2] 無留니라 若交軍[3]於斥澤之中이면 必依
水草[4]하고 而背衆樹[5]니라 此는 處斥澤之軍也니라

1) 斥澤(척택) : 진펄. 습지대(濕地帶). '척(斥)'은 염분이 있는 습지대.

2) 亟去(극거) : 빠르게 지나가다.

3) 交軍(교군) : 교전(交戰). 서로 싸우다.

4) 依水草(의수초) : 수초에 의지하다. 곧 수초에 몸을 감추다.

5) 背衆樹(배중수) : 많은 나무를 등지다. 곧 나무숲을 뒤로 하다.

4. 평지(平地)에서의 군대는

　평지(平地)에서는 쉬운 곳에 진을 치고 오른편에 높은 언덕을
등지고 낮은 곳을 앞으로 하고 높은 곳을 뒤로 해야 한다. 이것이
평지에서 행동하는 군대의 대처방법이다.

　무릇 이 4가지 군대 행동의 이로움은 황제(黃帝)가 네 임금을
싸워 이긴 까닭이다.

　▨평지에서의 군대행동을 말한 것이다. 쉬운 곳에 진을 치는 것은 군
대가 행동하기에 편리하기 위해서이고 높은 언덕을 등지고 있으면 배후
로 적이 공격할 수 없기 때문이다.

　또 낮은 곳을 앞으로 하고 높은 곳을 뒤로 하면 나아가기가 편리하고
대적하기도 쉬워서 아군에게 아주 유리한 것이다.

　이상의 산, 물, 습지, 평지에서 군대행동을 할 때 아군에게 이롭게 하
는 행동방침은 중국을 처음으로 통일했다는 전설상의 임금인 황제(黃
帝)가 한민족(漢民族)을 통일할 때 네 임금과 싸워서 이긴 전술방법이
라는 것이다.

平陸[1]處易[2]하여 而右背高[3]하고 前死[4]後生[5]이니 此는 處平陸
之軍也니라 凡此四軍[6]之利는 黃帝[7]之所以勝四帝[8]也니라

1) 平陸(평륙) : 평지(平地).

2) 處易(처이) : 쉬운 곳에 진을 치다.

3) 右背高(우배고) : 오른편에 높은 언덕을 등지다.

4) 前死(전사) : 사는 낮은 곳. 곧 앞을 낮은 곳으로 하다.

5) 後生(후생) : 생은 높은 땅. 곧 일종의 언덕.

6) 四軍(사군) : 4가지 군대의 행동. 곧 산과 물과 습지대와 평지에서 군대
   의 행동.

7) 黃帝(황제) : 중국 고대 전설상의 성군으로 처음으로 중국의 한민족(漢
   民族)을 통일하였다고 전한다.

8) 四帝(사제) : 전설상의 네 임금으로 태호(太昊) 염제(炎帝) 소호(少昊)
   전욱(顓頊)을 가리킨다. 또는 이 사제(四帝)를 고대 중국의 네 이웃나라
   들의 제왕이라고 하기도 한다.

5. 군대는 높은 곳을 좋아한다

무릇 군대는 높은 데를 좋아하고 낮은 데를 싫어하며 양지를 귀
하게 여기고 음지를 천히 여기며 생(生)을 기르고 충실한 데로
대처하면 군대에서는 모든 질병이 없어지는 것이니 이것을 반드
시 이긴다고 이르는 것이다.

▨군대는 높은 곳을 좋아하고 낮은 곳을 싫어하는데 그 까닭은 높은
곳에 진을 치고 있으면 낮은 곳에서 공격해 오는 적의 상태를 파악하기
쉽고 반격하기가 쉽기 때문이다.

군대는 양지를 귀하게 여기고 음지를 천하게 여기는데 그 까닭은 양
지에다 진을 치면 이쪽의 모습은 잘 드러나지 않고 공격해 오는 적은 잘
보이므로 반격하기가 쉽기 때문이다. 그리고 군인들의 건강 관리에 신경

쓰고 음식섭취를 만족하게 해주면 병사들에게 질병이 없을 것이니 이런
군대는 반드시 승리할 것이라는 말이다. 병사들이 굶주리고 질병에 시달
린다면 싸울 의욕이 없어지고 군세가 약해질 수밖에 없다.

　凡軍은 喜高[1]而惡下[2]하며 貴陽而賤陰하며 養生而處實[3]하면 軍
無百疾[4]이니 是謂必勝이라

1) 喜高(희고) : 높은 곳을 좋아하다. 희는 호(好)의 뜻.『통전어람(通典御
　　覽)』의 주석에는 희(喜)를 호(好)로 썼다.
2) 惡下(오하) : 낮은 데를 싫어하다.
3) 養生而處實(양생이처실) : 생(生)을 기르고 충실한 데로 대처하다. 곧 건
　　강을 지키고 음식섭취를 충분히 잘한다는 뜻.
4) 百疾(백질) : 모든 질병. 온갖 질병.

6. 구릉이나 제방에서의 군대는

　구릉이나 제방에서는 반드시 그 양지쪽에 진을 치되 오른쪽으
로 등을 두게 해야 하는 것이니 이것은 싸움의 이로움이요, 땅의
도움이 되는 것이다.
　상류에서 비가 내리면 물거품이 이를 것이다. 건너고자 하는 사
람은 그것이 안정되기를 기다려야 한다.
　▨언덕이나 둑 근처에 진을 칠 때에는 그 양지쪽에다가 진을 치고 그
언덕이나 둑을 오른쪽 배후로 삼아야 한다는 것이다.
　물을 건너서 행군하려고 할 때 물에 물거품이 많이 떠내려오면 물을
건너지 말아야 한다. 물거품이 많이 떠내려온다는 것은 상류에 비가 많
이 내렸다는 증거다.
　이럴 경우에는 갑자기 많은 물이 밀려올 위험성이 있으므로 물이 안
정될 때까지 기다렸다가 건너는 것이 안전하다는 것이다.

이상은 승리로 통하는 지형의 활용방법이다.

邱陵隄防[1]에는 必處[2]其陽하되 而右背之[3]니 此는 兵之利[4]요 地之助[5]也니라 上雨[6]면 水沫至[7]니 欲涉者는 待其定[8]也니라

1) 邱陵隄防(구릉제방) : 언덕과 둑.

2) 處(처) : 진을 친다는 뜻.

3) 右背之(우배지) : 오른쪽으로 등을 두다. 오른쪽을 배후로 삼다.

4) 兵之利(병지리) : 싸움의 이로움. 싸울 때 유리하다.

5) 地之助(지지조) : 땅의 도움. 땅에서 이로움을 취할 수 있다.

6) 上雨(상우) : 상류에서 비가 내리다.

7) 水沫至(수말지) : 물거품이 이르다. 곧 물거품이 떠내려오다.

8) 定(정) : 안정(安定)되다. 가라앉다.

7. 가까이 하지 않아야 할 6가지 지형

무릇 땅에는 절간(絶澗)과 천정(天井)과 천뢰(天牢)와 천라(天羅)와 천함(天陷)과 천극(天隙) 등이 있는데 이러한 것들은 반드시 그것들을 빨리 지나가서 가까이 하지 말아야 한다.

우리는 그것을 멀리하고 적은 그것을 가까이 하게 하며 우리는 그것을 맞이하고 적은 그것을 등지게 해야 한다.

▨행군할 때 가까이 하지 말고 빨리 지나가야 할 험난한 지형 6곳을 들었다.

절간(絶澗)은 절벽으로 둘러싸인 좁은 골짜기로 적이 절벽 위에서 숨어 기다리다가 공격을 하면 꼼짝없이 전멸당하기 쉽다.

천정(天井)은 우물같이 움푹 들어간 분지로 역시 적이 높은 곳에 포진하고 공격해 오면 꼼짝 못하고 당한다.

천뢰(天牢)는 험난한 산들에 둘러싸여 우리와 같은 지형으로 사방으

로 갇힌 것이나 다름 없으므로 적의 공격에 속수무책 당하기 십상이다.

천라(天羅)는 초목이 너무 무성해 행군하기 어렵고 사방이 숨을 수 있는 은신처를 제공하기 때문에 전후좌우로부터 적의 공격을 받기 쉽다.

천함(天陷)은 함정과 같은 지형으로 수렁에 빠져 행동이 자유롭지 못한 것과 같기 때문에 적의 공격을 받으면 꼼짝없이 당하고 만다.

천극(天隙)은 좁고 험한 산과 산 사이로 역시 행동이 자유롭지 못하여 적의 공격을 받으면 곤란하다.

이상과 같은 6해(六害)의 지형은 가급적 가까이 하지 않는 것이 좋고 부득이 지나야 한다면 서둘러 빨리 지나간다. 그러나 전략상으로는 적으로 하여금 그곳으로 접근하도록 유인하는 것이 유리하다.

적을 이러한 여섯 지형으로 유인했을 때는 이쪽은 정면으로 맞이하고 적은 등지게 한다. 그러면 적은 진퇴가 자유롭지 못하여 마음놓고 싸우지 못하게 된다.

凡 地有絶澗[1]과 天井[2]과 天牢[3]와 天羅[4]와 天陷[5]과 天隙[6]하면 必亟去之하여 勿近也니라 吾遠之하고 敵近之하며 吾迎之[7]하고 敵背之니라

1) 絶澗(절간) : 높은 절벽으로 둘러싸인 좁은 골짜기.

2) 天井(천정) : 우물같이 움푹 들어간 분지.

3) 天牢(천뢰) : 험난한 산들에 둘러싸여 빠져나오기 어려운 곳. 사방의 험난한 산들이 우리 역할을 하여 출입하기 힘든 곳.

4) 天羅(천라) : 그물같이 한번 들어가면 나오기 힘든 곳. 초목이 너무 무성하여 행동이 자유롭지 못한 곳.

5) 天陷(천함) : 함정같이 한번 들어가면 빠져나오기 어려운 곳.

6) 天隙(천극) : 산과 산 사이의 좁고 험한 곳. *여기서 각 단어의 '천(天)'은 천연(天然)이라는 뜻.

7) 迎之(영지) : 그것을 맞이하다. 곧 앞에다 둔다는 뜻. 정면으로 바라본다.

8. 복병이 숨어 있을 만한 지형

군대가 머물러 있는 곳 근처에 험난한 산이나 연못에 수초가 무성하게 있거나 갈대가 어우러져 수북한 곳이 있거나 산에 수풀이 우거져 있으면 반드시 조심하여 거듭 수색해야 한다.

이런 곳은 복병과 정탐꾼이 숨어 있는 곳이다.

▨복병(伏兵)이나 정탐꾼은 남의 눈에 띄지 않는 음밀한 곳이나 몸을 숨기기 알맞은 엄폐물이 있는 곳에 몸을 숨기고 있다가 때가 되면 행동을 개시한다.

그래서 군대가 주둔하고 있는 근처의 험준한 산의 바위틈이나 수초가 무성한 연못이나 저습한 지대의 갈대밭이나 초목이 매우 우거진 곳 등은 그들의 은신처가 되기 마련이다. 그러므로 이런 음습한 곳은 반드시 조심하고 또 자주 수색하여 적의 복병이나 정탐꾼이 없도록 해야 한다.

軍旁[1]에 有險阻[2] 蔣潢[3]하고 幷生葭葦 山林蘙薈[4]면 必謹覆索[5]之니 此는 伏姦[6]之所藏處也니라

1) 軍旁(군방) : 군대가 머물러 있는 곳의 근처.

2) 險阻(험조) : 험준한 산.

3) 蔣潢(장황) : 연못에 수풀이 무성하게 나있는 것.

4) 蘙薈(예회) : 초목이 무성한 모양.

5) 覆索(복색) : 반복하여 수색하다.

6) 伏姦(복간) : 복병과 정탐.

9. 멀리 있으면서 싸움을 거는 것은

적에게 가까이 가도 고요한 것은 그 험난함을 믿는 것이요, 멀

리 있으면서 싸움을 거는 것은 사람이 나오기를 바라는 것이다. 그 평탄한 곳에 있는 것은 이로움이 있어서이다.

　▨적군의 진영을 향해 가까이 접근해 가도 적의 진영은 고요할 뿐 응전해 오지 않는 것은 적이 험준한 지형에 진을 치고 있어 유리한 처지에서 안전하다는 자신감이 있기 때문이다. 이러한 경우에는 판단을 잘못해 경솔하게 공격하지 말아야 한다.

　적군은 먼 곳에 진을 치고 있으면서도 이쪽 진영에 대하여 자주 싸움을 걸어오는 것은 이쪽 진영에서 응전해 오기를 바라는 전략이다. 적의 이런 유인전략에 말려들지 않도록 조심해야 한다.

　적군이 험준한 곳이 있건만 그런 곳을 피하고 일부러 공격당하기 쉬운 평탄한 곳에 진을 친다는 것은 반드시 그곳에 진을 침으로써 이로운 점이 있기 때문이다. 이 또한 각별히 경계해야 할 것이다.

　敵近而靜[1]者는 恃其險[2]也오 遠而挑戰[3]者는 欲人之進[4]也오 其所居者易[5]는 利也니라

1) 敵近而靜(적근이정) : 적에게 가까이 가도 고요하다.

2) 恃其險(시기험) : 그 험난함을 믿다.

3) 挑戰(도전) : 싸움을 걸어오다.

4) 欲人之進(욕인지진) : 사람이 나아가기를 바라다.

5) 所居者易(소거자이) : 주둔한 곳이 평탄한 곳이다. '이(易)'는 쉽다, 평탄하다의 뜻. 평탄하다, 쉽다의 뜻일 때의 발음은 '이'.

10. 먼지가 높게 오르는 것은

　많은 나무가 움직이는 것은 적군이 오는 것이다. 많은 풀에 장애물이 많은 것은 의심하게 하는 것이다. 새들이 날아오르는 것은 복병(伏兵)이 있어서이다. 짐승들이 놀라서 달아나는 것은 적

의 복병이 있는 것이다.

먼지가 높고 날카롭게 오르는 것은 적의 수레가 오는 것이다. 먼지가 낮고 넓게 퍼지는 것은 적의 보병(步兵)들이 오는 것이다. 먼지가 흩어지고 나무줄기처럼 일어나는 것은 적이 땔나무를 채취하는 것이다. 먼지가 적고 사람이 오고가고 하는 것은 적이 진을 치려고 하는 것이다.

▨적군의 동태를 살필 수 있는 8가지의 방법을 제시하고 있다.

첫째 멀리서 바라보아 넓은 범위에 걸쳐 많은 나무들의 움직임이 심상치 않은 것은 적이 습격해 오고 있다는 것을 보여주는 증거다.

둘째 여러 풀밭에 풀로써 장애물이 많은 것은 이쪽의 움직임을 견제하면서 의심을 불러일으켜 상황판단을 흐리게 하려는 전략이다.

셋째 숲에서 갑자기 새들이 떼지어 날아 오른다면 반드시 그곳에 적의 복병이 숨어 있다는 증거다.

넷째 숲에서 짐승들이 놀라 달아난다면 그곳에 이쪽을 노리는 적의 기습부대가 숨어있다는 증거다.

다섯째 먼지가 높이 기세 있게 일어나는 것은 적의 수레가 달려오고 있는 것이다.

여섯째 먼지가 나지막하니 넓게 퍼져 일어나는 것은 적의 보병부대가 진격해 오고 있는 것이다.

일곱째 먼지가 여기저기로 흩어져서 가느다랗게 줄기가 되어 일어나는 것은 적이 땔나무를 하고 있는 것을 보여주는 것이다.

여덟째 희미하게 사람들이 오고 가며 먼지가 적게 피어오르는 것은 적이 진을 치고 있다고 볼 수 있다.

衆樹動者[1]는 來也오 衆草多障者[2]는 疑也오 鳥起者[3]는 伏也[4]오 獸駭者[5]는 覆也[6]니라

塵高而銳者[7]는 車來也[8]오 卑而廣者[9]는 徒來也[10]오 散而條達者[11]는 樵採也[12]오 少而往來者[13]는 營軍也[14]니라

1) 衆樹動者(중수동자) : 많은 나무들이 움직이는 것. 널리 많은 나무가 이 상하게 흔들리는 것.

2) 衆草多障者(중초다장자) : 여러 장소의 풀밭에 풀로써 장애물이 많은 것.

3) 鳥起者(조기자) : 새가 날아오르는 것.

4) 伏也(복야) : 복병(伏兵)이 있다.

5) 獸駭者(수해자) : 짐승이 놀라는 것. 짐승들이 놀라 달아나는 것.

6) 覆也(복야) : 엎드려 있다. 기습(奇襲)하기 위한 복병이 있는 것.

7) 塵高而銳者(진고이예자) : 먼지가 높고 날카롭게 오르는 것.

8) 車來也(거래야) : 수레가 오다. 많은 수레가 달려오다.

9) 卑而廣者(비이광자) : 먼지가 낮고 넓게 퍼져오르는 것.

10) 徒來也(도래야) : 보병(步兵)이 오다. 보병이 진격해 오다.

11) 散而條達者(산이조달자) : 먼지가 흩어지고 줄기처럼 일어나는 것.

12) 樵採也(초채야) : 땔나무를 채취하다.

13) 少而往來者(소이왕래자) : 먼지가 적고 사람이 오고가고 하는 것.

14) 營軍也(영군야) : 진(陣)을 치려고 하다.

11. 전진하려는 태도와 후퇴하려는 태도

말은 겸손하게 하면서도 더욱 방비하는 것은 전진하려는 것이 요, 말은 거짓되며 강하게 진격할 태도를 보이는 것은 후퇴하려 는 것이다.

▨적군이 보내온 사자(使者)의 말씨와 태도가 지극히 겸손하면서도 안정된 태도를 보이는 것은 한편으로는 더욱 은밀하게 방비태세를 갖추 는 자들이다. 이런 적은 겉으로 굽히는 듯하면서 실은 진격해 들어올 준 비가 다 되어 있는 것이니 경계해야 한다.

이와는 달리 말이 거만하고 거짓되며 태도가 고자세로서 뜻에 맞지 않 으면 당장에라도 진격할 듯이 호기를 부리는 사람은 실질적으로는 그것이 허장성세(虛張聲勢)일 뿐 뒤로는 후퇴할 준비가 되어 있는 적이라고 보아야 한다.

辭卑[1]而益備[2]者는 進也오 辭詭[3]而强進驅者는 退也니라
1) 辭卑(사비) : 말이 겸손하다. 말을 낮추다.
2) 益備(익비) : 더욱 갖추다. 더욱 방비하다.
3) 辭詭(사궤) : 말이 거짓되다.

〔실례 1〕
※ 구하지 않는다는 것은 구한다와 같다.
—전국시대 때 진(秦)나라는 호상(胡傷)을 장군으로 삼고 20만의 병력을 주어, 한(韓)나라의 알여(閼與)를 포위하게 했다. 이에 한나라의 이왕(釐王)은 조(趙)나라에 사신을 보내 구원을 요청했다.
조나라 혜문왕(惠文王)이 군신들을 모아 놓고
"알여를 구할 수 있겠는가?"
하고 물으니 조나라의 명장 염파(廉頗)와 악승(樂乘)이 대답했다.
"길이 멀고 또 험한 곳입니다. 구하기가 어렵겠습니다."
그런데 조사(趙奢)라는 사람이 나서서 말했다.
"길이 먼데다 험하고 좁다면 예를 들어 두 마리의 쥐가 구멍 속에서 싸우는 격으로, 용맹한 장군이 있는 쪽이 이길 것입니다."
조나라 왕은 곧 조사를 장군으로 삼고 군사 5만을 주어 알여를 구하게 했다.
조사는 조나라의 수도 한단(邯鄲)에서 출발하여 겨우 30리쯤 떨어진 곳까지 행군하고는 그곳에 포진하고 오로지 방벽을 굳힌 후 28일 동안 그곳에 머무르고 있었다. 바로 근처까지 적의 척후대가 밀려와 도전을 해도 조사는 싸우려고 하지 않고 방벽을 더욱 굳혔다.
호상은 불안한 생각이 들어 조사에게 사신을 보냈다.
"진나라는 알여를 공격해서 곧 함락시키겠다. 싸울 생각이 있거든 빨

리 해야지 늦으면 아무 소용이 없다."

"이웃나라에서 급보가 들어와 한단을 수비하고 있는 것이다. 진나라
와는 싸울 생각이 없다."

조사는 이렇게 대답한 후 사신을 후대하고 방벽 등도 구경시켜 주었
다. 사신이 돌아가 보고하자 호상은 크게 기뻐했다.

"수도에서 30리쯤 나와 더 이상 군을 진격시키지 않고 부리나케 방벽
만을 굳히고 있는 상대라면 싸울 의사가 없다고 보아도 좋을 것이다. 알
여는 이미 내 것이로구나."

그리하여 호상은 조사의 군대에 대한 대비 없이 알여의 공격에만 전
념했다.

그런데 조사는 진나라 사신을 보내기가 무섭게 곧 군사들을 무장시키
고 출발해서 밤낮으로 행군했다. 2일과 하룻밤을 행군하여 국경을 지나
알여에서 15리쯤 떨어진 지점에 도착하자 포진하고 누(壘)를 쌓는 한
편 1만의 군사를 파견해 북산의 산성을 점거하게 했다.

이것을 보고 호상이 크게 노해 알여를 포위하자 조나라 군사가 습격
해 왔다.

진나라 군대는 이미 조나라 군대를 잔뜩 업신여긴데다 북산의 산성까
지 정복당하고 있어 싸울 의욕을 잃은 채 헛되이 쓰러져갔다. 이때 조사
는 빠르게 군사를 진격시켜 진나라 군대를 크게 격파했다. 뿔뿔이 흩어
져 패주하던 진나라의 군사는 결국 알여의 포위를 풀고 퇴각했다.

자신을 낮추어 상대를 속이는 심리전을 펼쳐 적이 방심하게 하고 그
틈을 이용, 공격하여 승리한 싸움이다.

〔실례 2〕

※ 말이 강경한 것에는 퇴각하려는 의도가 있다.

—오(吳)나라 왕 부차(夫差)는 북쪽 정벌 이후 진(晉)나라 정공(定
公)과 황지(黃地)에서 회합을 가졌다. 주나라 왕실을 받드는 것을 명분
으로 패자로서 천하의 제후에게 호령하고자 한 것이다.

그런데 그 틈을 타서 월(越)나라 왕 구천(句踐)이 오나라를 공격했는데 월나라 군사 5천명이 오나라를 침입하여 오나라의 태자를 포로로 잡았다. 패전의 보고가 부차에게 도달했다. 이러한 사실이 누설될 것을 두려워한 부차는 보고를 마친 사자를 막하에서 목베었다.

"주(周)나라 왕실에서 '오나라는 형의 가계(家系)'이므로 오나라가 장(長)이 되어야 한다."

"주왕실과 동성(同姓)인 희성(姬姓) 중에는 '오나라가 자작(子爵)이고 진(晉)나라는 백작'이므로 마땅히 진나라가 장이 되어야 한다."

는 시비가 끝없이 계속되는 회맹(會盟)은 쉽게 결판날 것 같지 않았다.

사태를 우려한 오나라 왕 부차는 대신들을 모아 놓고 의논했다.

"사태가 이러니 회합을 중단하고 귀국하는 것과, 회합을 속행해서 진나라를 앞지르는 것 중 어느 편이 좋겠소?"

그러자 왕손락(王孫雒)이 말했다.

"반드시 회합을 속행해서 진나라를 앞서야 합니다."

"어떻게 하면 앞지를 수 있겠는가?"

"오늘밤 싸움을 걸어 민심(民心)을 넓힌다면 반드시 앞설 수 있을 것입니다."

왕손락의 계략에 따라 오나라 왕 부차는 무장 군사 3만을 인솔하고 진(晉)나라 군영으로부터 1리쯤 떨어진 지점으로 가서 천지를 울릴 정도로 함성을 울렸다.

진나라 군에서는 무슨 일인가 싶어 동갈(董褐)에게 나가서 정세를 살피게 했다. 그러자 오왕 부차가 스스로 나와 동갈에게 말했다.

"내가 주군을 모시는 것도 오늘에 있고 주군을 모시지 않는 것도 오늘에 있다."

이 말을 듣자 동갈은 급히 진 안으로 들어가 보고했다.

"오나라 왕의 안색을 살피니 크게 결심한 바가 있는 듯합니다. 독살을 꾀하고 있는 것 같습니다. 진정으로 상대를 해서는 안됩니다."

그리하여 진나라 정공은 맹세의 피를 먼저 마시는 것을 오나라에게 허락했다. 오나라 왕 부차는 그날 중으로 무사히 회맹을 끝내고 귀국할 수 있었다.

모든 것을 유리한 태세로 빨리 몰고가고 싶을 때는 허장성세를 부려서 상대를 위협하는 것이다. 한편 후퇴하려 할 때는 위협당하지 않으려고 허장성세를 부리기도 하는 것이다.

12. 병거(兵車)를 늘어놓는 것은

가벼운 전투용 수레가 앞에 나와서 그 양쪽 곁에 있는 것은 진을 치려는 것이요, 약속도 없이 화의(和議)를 청하는 것은 음모가 있는 것이다.

분주하게 병거(兵車)를 늘어놓는 것은 공격할 것을 기약하는 것이고 반은 나아가고 반은 물러나는 것은 이쪽을 유인하려는 것이다.

▨적의 은밀한 동태를 보고 그 숨겨진 전략을 파악하는 내용을 말하였다. 적군의 진영에서 전투용 수레들이 먼저 앞에 나와서 양쪽으로 대열을 이루고 있다면 그것은 그 중간에다 진을 치고 있다고 볼 수 있다.

약속한 일도 없고 이유도 없는데 갑자기 적이 화의를 청해오는 것은 어떤 계략을 숨긴 것이니 반드시 경계해야 한다.

갑자기 적의 병거(兵車)가 분주하게 출동을 서두르는 것은 예정된 시각에 맞추어 출격할 것을 기하는 것이다.

적군의 일부는 전진을 시도하는 듯이 보이면서 다른 일부는 후퇴하는 양상을 보이는 것은 이쪽을 유인하려는 계책이 분명한 것이다.

이러한 적의 기미를 보아 앞으로 취할 적의 행동을 예측할 수 있어야 한다.

輕車[1]先出하여 居其側[2]者는 陳也오 無約而請和[3]者는 謀也오

奔走而陳兵車[4]者는 期[5]也오 半進半退者는 誘也니라

1) 輕車(경거) : 전투용 수레. 가벼워서 기동력이 있는 수레.

2) 居其側(거기측) : 그 양쪽 곁에 포진해 있다.

3) 請和(청화) : 화의(和議)를 청하다.

4) 陳兵車(진병거) : 병거(兵車)를 늘어놓다.

5) 期(기) : 기약하다. 곧 공격할 것을 기약하다. 공격하려 하다.

13. 병장기에 의지해 일어나는 것은 굶주려서이다

　병장기에 의지하여 일어나는 것은 굶주려서 그런 것이요, 물을 퍼서 먼저 마시는 것은 목이 말라서이고, 이로운 것을 보고도 나아가지 않는 것은 피로해서이다.

　▨적의 병사들의 행동을 잘 관찰하면 적군의 동정을 알아낼 수 있다.

　적의 병사들이 차거나 들고 다녀야 할 칼이나 창을 지팡이 삼아 짚고 다닌다면 그것은 적진에 식량이 부족하여 병사들이 굶주리고 있다는 것을 짐작하여 알 수 있다.

　물을 길러 온 병사가 물을 길어서는 우선 자기가 먼저 마신다면 그것은 곧 적진의 다른 병사들도 물이 부족하여 갈증을 느끼고 있다는 것을 알 수 있다.

　이익이 따르는 좋은 기회가 왔건만 적이 나오지 않는다면 그것은 적군이 얼마나 피로해 있는가를 알 수 있는 증거이다.

　倚仗而立[1]者는 飢也오 汲而先飲[2]者는 渴也오 見利而不進[3]者는 勞也니라

1) 倚仗而立(의장이립) : 칼이나 창같은 병장기에 의지하여 일어나다.

2) 汲而先飲(급이선음) : 물을 퍼서 자기가 먼저 마시다.

3) 見利而不進(견리이부진) : 이로운 것을 보고도 나아가지 않다.

14. 밤에 소리쳐 부르는 것은 두려워서이다

새들이 모이는 것은 진영이 비어 있는 것이다. 밤에 소리쳐서 부르는 것은 두려워서이다. 군대가 소란스러운 것은 장수가 중후하지 않아서이다. 깃발이 마구 움직이는 것은 대오가 어지러워서이다. 장교가 노하는 것은 싫증이 나서이다. 곡식 대신 말고기를 먹고(양식이 없어서) 병사들이 솥을 걸지 않고 자기 막사로 돌아가지 않는 것은 궁지에 몰린 군대이다.

▨군대가 진을 치고 있던 자리에 새들이 모여들어 지저귄다면 군대가 이미 다른 곳으로 이동하고 그곳은 텅 비어 있다는 증거이다.

어두운 밤에 병사들이 서로 소리쳐 부르고 대답한다면 그것은 그들의 마음 속이 불안과 공포로 차있다고 볼 수 있다. 곧 밤이 주는 불안과 공포에서 벗어나기 위해 서로 소리쳐 불러 위안을 삼으려는 것이다.

적의 진영이 질서를 잃고 사병들이 소란하다면 그것은 적의 군대를 지휘하는 장수에게 위엄이 없다는 증거다.

적군의 깃발이 정연하게 움직이지 않고 마구 흐트러진다면 그것은 대오가 혼란해져 통솔되지 못한다고 볼 수 있다.

적군의 장교가 부하들에게 자주 화를 내면서 소리를 지른다면 그것은 장교가 전투에 지쳐서 부하들에게 짜증을 낸다는 증거이다.

당시의 전쟁에서 없어서는 안될 소중한 말을 죽여서 그 고기를 먹는 것은 적에게 식량이 부족하다는 증거이다.

병사들이 밥솥을 걸지 않고 자기들의 막사로 돌아가지 않는다면 그것은 그들이 궁지에 몰려 있어 마지막 결전을 벌이려고 한다는 증거이다.

앞에 이어서 적군의 동정을 살피는 방법을 열거하였는데 인간 감정의 변화와 움직임에 따라 여러 측면에서 관찰하여 판단을 내리고 있다.

鳥集者[1]는 虛也오 夜呼者[2]는 恐也오 軍擾者[3]는 將不重也[4]오
旌旗動者는 亂也[5]오 吏怒者[6]는 倦也오 粟馬肉食이오 軍無懸甀[7]
不返其舍[8]者는 窮寇[9]也니라

1) 鳥集者(조집자) : 새가 모이는 것.

2) 夜呼者(야호자) : 밤에 소리쳐 부르는 것.

3) 軍擾者(군요자) : 군대가 소란스러운 것.

4) 將不重也(장부중야) : 장수가 중후하지 못하다. 장수에게 위엄이 없다.

5) 亂也(난야) : 대오가 어지럽다.

6) 吏怒者(이노자) : 장교가 노하는 것. 이(吏)는 장교로 풀이된다.

7) 懸甀(현부) : 밥솥을 아궁이에 걸다. 밥을 해먹다.

8) 舍(사) : 막사(幕舍). 병사(兵舍).

9) 窮寇(궁구) : 궁지에 몰린 적의 군사.

15. 자주 상주는 것은 군색한 것이다

순순흡흡(諄諄翕翕)하여 부하들의 마음에 맞게 말하는 것은
부하들에게 신망을 잃은 것이다. 부하들에게 자주 상주는 것은 군
색한 짓이다. 자주 부하에게 벌주는 것은 피곤해서이다. 먼저 난
폭하고 뒤에 그 부하들을 두려워하는 것은 병법에 정통하지 못한
지극함이다.

▨장수가 자기 부하들과 이야기할 때 온순하게만 말하고 그들의 안색
을 살피며 비위나 맞추려고 한다면 그것은 그가 이미 부하들에게 신망
을 잃고 있다는 증거이다.

장수가 부하들에게 무분별하게 함부로 상을 내려준다면 그것은 부하
들의 마음이 떠나가 부하들을 다루기 힘들어졌기 때문에 호감을 사려는
것이다.

장수가 부하들에게 벌을 자주 준다면 그것은 부하들이 명령을 잘 이

행하지 않기 때문에 명령으로써 다루는데 이력이 나 벌로써 다루려 하는 것이다.

　장수가 처음에는 부하들을 난폭하게 다루다가 나중에는 그 부하들의 하극상을 두려워하게 되었다면 그것은 그가 병법에 정통하지 못하고 극히 어리석다는 증거이다.

　諄諄翕翕[1]하여 徐言入入[2]者는 失衆[3]也오 屢賞[4]者는 窘[5]也오 數罰[6]者는 困也오 先暴而後畏其衆[7]者는 不精[8]之至[9]也니라

1) 諄諄翕翕(순순흡흡) : 순순은 마음을 다해 타이르는 모양. 거듭해서 온순하게 말하는 모양. 흡흡은 상대방의 비위에 맞게 말하는 모양. 진실하지 못한 모양.

2) 徐言入入(서언입입) : 서언은 천천히 말하다. 입입은 편안하고 느릿한 모양. 천천히 타이르는 듯이 말하는 것.

3) 失衆(실중) : 부하들에게서 신망을 잃다. '중(衆)'은 부하들이라는 뜻. 부하들의 신임을 얻지 못하다.

4) 屢賞(누상) : 자주 상주는 일.

5) 窘(군) : 군색하다. 곧 괴롭다는 뜻. 어렵다.

6) 數罰(삭벌) : 자주 벌주다. 수(數)는 삭으로 읽고 자주의 뜻.

7) 畏其衆(외기중) : 그 부하들을 두려워하다.

8) 不精(부정) : 정통하지 못하다. 곧 병법에 정통하지 못하다는 뜻. 어리석다는 뜻.

9) 至(지) : 지극하다. 지극히.

16. 사자(使者)가 인사오면 휴식을 위한 것이다

　적의 사자(使者)가 와서 인사하는 것은 휴식을 취하고자 하는 것이다. 군대가 노기를 띠고 서로 맞이한 채 오랫동안 맞붙지 않

고 또 서로 물러나지도 않으면 반드시 삼가 살펴야 한다.

▨만약 전쟁 중에 적군이 인질이나 다름없는 사자를 보내와 정중하게 인사를 한다면 그 인사는 받아야 한다. 그러나 그것은 진심으로 화목을 원하는 것이 아니라 잠시 휴식을 취하면서 진용을 재정비하거나 구원을 기다리거나 하는 등 시간을 벌기 위한 수단일 수도 있다는 것을 알아야 한다.

양군이 서로 상당한 노기를 띠고 있으면서도 서로 노려보기만 하고 오랜 시간이 지나도 서로 공격하려 하지도 않고 퇴각하려는 기색도 없을 때에는 반드시 그 어떤 계교가 그 속에 숨어 있으면서 시기를 기다리고 있는 것이다.

적군의 행동을 잘 관찰해서 그 까닭을 알아내야만 거기에 대한 대처를 할 수 있기 때문에 적군의 움직임을 잘 관찰하는 것은 매우 중요하다.

來委謝[1]者는 欲休息[2]也니라 兵怒而相迎[3]하여 久而不合[4]하고 又不相去면 必謹察之니라

1) 來委謝(내위사) : 적의 사자가 와서 인사하다.
2) 欲休息(욕휴식) : 휴식을 취하고자 하다. 휴식할 시간을 얻으려고 하다.
3) 兵怒而相迎(병노이상영) : 군대가 노기를 띠고 서로 마주 상대하다.
4) 久而不合(구이불합) : 오랫동안 맞붙지 않다.

17. 적을 업신여기면 반드시 포로가 된다

병사는 많다고 유익한 것이 아니다. 오직 함부로 나아가지 말고 족히 힘을 아우르고 적을 헤아림으로써 적을 취하면 되는 것이다. 대저 오직 계략도 없이 적을 쉽게 여기는 자는 반드시 적에게 사로잡히게 된다.

▨군대는 무조건 병졸의 수가 많다고 좋은 것이 아니다. 정예의 소부

대가 오히려 오합지졸의 대군을 물리칠 수도 있는 것이다. 인원수가 너무 많으면 도리어 주체하기 어려운 경우도 있고 인원수가 많다는 것을 믿고 기고만장하여 경솔하게 진격하다 낭패를 볼 수도 있다.

오직 자신의 무용을 믿는 데서 오는 무모한 진격을 피하고 전력을 한 곳으로 집중하여 적의 정세를 헤아려서 적에게 승리할 수 있는 인원이면 족한 것이다.

인원수가 많은 것과 무용을 믿고 적을 쉽게 여겨 아무런 전략도 세우지 않고 무모한 군사 행동을 하다가는 오히려 공략당해 전원이 포로가 될 수도 있다.

어느 경우라도 적을 업신여겨 쉽게 생각함이 없어야 하는 것이다.

兵은 非益多[1]也니라 惟無武進[2]하고 足以併力[3] 料敵[4]하여 取人[5]而已니라 夫惟無慮[6]而易敵者는 必擒於人[7]이니라

1) 非益多(비익다) : 많다고 유익한 것이 아니다.

2) 武進(무진) : 함부로 나아가다. 함부로 진격하다.

3) 併力(병력) : 힘을 아우르다. 전력을 합치다.

4) 料敵(요적) : 적의 실정을 헤아리다.

5) 取人(취인) : 적에게 승리를 거두다. '인(人)'은 적이라는 뜻.

6) 無慮(무려) : 생각이 없다. 곧 계략이 없다.

7) 擒於人(금어인) : 적에게 사로잡히다.

〔실례 1〕
※적을 업신여겨서는 안된다.

─한신(韓信)이 제(齊)나라를 공격했을 때 초나라에서 용저(龍且)를 대장으로 삼아 20만 대군을 파견해 제(齊)나라를 도왔다.

양쪽 군대가 유수(濰水)를 사이에 두고 진을 쳤다. 밤에 한신은 1만이 넘는 포대에다 모래를 넣어 그것으로 유수의 상류를 막게 했다.

날이 새자, 한신은 군사를 이끌고 이미 물이 빠진 유수를 건너 용저의

군사를 습격했는데 용저의 군사가 반격하자 한신의 군사는 지는 척 도망쳐 돌아왔다.

용저는 그 광경을 보고 크게 기뻐하며

"한신이 겁쟁이란 것은 오래 전부터 알고 있었다."

하고는 추격명령을 내렸다.

용저의 군대가 추격하여 물이 흐르지 않는 유수로 들어서자 한신은 재빨리 강물을 막고 있던 포대를 치우게 했다. 막혔던 물이 한꺼번에 쏟아져내리자 용저의 군사들은 강을 건너지 못하고 그 자리에서 꼼짝하지 못했다.

이때를 기다리고 있던 한신은 급습하여 어렵지 않게 용저를 죽였다. 유수 동쪽 언덕에 남아 있던 용저의 군사는 그 광경을 보고 패주하였다. 그러자 한신은 도망치는 적을 쫓아 드디어 성양(城陽)에 이르러 초나라 병사를 모두 사로잡았다.

초나라 용저는 거짓으로 도망치는 한신의 군대를 업신여겨 상대의 계략을 살피지 않고 경솔하게 행동함으로써 죽음까지 갔던 것이다.

〔실례 2〕

※ 인원수가 많아 오히려 패배하다

서기 383년 사현(謝玄)이 이끄는 진(晉)나라의 군대가 비수(淝水) 강가에서 진(秦)나라의 대군과 대치하였다. 장기전이 되면 진(晉)나라 군대에게는 승산이 없었으므로 사현은 적군의 장수인 부견(符堅)에게 사람을 보내 이렇게 말했다.

"당신네 군대에서 조금만 후퇴해준다면 우리 군대가 강을 건너갈 것이니 한판 승부를 겨루어 볼 생각은 없는가?"

부견이 이 말을 받아들이자 진(秦)나라의 여러 장수들이

"병력은 아군이 압도적으로 우세합니다. 만일 적군을 건너오지 못하게 한다면 아군이 불리할 것은 하나도 없습니다."

하고 반대했지만 부견은

"아군이 조금 후퇴해 주는 척하면서 적군이 강물을 반쯤 건너왔을 때 기병대를 보내 단숨에 쳐부순다면 아군의 승리는 의심할 여지가 없소"

하고 전군에게 후퇴명령을 내렸다. 그런데 워낙 대군이다보니 한번 후퇴하기 시작한 군대를 쉽게 멈출 수가 없었다.

이 틈에 진(晉)나라 군대는 강을 건너와 일제히 공격했으므로 진(秦)나라의 대군은 크게 격파되어 패주하고 말았다.

인원수가 많은 것이 오히려 화근이 되었던 것이다.

18. 복종하지 않으면 부리기 어렵다

병졸이 아직 친하게 따르기 전에 벌을 주면 복종하지 않게 되고 복종하지 않으면 쓰기 어려워진다. 병졸이 이미 친하게 따르는데 벌이 행해지지 않으면 쓸 수가 없게 된다.

▨지휘자와 병졸들의 사이가 아직 친숙해지기도 전에 엄벌로 다스린다면 병졸들은 벌이 무서워서 겉으로는 순종하는 듯이 행동하지만 마음으로부터 우러나오는 복종은 아니다. 진심으로 명령에 복종하지 않으면 뜻대로 부리기가 어렵게 된다.

그러나 서로에게 어느 정도 익숙해진 뒤에 잘못이 있어도 벌을 주지 않는다면 그 병졸들은 안하무인이 되어 자기 뜻대로 행동하게 되므로 통제하기 어렵게 된다. 그래서 필요한 대로 부릴 수가 없게 되는 것이다.

卒未親附[1]하여 而罰之[2]면 則不服하고 不服이면 則難用[3]也니 卒已親附하여 而罰不行[4]이면 則不可用[5]也니라

1) 未親附(미친부) : 아직 친하게 따르기 전.

2) 罰之(벌지) : 그것을 벌하다. 벌을 주다.

3) 難用(난용) : 부리기 어렵다.

4) 罰不行(벌불행) : 벌이 행해지지 않다.

5) 不可用(불가용) : 쓸 수가 없다. 부릴 수가 없다.

〔실례〕
※법을 엄격하게 행하다
一제(齊)나라 경공(景公)이 사마양저(司馬穰苴)를 장군에 임명하여 진(晉)나라와 연(燕)나라를 공격하게 했다.
이때 사마양저가 경공에게 말했다.
"신은 비천한 출신으로 장군에 발탁되어 사병들은 아직 진심으로 신을 따르고 있지 않습니다. 이런 상태로는 명령을 해도 복종하지 않을까 걱정입니다. 그러니 주군께서 총애하시는 신하 한 사람을 뽑아 누구나가 존경하는 사람을 군감찰로 선정하시어 신에게 붙여 주시옵소서."
이에 제나라 경공은 장고를 선택하여 양저를 돕게 했다.
양저는 장고에게
"내일 정오에 군문(軍門)에서 만납시다."
라고 약속하고는 헤어졌다.
다음날 장고는 약속 시간보다 훨씬 늦은 저녁때에 도착했다.
양저는 이미 부대를 면밀하게 점검하고 군령을 정해 하달했으며 군령이 군사들 사이에 골고루 전달되어 있었다.
친척과 측근들의 전송을 받느라고 늦었다는 장고의 변명을 듣고 양저가 말했다.
"장수가 된 자는 출진 명령을 받는 날 집을 잊고, 군령을 정하면 육친을 잊고, 공격의 북이 울리면 몸을 잊는 법이다. 모든 관료나 백성들의 생명은 귀관에게 달려 있다. 사사로운 일로 늦어서야 되겠는가."
그리고는 군법관을 불러 물었다.
"군법에서 약속 시간에 늦는 자는 어떤 죄에 해당되는가?"
"참죄(斬罪)입니다."
곧 군법에 따라 장고는 참해지고 이 일은 전군에게 알려졌다. 모든 사졸은 두려워하였다.

양저는 장군으로서 받는 모든 것을 전부 사졸들에게 나눠주고 음식도 사졸과 똑같이 먹었다. 사졸들의 숙사나 우물, 취사도구까지 손수 돌봐주고 병자를 조사하여 약을 먹이기도 했다.

사졸들은 힘이 솟고 사기가 올라 양저를 위해 싸우려고 했다. 이 말을 듣고 진나라 군사와 연나라 군사는 군사를 거두어 물러갔다. 양저는 침략당하고 있던 제나라 영토를 되찾아 귀환했다.

사마양저는 적절한 형벌의 엄격함을 보여주고 병사들을 가까이 하여 친밀해짐으로써 병사들의 마음을 얻어 마음대로 부릴 수 있게 되었기에 그 군대의 힘은 막을 수 없을 것을 알고 두 나라 군대는 싸우지도 않고 물러간 것이다.

19. 반드시 승리하는 것

그러므로 명령하되 문덕(文德)으로써 하고 가지런히 하되 무위(武威)로써 하는 이것을 필취(必取)라 이르는 것이다.

명령이 평소에 행해져서 그것으로써 그 백성을 가르치면 백성들이 복종하고 명령이 평소에 행해지지 않는데도 그것으로써 그 백성을 가르치면 백성들은 복종하지 않는다.

명령을 평소에 믿음이 있게 한 자는 백성과 더불어 서로 뜻이 맞음을 얻는 것이다.

▨군대의 장수나 나아가 한 나라의 군주 등 지도자의 위치에 있는 자는 평소에 덕과 예절을 지켜 어진 정치를 베풀고 법령이 잘 지켜지도록 위엄을 갖추어야 한다.

장수가 부하들에게 덕과 예절을 지켜 명령하고 위엄과 군률로써 지휘체계를 바로잡아 군대의 질서가 잘 유지되는 군대를 필취(必取)의 군대라고 말한다.

문덕(文德)으로써 교화될 때 백성들은 마음으로부터 국가의 명령에 복종할 뿐만 아니라 자신의 목숨도 국가를 위해 기꺼이 바치는 것이다.

　故로 令之以文[1]하고 齊[2]之以武[3]를 是謂必取[4]니라 令素行[5]하여 以敎其民이면 則民服하고 令不素行하여 以敎其民이면 則民不服이니라 令素信著者는 與衆[6]相得[7]也니라

1) 文(문) : 문덕(文德). 질서나 예절 등.
2) 齊(제) : 가지런히 하다. 정제하다.
3) 武(무) : 무위(武威). 무(武)의 위엄.
4) 必取(필취) : 싸우면 반드시 승리한다는 뜻.
5) 素行(소행) : 평소부터 행해지다. 평소에도 행해지다.
6) 與衆(여중) : 백성들과 더불어.
7) 相得(상득) : 서로 얻다. 곧 서로 뜻이 맞다.

제10편 지형지물
(地形篇第十)

— 6가지 지형 —

1. 지형에는 6가지가 있다

손자가 말하였다.

"지형에는 통형(通形)이라는 것이 있고 괘형(挂形)이라는 것이 있고 지형(支形)이라는 것이 있고 애형(隘形)이라는 것이 있고 험형(險形)이라는 것이 있고 원형(遠形)이라는 것이 있다."

▨여러 지형 가운데 병법에서의 지형에 6가지가 있는 것을 설명했다. 그것은 통형과 괘형과 지형과 애형과 험형과 원형의 6가지이다. 실전의 전투에서는 주위의 지형을 잘 관찰하여 그 이로움을 살리는 전략을 세워 전투를 행하는 것이 승리의 첩경이다.

孫子曰 地形에 有通者[1]하고 有挂者[2]하고 有支者[3]하고 有隘者[4]하고 有險者[5]하고 有遠者[6]니라

1) 通者(통자) : 통형(通形)이라는 것. 사방으로 통하는 지형.

2) 挂者(괘자) : 괘형(挂形)이라는 것. 그물과 같이 한번 들어가면 나오기 어려운 지형.

3) 支者(지자) : 지형(支形)이라는 것. 서로 지탱하는 산.

4) 隘者(애자) : 애형(隘形)이라는 것. 양쪽 산이 계곡으로만 통하는 것.

5) 險者(험자) : 험형(險形)이라는 것. 언덕이나 능선으로 되어있는 것.

6) 遠者(원자) : 원형(遠形)이라는 것. 멀리 떨어져 있는 것.

2. 통형(通形)의 지형에서는

우리가 갈 수 있고 저들이 올 수도 있는 지형을 통(通)이라고 한다. 통형(通形)에서는 먼저 높은 양지에 자리잡고 식량의 보급로를 편리하게 해놓고 나서 싸우면 유리하다.

▨사방으로 거리낌 없이 통하는 지형을 통형(通形)이라고 한다. 통형에서는 이쪽이나 저쪽이나 모두 왕래가 편리하다.

이런 지형에서는 되도록 높은 양지를 먼저 점령해야 하는데 왕래가 자유로운 곳이므로 자칫하다가는 식량의 보급로가 적에 의해 끊어질 염려가 있다. 그러므로 식량보급로만 충분히 확보해 놓으면 유리한 전투를 할 수가 있다.

我可以往[1]하고 彼[2]可以來를 曰通이니라 通形者는 先居高陽[3]하고 利糧道[4]면 以戰則利니라

1) 可以往(가이왕) : 갈 수 있다.

2) 彼(피) : 저들. 곧 적군을 가리킨다.

3) 先居高陽(선거고양) : 먼저 높은 양지에 자리잡다.

4) 利糧道(이양도) : 식량의 보급로를 편리하게 하다.

3. 괘형(挂形)의 지형에서는

갈 수는 있으나 다시 돌아오기가 아주 어려운 지형을 괘(挂)라

고 한다.

괘형(挂形)에 있어서는 적의 대비가 없으면 나가서 승리한다. 그러나 만약 적에게 대비가 있으면 나가서 싸워도 승리하지 못하고 돌아오기가 어려우니 이롭지 못하다.

▨괘형(挂形)은 이쪽에서 전진하기에는 편리한 지형이지만 되돌아 나오기는 어려운 곳이다.

이러한 지형에서는 적이 아무런 대비책 없이 있다가 공격당한다면 이쪽이 승리를 거둘 수도 있겠으나 만약 적이 충분히 대비하고 있다가 반격하면 싸워도 승리를 거두지 못할 뿐 아니라 후퇴하기조차 어렵기 때문에 이쪽은 매우 불리한 싸움이 되고 만다는 것이다.

可以往이나 難以返[1]을 曰挂니라 挂形者는 敵無備[2]면 出而勝之[3]니라 敵若有備면 出而不勝[4]하고 難以返하여 不利니라

1) 難而返(난이반) : 돌아오기가 어렵다. 후퇴하기 어렵다.
2) 敵無備(적무비) : 적에게 방비가 없다. 적이 대비책이 없거나 불충분하게 대비하는 것.
3) 出而勝之(출이승지) : 나아가 싸우면 승리한다.
4) 出而不勝(출이불승) : 나가서 싸워도 승리하지 못한다.

4. 지형(支形)의 지형에서는

우리가 나아가도 불리하고 적이 출격해도 불리한 지형을 지(支)라고 한다.

지형(支形)에 있어서는 적이 비록 우리에게 이롭게 하더라도 우리가 나아가서는 안된다.

군대를 이끌고 그곳을 떠나 적으로 하여금 반쯤 나오게 하여 그들을 공격하면 유리한 것이다.

▨양쪽이 다 유리한 곳에 진을 치고 오랫동안 대치하고 있는 상태에서 중간쯤에 습지나 강이나 협곡같은 것이 있는 것이 지형(支形)이다. 이런 곳에서는 이쪽이 먼저 출격해도 불리하고 적이 먼저 출격해도 불리하다. 곧 어느쪽이던 먼저 출격하는 쪽이 불리한 지형이다. 이런 곳에서는 적이 이로움으로써 이쪽을 유인하더라도 출격해서는 안된다.

이쪽의 군대를 이끌고 그곳을 떠나는 척하여 적을 속여서 적군으로 하여금 반쯤 쫓아나오게 한 뒤에 그들을 반격하는 것이 유리한 전략이라는 것이다.

我出而不利[1]하고 彼出而不利를 曰支니라 支形者는 敵雖利我[2]나 我無出[3]也니라 引而去[4]하여 令敵半出[5]而擊之 利니라

1) 我出而不利(아출이불리) : 우리가 출격해도 이롭지 않다.
2) 敵雖利我(적수리아) : 적이 비록 우리를 이롭게 이끌다.
3) 我無出(아무출) : 우리가 나가서는 안된다.
4) 引而去(인이거) : 우리 군대를 이끌고 떠나다.
5) 令敵半出(영적반출) : 적으로 하여금 반쯤 나오게 하다.

5. 애형(隘形)의 지형에서는

애형(隘形)인 곳에서는 우리가 먼저 그곳을 차지하고 나서 반드시 방비태세를 충실하게 하고 그것으로써 적을 기다려야 하는 것이다.

만약 적이 먼저 그곳을 차지하고 있으면서 방비태세가 충실하면 쫓아가서 싸우지 말고 방비태세가 충실하지 않으면 쫓아가서 싸운다.

▨사방이 높고 험한 산으로 둘러싸여 있고 입구가 좁은 것이 애형(隘形)이다. 이런 곳에서는 먼저 점거하는 쪽이 유리하다. 그러므로 이런

곳은 적이 점거하기 전에 그들보다 앞질러 점거한 다음 입구의 경비를 충실하게 하고 적군이 공격해 오기를 기다리는 것이 유리하다.

만약 적이 먼저 그곳을 점거하고 있다면 점거하고 있는 적의 경비태세가 완전하면 그들을 상대하여 싸울 생각을 하지 않는 것이 좋고 경비태세가 허술하면 공격해 들어가도 된다는 것이다.

애형의 지형에서는 어느 편에서나 먼저 점거한 쪽에서 입구의 단속만 잘하면 유리한 곳이 애형이다.

隘形者는 我先居之[1]하고 必盈之[2] 以待敵[3]이니 若敵先居之면 盈而勿從[4]하고 不盈而從之[5]니라

1) 我先居之(아선거지) : 우리가 먼저 그곳을 차지하다. '거지(居之)'는 그 곳을 점거한다는 뜻.

2) 盈之(영지) : 경비태세를 충실하게 하다.

3) 待敵(대적) : 적을 기다리다. 곧 적이 공격해 오기를 기다리다.

4) 盈而勿從(영이물종) : 적의 경비태세가 충실하면 쫓아가지 말라. '물종(勿從)'은 쫓아가 싸우지 말라는 뜻. 공격하지 말라는 뜻.

5) 從之(종지) : 공격하여 점거해야 한다는 뜻.

6. 험형(險形)인 지형에서는

험형(險形)인 곳에서는 우리가 먼저 그곳을 점거하고 반드시 높은 양지를 차지하여 그것으로써 적을 기다려야 한다.

만약 적이 먼저 그곳을 점거하였으면 이쪽의 군대를 이끌고 그 곳을 떠나야 하고 적을 쫓아가 싸우지 말아야 한다.

▨지형이 험난하고 좁은 것이 험형(險形)이다. 이런 험한 지형은 천연의 요새라 할 수 있는 곳이다. 이런 요새는 적에게 빼앗기기 전에 그들보다 앞질러 점거하고 높은 양지에 진을 치고 적이 공격해 오기를 기다

려야 한다.

　그러나 만약 적이 재빠르게 앞질러 그곳을 점거하고 있다면 이쪽에서는 무모하게 그곳을 공격하겠다는 어리석은 생각을 버리고 군대를 이끌고 후퇴하는 것이 상책이라는 것이다.

　險形者는 我先居之하여 必居高陽以待敵이니라 若敵先居之면 引而去之하고 勿從也[1]니라

1) 勿從也(물종야) : 적군을 쫓아가서 싸우지 말아야 한다는 뜻.

7. 원형(遠形)의 지형에서는

　원형(遠形)인 곳에서는 세력이 균등(均等)하면 그것으로써 싸움을 걸기가 어려우니 싸워도 이롭지 못하다.

　무릇 이 6가지는 지형을 이용한 방법으로 장수의 지극한 임무이니 살피지 않을 수 없는 것이다.

　▨적과 이쪽이 서로 멀리 떨어져 있는 경우가 원형이다. 서로 멀리 떨어져 있으면 양군의 병력이 비슷할 때 공격하는 쪽이 불리하게 되기 쉽다. 그 까닭은 먼 거리의 행군으로 병사들이 피로해지고 보급로가 멀어져 불리하기 때문이다.

　이상은 통형 괘형 지형 애형 험형 원형의 6가지 지형에 따라 싸우는 방법의 원칙이다. 이러한 지형을 판단하고 행동에 옮기는 것은 장수에게 매우 중요한 임무이다. 이 6가지 지형에 대한 충분한 관찰과 이해가 있어야 할 것이다.

　遠形[1]者는 勢均[2]이면 難以挑戰[3]이니 戰而不利니라
　凡 此六者[4]는 地之道[5]也로 將之至任[6]이니 不可不察也니라

1) 遠形(원형) : 양군의 위치가 서로 멀리 떨어져 있는 지형.

2) 勢均(세균) : 세력이 균등하다. 세력이 비슷하다.

3) 挑戰(도전) : 싸움을 걸다.

4) 六者(육자) : 통형(通形) 괘형(挂形) 지형(支形) 애형(隘形) 험형(險形) 원형(遠形)의 6가지 지형(地形).

5) 地之道(지지도) : 지형을 이용하여 싸우는 방법.

6) 至任(지임) : 지극한 임무. 중요한 임무.

8. 이 6가지가 장수의 과실이다

그러므로 군대에는 주(走)라는 것이 있고 이(弛)라는 것이 있고 함(陷)이라는 것이 있고 붕(崩)이라는 것이 있고 난(亂)이라는 것이 있고 배(北)라는 것이 있다.

무릇 이 6가지는 하늘의 재앙이 아니요, 장수의 잘못인 것이다.

▨인력으로 어찌할 수 없는 6가지 지형에 의한 전투 작전에 대해 설명하고 다시 6가지 병사에게 나타나기 쉬운 현상을 말했다. 이 6가지 병사들의 현상은 장수의 잘못으로 하늘이 내리는 재앙이 아니요, 인간에 의해 생기는 재앙인 것이다.

『맹자』에 보면 '천시(天時)가 지리(地利)만 같지 못하고 지리가 인화(人和)만 같지 못하다'고 했다. 특히 전투에서는 장수의 판단과 통솔력이 승패를 좌우하는 것으로 깊이 통찰해야 한다.

故로 兵有走者하고 有弛者하고 有陷者하고 有崩者하고 有亂者하고 有北者[1]니라 凡此六者는 非天之災[2]오 將之過[3]也니라

1) 北者(배자) : 싸움에서 패하고 도망하는 자.

2) 非天之災(비천지재) : 천재(天災)가 아니다. 하늘이 내리는 재앙이 아니다.

3) 將之過(장지과) : 장수의 잘못.

9. 하나로 열을 공격하는 것을 주(走)라 한다

대저 세력은 균등한데 하나로써 열을 공격하는 것을 주(走)라 고 한다. 병졸은 강하고 장교는 약한 것을 이(弛)라고 한다. 장 교는 강하고 병졸은 약한 것을 함(陷)이라고 한다.

▨장수의 잘못으로 생기는 재앙 중 3가지를 먼저 말했다.

첫째 이쪽과 적의 세력이 균등하다년 적의 군사와 이쪽의 군사를 대 등한 수로 싸우게 하는 것이 마땅한 일이다. 그런데 장수가 이쪽 군사 한 사람으로써 적병 10사람을 상대하여 싸우게 한다면 1대 10의 싸움이 되 니 그 결과 병사들이 감당하지 못하고 도망갈 것이 뻔하다. '주(走)'는 달아난다는 뜻이다.

둘째 병졸들의 전력은 강하건만 그들을 지휘하는 장교들이 허약하다 면 병졸들은 저들의 지휘관을 업신여기게 되고 그렇게 되면 군대의 기 강이 해이해져 병졸들이 지휘관의 명령을 따르지 않게 된다. 명령이 제 대로 행해지지 않으면 싸움을 할 수 없게 된다. '이(弛)'는 해이해진다 는 뜻이다.

셋째 앞의 경우와는 반대로 전쟁에서는 최전방에서 싸우는 병졸들이 강해야 하는데 장수들은 강하건만 병졸들의 전력이 약한 경우, 승리를 기대하기는 어렵게 된다. '함(陷)'은 결함이 있다는 뜻이다.

夫勢均하여 以一擊十[1]을 曰走니라 卒强吏弱[2]을 曰弛니라 吏强 卒弱을 曰陷이니라

1) 以一擊十(이일격십) : 하나로써 열을 공격하다. 곧 한 사람의 병사가 적 의 병사 열 명을 상대로 하여 싸운다는 뜻.

2) 卒强吏弱(졸강이약) : 병졸은 강하고 장교는 약하다. 이는 장교, 장군.

10. 능력을 알지 못하는 것이 붕(崩)이다

고급 장교가 노하여 복종하지 않고 적을 만나면 원망하면서 마음대로 싸우며, 장수는 그의 능력을 알지 못하는 것을 붕(崩)이라고 한다.

▨장수의 잘못으로 생기는 네번째의 재앙이다. 장수가 휘하 장교의 능력을 인정하여 활용할 줄 모르면 고급 장교가 불평을 품어 장수의 명령에 복종하지 않게 된다. 그 불평을 품은 마음으로 적을 만나면 장수의 명령을 기다리지 않고 자기 마음대로 싸운다. 장수 또한 이러한 장교를 언짢게 생각하고 장교의 능력을 알려고 하지 않게 된다. 이런 군대는 질서와 기강이 무너진 것이니 '붕(崩)'은 무너진다는 뜻이다.

大吏[1]가 怒而不服[2]하여 遇敵懟而自戰[3]하고 將不知其能을 曰崩이니라

1) 大吏(대리) : 군대의 고급 장교. 장수 휘하의 장교.

2) 不服(불복) : 복종하지 않다. 곧 장수에게 복종하지 않는다는 뜻.

3) 自戰(자전) : 스스로 싸우다. 곧 장수의 명령을 받지 않고 마음대로 싸운다는 뜻.

11. 진(陳)을 종횡으로 한 것이 난(亂)이다

장수가 약해서 엄하지 못하고 교도(敎道)가 분명하지 못하며 장교와 병졸들이 일정함이 없고 싸움에서 진(陳)을 칠 때 종횡(縱橫)으로 하는 것을 난(亂)이라고 한다.

▨장수의 잘못으로 생기는 다섯째의 재앙이다. 장수의 의지가 약해서

위엄을 보이지 못하고 군사훈련 또한 철저하게 행하지 못한다. 그러므로
장교나 병졸들에게 일정한 규율이 행해지지 못하고 이런 상태에서 전투
가 벌어지면 진을 치는 것도 통일된 것이 없기 때문에 혹은 세로로 혹은
가로로 진을 쳐 일정한 대형을 갖추지 못하게 되니 이러한 군대를 어지
러운 군대라고 한다. '난(亂)'은 혼란에 빠진다는 뜻이다.

　將弱不嚴[1]하고 敎道[2]不明하며 吏卒無常[3]하고 陳兵[4]縱橫[5]을 曰
亂이니라

1) 不嚴(불엄) : 엄하지 못하다. 곧 위엄이 없다.

2) 敎道(교도) : 군사를 훈련하는 방법. 군사훈련의 방법.

3) 無常(무상) : 일정함이 없다. 곧 일정한 규율이 없다는 뜻.

4) 陳兵(진병) : 싸움에서 진을 치다. '진(陳)'은 진(陣)과 같다.

5) 縱橫(종횡) : 가로 세로로 제멋대로다.

12. 군대에 선봉대가 없는 것을 배(北)라 한다

　장수가 적을 헤아리지 못하여 적은 병력으로써 많은 적과 맞붙
고 약한 병력으로써 강한 적을 공격하여 군대에 선택된 선봉대가
없는 것을 배(北)라고 한다.

　무릇 이 6가지는 패배하는 길이다. 장수의 지극한 임무이니 살
피지 않을 수 없는 것이다.

　▨장수의 잘못으로 생기는 여섯째의 재앙이다.

　만약 장수가 적군의 실정을 정확히 헤아릴 만한 능력이 없다면 적군
의 실정을 잘못 파악하여 소수의 병력으로써 많은 적군과 맞붙어 싸우
게 하거나 약한 병력으로써 강한 적군을 공격하게 하는 등의 잘못을 저
지른다.

　이렇게 되면 능력있는 정예부대를 뽑아 선봉에 내세워 당당하게 싸울

생각을 할 수가 없게 된다. 선봉대도 없이 상황 파악도 제대로 못하는 군대는 잘 갖추어진 정예부대의 강력한 적군에게 쫓겨 도망하게 되니 이런 군대를 배(北)라고 한다. '배(北)'는 패전하여 도망간다는 뜻이다.

將不能料敵[1]하여 以少合衆[2]하고 以弱擊强[3]하며 兵無選鋒[4]을 曰北니라 凡 此六者[5]는 敗之道[6]也니라 將之至任이니 不可不察也니라

1) 料敵(요적) : 적을 헤아리다. 적의 상황을 파악하다.

2) 以少合衆(이소합중) : 소수의 병력으로써 많은 적군과 맞붙다. 소(少)는 소수의 병력, 중(衆)은 적의 대군을 뜻한다.

3) 以弱擊强(이약격강) : 약한 병력으로써 강한 적을 공격하다.

4) 選鋒(선봉) : 선택된 정예의 선봉대.

5) 六者(육자) : 주(走) 이(弛) 함(陷) 붕(崩) 난(亂) 배(北)의 6가지.

6) 敗之道(패지도) : 패배(敗北)하는 길.

13. 상장군(上將軍)의 도리

대저 지형(地形)이라는 것은 전쟁에서 도움이 되는 것이다. 적을 헤아려서 승리를 제압하여 험하고 좁고 멀고 가까움을 계산하는 것은 상장군(上將軍)의 도리이다.

이것을 알고 싸우는 사람은 반드시 승리하고 이것을 알지 못하고 싸우는 사람은 반드시 패배한다.

지형이라는 것은 전쟁에서 승리를 돕는 보조적인 것이다. 그러므로 상장군(上將軍)은 적의 실정을 충분히 파악하고 지형의 험하고 좁고 멀고 가까움을 헤아려서 거기에 맞는 승리할 수 있는 전략을 세워야 한다.

지형에 대한 이치를 충분히 알고 싸움에 활용하는 장수는 반드시 승리하고 그것을 모르고 싸움에서 지형을 이용하지 못하는 장수는 반드시 패배한다는 것이다.

夫地形者는 兵之助[1]也니 料敵制勝[2]하여 計險阨[3]遠近은 上
將[4]之道也니라 知此而用戰[5]者는 必勝하고 不知此而用戰者는 必
敗니라

1) 兵之助(병지조) : 전쟁에서 도움이 되다. 보조적인 역할을 한다.

2) 制勝(제승) : 승리를 제압하다. 승리하다의 뜻.

3) 險阨(험액) : 지형이 험하고 좁다.

4) 上將(상장) : 우두머리 장수. 상장군.

5) 用戰(용전) : 싸움을 하다.

14. 이런 때는 군주의 명을 어겨도 된다

그러므로 전쟁의 도리가 반드시 승리하게 되어 있으면 군주가
싸우지 말라고 하더라도 반드시 싸워도 된다. 전쟁의 도리가 승
리하지 못하게 되어 있으면 군주가 반드시 싸우라고 하더라도 싸
우지 않아도 된다.

그러므로 나아감에 명예를 구하지 않고 물러섬에 죄를 피하지
않으며 오직 백성을 보호하여 군주를 이롭게 하는 것이 나라의 보
배이다.

▨전시에 있어서는 군사를 장악하고 있는 장수의 확고한 신념으로써
군주의 지엄한 명령이라도 어길 수가 있다는 이야기이다.

장수의 판단으로 반드시 승리할 것이라고 자신하는 싸움이라면 싸움
터의 실정을 잘 모르는 군주가 싸우지 말라고 명령하더라도 싸워야 하
고 이와는 반대로 군주가 꼭 싸우라고 엄명을 내리더라도 장수로서의 판
단으로는 도저히 승리할 가망이 없으면 싸우지 않아도 된다. 전쟁의 첫
째 목표는 승리를 거두는 데에 있기 때문이다.

이와 같이 하여 비록 승리를 거두었다고 하더라도 장수는 결코 명예
를 구하려 하지 말아야 한다. 그 승리에는 군주의 지엄한 명령을 어긴 죄

과가 있는 것이니 오직 묵묵히 백성을 보호하는 데에만 힘써야 할 것이
다. 그것이 군주에게 이로움을 주는 길이요, 그래야 국가의 보배가 되는
것이다.

　만약 군주의 명령을 어기면서 싸우다가 패전하였다면 그 장수는 패전
에 대한 책임을 회피하지 말고 그 죄에 대한 벌을 기다리는 것이 떳떳한
모습이다.

　故로 戰道[1]必勝이면 主[2]曰無戰[3]이라도 必戰可[4]也하고 戰道不
勝이면 主曰必戰이라도 無戰可也니라 故로 進不求名[5]하고 退不避
罪하며 唯民是保[6]하여 而利合於主[7]가 國之寶也니라

1）戰道(전도) : 전쟁의 도리. 곧 전쟁의 원리. 전쟁이 진행되는 상황.

2）主(주) : 군주. 임금.

3）曰無戰(왈무전) : 싸우지 말라고 말하다.

4）必戰可(필전가) : 반드시 싸워도 된다.

5）進不求名(진불구명) : 나아감에 명예를 구하지 않다. '진(進)'은 승리를
　　뜻한다.

6）唯民是保(유민시보) : 오직 백성을 보호하다.

7）利合於主(이합어주) : 군주에게 이롭게 하다.

15. 군졸을 아들과 같이 여기면 함께 죽는다

　군졸 보기를 어린아이와 같이 한다. 그러므로 그와 더불어 깊
은 계곡에도 들어갈 수가 있다. 군졸 보기를 사랑하는 아들과 같
이 한다. 그러므로 그와 더불어 함께 죽을 수가 있다.

　후하게 대하되 부리지 못하고 사랑하되 명령하지 못하고 문란
한데도 다스리지 못하면 비유컨대 교만한 아들과 같아서 쓸 수 없
게 되는 것이다.

▨장수는 군졸을 사랑해야 하지만 너무 지나치게 사랑해서는 안된다는 말이다.

장수가 자기의 군졸들을 어린아이처럼 귀여워하고 아들처럼 사랑한다면 군졸들은 위험한 깊은 골짜기에라도 장수와 함께 들어갈 수 있고, 장수와 함께 죽기로 싸워 목숨을 바칠 수 있는 것이다.

그러나 군졸들을 지나치게 후대하면 부릴 수 없게 되고 지나치게 사랑하면 명령에 복종하지 않게 되고 어지럽게 굴어도 다스릴 수 없게 된다. 이것은 이를테면 버릇없이 자란 교만한 아들과 같아서 아무짝에도 쓸모가 없게 된다는 것이다. 그러므로 적절한 베풂이 있어야 한다는 것이다.

視卒如嬰兒하라 故로 可與之[1]赴深谿[2]니라 視卒如愛子하라 故로 可與之俱死[3]니라 厚而不能使하고 愛而不能令하고 亂而不能治면 譬如驕子[4]하여 不可用[5]也니라

1) 與之(여지) : 그와 더불어. 곧 장수와 함께.

2) 赴深谿(부심계) : 깊은 계곡으로 들어가다. 죽음의 골짜기로 들어가다.

3) 俱死(구사) : 함께 죽다.

4) 驕子(교자) : 교만한 아들.

5) 不可用(불가용) : 쓸 수 없다.

〔실례〕

※장수가 부하를 사랑하면 생사를 함께 하게 된다.

─춘추전국시대의 위(衛)나라 사람 오기(吳起)는 위(魏)나라의 문후(文侯)가 어진 임금이라는 말을 듣고 신하가 되려고 생각했다.

오기의 생각을 안 문후가 이극(李克)에게 물었다.

"오기란 어떤 인물인가?"

"오기는 명예를 탐내는 인물입니다. 그러나 용맹에 있어서는 사마양저(司馬穰苴)도 따르지 못합니다."

마침내 위나라 문후는 오기를 받아들여 장군으로 임명해서 진(秦)나라를 치게 했다.

오기는 싸움에 나아가 진나라의 다섯 성을 함락시켰다.

오기는 병졸들과 의식을 같이 하고, 잘 때도 요를 깔지 않고, 수레나 말을 타지 않고, 스스로 양식을 운반하는 등 병사들과 노고를 같이했다.

어느날 병사 중 종기를 앓는 자가 있어 오기가 직접 그 병사의 종기를 입으로 빨아 고름을 빼주었다.

병사의 어머니가 그 소식을 듣고 슬피울자 이상하게 생각한 사람이 그 까닭을 물었다.

"아드님은 일개 병졸로 장군께서 손수 고름을 빨아 주셨습니다. 그것은 기뻐해야 할 일인데 어째서 우십니까?"

"그렇지 않습니다. 옛날에 오장군은 그 애 아버지의 고름도 빨아 주셨습니다. 그 애 아버지는 감격하여 오장군의 은혜에 보답하기 위해 싸움에서 한 걸음도 물러나지 않다가 그만 적진에서 쓰러지고 말았습니다. 이번에 또 장군이 그 애의 고름을 빨아 주셨다면 그 애도 틀림없이 감격하여 목숨 바쳐 싸울 것이니 어디서 전사할지 모르는 일입니다."

'군사 대하기를 어린아이 같이 하고 군사 사랑하기를 아들같이 한다. 그러므로 함께 깊은 골짜기도 갈 수 있고 함께 죽을 수도 있다'고 한 것의 한 예이다.

16. 절반만 승리하는 것

나의 군졸이 공격할 수 있음을 알면서 적군을 공격할 수 없음을 알지 못하면 승리의 반이다.

적군을 공격할 수 있음을 알면서도 나의 군졸이 공격할 수 없음을 알지 못하면 승리의 반이다.

적군을 공격할 수 있음을 알고 나의 군졸이 공격할 수 있음을 알면서도 지형이 싸울 수 없음을 알지 못하면 승리의 반이다.

▨아군의 전력이 적을 공격하여 승산이 있을 것을 알면서도 적군의 전력과 준비태세를 알지 못하여 공격했을 때 승산이 있는지 없는지 모른다면 승리할 수 있는 비율은 반이다.

그리고 적의 전력과 기세가 불완전하여 능히 공격해도 될 수 있음을 알고 있으면서도 아군의 전력을 알지 못하여 공격했을 때 승산이 있는지 없는지를 알지 못한다면 역시 승리할 수 있는 비율은 반이다.

또 적의 실정을 파악하고 아군의 실력을 잘 알고 있다 하더라도 지형적인 조건이 도저히 싸울 곳이 못된다는 것을 알지 못한다면 역시 승리할 수 있는 비율은 반밖에 되지 않는 것이다.

知吾卒之可以擊[1]하고 而不知敵之不可擊[2]이면 勝之半[3]也니라 知敵之可擊하고 而不知吾卒之不可以擊이면 勝之半也니라 知敵之可擊하고 知吾卒之可以擊하며 而不知地形之不可以戰[4]이면 勝之半也니라

1) 可以擊(가이격) : 공격할 수 있다. 공격하여 승리할 수 있다.
2) 敵之不可擊(적지불가격) : 적군을 공격할 수 없다. 적의 실정을 파악하지 못하여 승산을 알 수 없는 것.
3) 勝之半(승지반) : 승리의 반. 곧 승패가 반반이라는 말.
4) 地形之不可以戰(지형지불가이전) : 지형의 조건이 싸울 수 없다.

17. 승리를 온전하게 하는 방법

그러므로 전투에서 작전을 아는 사람은 군대를 출동시키되 미혹되지 않고 군사를 일으키되 곤궁하지 않다.

그러므로 말하기를 '적을 알고 나를 알면 승리가 이에 위태롭지 않고 땅을 알고 하늘을 알면 승리가 이에 온전할 수 있다'고

하였다.

▨싸우면 승리로 이끄는 장수는 전쟁의 이치를 잘 알고 있기 때문에 군대를 출동시켜도 망설임이 없고 군사를 일으켜도 궁지에 몰리는 일이 절대로 없다.

그러므로 적의 실정을 파악하고 이쪽의 실정과 전략을 알고서 싸우면 승리는 틀림없이 거두게 되는 것이고 하늘과 땅의 이로움을 충분히 파악하여 이쪽에 유리하도록 활용하면 완전한 승리를 거둘 수 있는 것이다. 요컨대 장수는 항상 적의 전력과 이쪽의 전력을 파악하고 천시와 지리를 잘 활용하는데 힘써야 한다.

故로 知兵者[1]는 動而不迷[2]하고 擧而不窮[3]이니라 故로 曰 知彼知己면 勝乃不殆[4]하고 知地知天[5]이면 勝乃可全이니라

1) 知兵者(지병자) : 전쟁을 아는 자. 전쟁의 이치를 알고 작전을 세워 승리로 이끄는 자.

2) 動而不迷(동이불미) : 군대를 출동시키되 미혹되지 않다. 출동시키는데 있어 망설임이 없다.

3) 擧而不窮(거이불궁) : 군사를 일으키되 궁지에 몰리지 않는다.

4) 勝乃不殆(승내불태) : 승리가 이에 위태롭지 않다. 틀림없이 승리한다.

5) 知地知天(지지지천) : 땅을 알고 하늘을 알다. 곧 천시(天時)와 지리(地利)를 안다는 뜻.

〔실례〕

※ 병사와 생활을 함께 한다

―이광(李廣)과 정불식(程不識)은 다같이 한(漢)나라의 명장으로 흉노족과의 전쟁에서 크게 활약한 사람들이다. 그 두 사람이 부하를 통솔하는 방법은 극히 대조적이었다.

이광은 왕에게 하사받은 것을 고스란히 부하들에게 나누어 주고 음식도 항상 병사들과 똑같이 먹었다. 그래서 부하들은 마음으로부터 이광을

사모하여 어떤 명령에나 기꺼이 복종했다. 그런데 이광의 군대는 행군할 때 대오나 진형이 뒤죽박죽이었고 풀밭에 나가면 병사들과 말을 쉬게 하여 자유롭게 했다. 밤에도 엄격한 경계를 하지 않고 다만 척후병만은 멀리 세워 놓았기 때문에 적군의 습격을 받는 일은 없었다.

　한편 정불식의 군대는 편성으로부터 대오나 진형에 이르기까지 일사불란 하였고, 밤에도 경계를 철저히 했다. 그래서 병사들은 숨 돌릴 겨를조차 없었다.

　정불식은 두 사람의 차이를 이렇게 평했다.

　"이광의 군대는 규율이 지나치게 해이하여 불의의 습격을 받는다면 큰일이다. 그러나 병사들의 행동이 자유롭고 이광을 위해서라면 기꺼이 목숨을 바칠 수 있는 병사들뿐이니 그 힘은 크다. 이에 비해 나의 군대는 규율이 엄격하여 어떠한 적군의 공격을 받아도 요지부동이다."

　결국 이광의 방법과 정불식의 방법이 혼합되어 장점은 더하고 단점은 보충되어 크게 활약할 수 있었던 것이다. 어느 쪽만 있었다면 어려웠을 것이다.

제11편 9가지 땅
(九地篇第十一)

― 9가지 지형에 따라 싸워라 ―

1. 9가지 지형(地形)이 있다

손자가 말하였다.

"용병(用兵)하는 방법에는 산지(散地)가 있고 경지(輕地)가 있고 쟁지(爭地)가 있고 교지(交地)가 있고 구지(衢地)가 있고 중지(重地)가 있고 비지(圮地)가 있고 위지(圍地)가 있고 사지(死地)가 있다."

▨전쟁을 하는데 있어 싸움터가 되는 곳을 성격에 따라 산지(散地), 경지(輕地), 쟁지(爭地), 교지(交地), 구지(衢地), 중지(重地), 비지(圮地), 위지(圍地), 사지(死地)의 9가지로 분류한 것이다.

孫子曰 用兵之法에는 有散地[1]하고 有輕地[2]하고 有爭地[3]하고 有交地[4]하고 有衢地[5]하고 有重地[6]하고 有圮地[7]하고 有圍地[8]하고 有死地[9]니라

1) 散地(산지) : 흩어지기 쉬운 땅.

2) 輕地(경지) : 동요되기 쉬운 땅.

3) 爭地(쟁지) : 빼앗았다 빼앗겼다 하는 땅.

4) 交地(교지) : 출입이 쉽고 편리한 땅.

5) 衢地(구지) : 교통의 요충지.

6) 重地(중지) : 경지에 대비되는 말로 어떤 수로도 움직이게 할 수 없는 땅.

7) 圯地(비지) : 출입이 어려운 황무지의 땅.

8) 圍地(위지) : 산이나 물로 둘러싸인 땅.

9) 死地(사지) : 막판에 이른 절대절명의 땅.

2. 산지(散地) 경지(輕地) 쟁지(爭地)란

제후가 스스로 자기 영토 안에서 싸우는 것을 산지(散地)라고
한다.

남의 땅에 들어가되 깊이 들어가지 않은 것을 경지(輕地)라고
한다.

우리가 얻어도 이롭고 적이 얻어도 또한 이로운 곳을 쟁지(爭
地)라고 한다.

▨9가지 종류의 싸움터 중 3가지이다.

첫째, 산지(散地)의 경우다. 제후 스스로 자기 나라의 땅에서 싸우는
것으로 자기 영토가 싸움터가 되는 것이다. 제후가 직접 전쟁에 나서는
것은 상당히 위급한 상황이라 할 수 있고 한편 병사들은 자기 나라의 영
토가 피폐해지는 것에 대한 부담감이 있으므로 마음이 산만해지기 쉬워
붙여진 말이다.

둘째, 경지(輕地)의 경우다. 적의 나라로 침입해 들어갔다고는 하지
만 아직 깊이 들어가지 못한 지역을 이르는 말이다. 고국과 가까운 곳이
므로 병사들은 고향 생각과 고국에 대한 정보 등으로 자칫 마음이 동요
되기 쉬운 곳이다.

셋째, 쟁지(爭地)의 경우다. 이쪽이나 적군이나 먼저 점령하는 쪽이
승리할 수 있는 전략상 매우 중요한 곳을 이르는 말이다. 이런 지역은 먼

저 점거하려고 필사적으로 싸우다보면 빼앗았다 빼앗겼다 수없이 반복
하게 되는 지역이다.

　諸侯自戰其地[1]者를 爲散地하고 入人之地[2] 而不深者[3]를 爲
輕地하고 我得則利[4]하고 彼得亦利[5]者를 爲爭地니라

1) 自戰其地(자전기지) : 스스로 그 나라 땅에서 싸운다. '其地'는 자기 나
　라의 영토

2) 入人之地(입인지지) : 남의 땅에 들어가다. '人之地'는 적의 영토

3) 不深者(불심자) : 깊숙하게 들어가지 않은 곳.

4) 我得則利(아득즉리) : 우리가 얻으면 이롭다. '득(得)'은 점령한다는 뜻.
　우리가 차지하면 이로운 곳.

5) 彼得亦利(피득역리) : 적이 얻어도 또한 이롭다.

3. 교지(交地) 구지(衢地) 중지(重地)란

　우리가 갈 수도 있고 적이 올 수도 있는 곳을 교지(交地)라고
한다.

　제후의 땅으로 세 나라에 인접해 있어서 먼저 이르면 천하의 백
성을 얻는 곳을 구지(衢地)라고 한다.

　적의 땅 안으로 들어감이 깊어서 성읍(城邑)을 등지는 것이 많
은 곳을 중지(重地)라고 한다.

　▨전항에 이어 9가지 싸움터 가운데 3가지의 싸움터를 말하였다.

　그 넷째, 교지(交地)의 경우다. 이쪽에서 공격하기도 쉽고 또 적이 공
격하기도 쉬운 평탄한 지대를 말한다. 교지의 지역을 먼저 점령한다면
방비를 철저히 하고 한시도 마음 놓아서는 안된다.

　다섯째는 구지(衢地)의 경우이다. 세 나라의 국경이 인접해 있는 교
통이 편리한 요충지를 말한다. 이러한 지역을 점령하고 있으면 천하의

민중을 얻을 수 있는 아주 중요한 곳이므로 그만큼 점령하기도 쉽지 않다. 많은 이해관계가 얽혀 있기 때문에 전력과 계략, 외교전술 등 많은 요건이 필요하다.

여섯째 중지(重地)의 경우다. 이것은 경지(輕地)에 대비가 되는 말로 적국 깊숙이 들어가며 적의 많은 성과 고을을 점령하여 본국과 멀리 떨어져 있게 된다. 이렇게 되면 식량과 전쟁물자의 보급을 본국에서 직접 해올 수 없고 현지에서 자체 조달해야 하며 돌아가려 해도 쉽게 돌아갈 수 없는 상태가 되는 것이다.

我可以往[1]하고 彼可以來者를 爲交地하고 諸侯之地三屬[2]하여 先至[3]而得天下之衆者를 爲衢地하고 入人之地深하여 背城邑多[4]者를 爲重地니라

1) 我可以往(아가이왕) : 우리가 갈 수 있다.
2) 三屬(삼속) : 세 나라의 국경이 인접해 있는 것.
3) 先至(선지) : 먼저 이르다. 곧 먼저 차지하다.
4) 背城邑多(배성읍다) : 성읍(城邑)을 등지는 일이 많다.

4. 비지(圮地) 위지(圍地) 사지(死地)란

산림과 험난 곳과 습지대를 행군하는, 무릇 가기 어려운 길을 비지(圮地)라고 한다.

말미암아 들어가는 곳의 길이 좁고 따라서 돌아가는 곳의 길이 멀어 적군의 적은 군사로써 우리의 많은 군사를 공격할 수 있는 곳을 위지(圍地)라고 한다.

빠르게 싸우면 살고 빠르게 싸우지 않으면 멸망하는 곳을 사지(死地)라고 한다.

▨9가지 싸움터 중의 나머지 3가지이다.

일곱째 비지(圮地)의 경우다. 산림이 빽빽하게 우거져 있거나 산세가 몹시 험난한 지형이거나 습지나 늪지대여서 행군하기가 곤란한 모든 지역을 말한다. 이런 지역의 행군은 되도록 피해야 할 것이고 어쩔 수 없이 이런 길을 만나면 재빨리 통과해야 한다.

여덟째 위지(圍地)의 경우다. 산으로 둘러싸인 계곡이나 분지같은 땅으로 습격당하거나 적군에게 포위당하기 쉬운 땅을 말한다. 들어가는 길은 매우 좁고 돌아 가려면 아주 멀리 돌아야 하는 곳으로 적군의 적은 병력으로도 이쪽의 많은 병력을 칠 수 있는 땅이다. 이런 땅에는 가능한한 들어가지 말아야 할 것이다.

아홉째 사지(死地)의 경우다. 이런 땅에서는 오직 목숨을 내걸고 용감하게 싸우는 길밖에 없다. 그것도 신속하게 싸워 빠져 나와야 살아남을 수 있지 잠시라도 우물쭈물하다가는 전멸할 수 있는 곳이 사지이다.

行山林險阻沮澤하여 凡難行之道[1]者를 爲圮地하고 所由入者隘[2]하고 所從歸者迂[3]하여 彼寡[4]可以擊吾之衆[5]者를 爲圍地하고 疾戰則存[6]하고 不疾戰則亡者를 爲死地니라

1) 難行之道(난행지도) : 가기 어려운 길.

2) 所由入者隘(소유입자애) : 말미암아 들어가는 바의 길이 좁다. 입구가 좁다. 자(者)는 길이라는 뜻.

3) 所從歸者迂(소종귀자우) : 따라서 돌아가는 바의 길이 멀다. 멀리 돌아서 가야 한다. 여기서도 자(者)는 길이라는 뜻.

4) 彼寡(피과) : 적군의 적은 군사.

5) 吾之衆(오지중) : 우리의 많은 군사.

6) 存(존) : 생존하다. 곧 산다는 뜻.

5. 9가지 지형에서의 처세

이런 까닭으로 산지(散地)에서는 싸우지 말라. 경지(輕地)에

서는 멈추지 말라. 쟁지(爭地)에서는 공격하지 말라. 교지(交地)에서는 끊지 말라. 구지(衢地)에서는 외교를 잘해야 한다. 중지(重地)에서는 약탈하라. 비지(圮地)에서는 행군하라. 위지(圍地)에서는 계략으로 하라. 사지(死地)에서는 싸우는 것이다.

▨이상은 구지(九地)에 대처하는 전략이다.

첫째 산지(散地)는 자기 나라 영토 안이므로 가급적 전투를 피해야 한다.

둘째 경지(輕地)에서는 국경 근처에서 머뭇거리지 말고 빠르게 적국으로 공격해 들어가야 한다.

셋째 쟁지(爭地)에서는 적이 먼저 유리한 지점을 점거하고 있으면 공격하지 말아야 한다.

넷째 교지(交地)에서는 언제 적이 공격해 들어올지 모르기 때문에 부대간의 연락이 끊기지 않도록 긴밀한 관계유지가 필요하다.

다섯째 구지(衢地)에서는 인접국과의 외교관계를 잘 맺어야 한다.

여섯째 중지(重地)에서는 식량과 전쟁물자 등을 적의 영토 안에서 조달해야 한다.

일곱째 비지(圮地)에서는 머뭇거리지 말고 되도록 빨리 그곳을 통과해야 한다.

여덟째 위지(圍地)에 어쩔 수 없이 들어갔을 때는 상대의 허를 찌르는 계략을 써서 벗어나야 한다.

아홉째 사지(死地)에서는 아무런 전략도 세울 수 없으므로 오직 결사적으로 싸우는 길밖에 다른 방도가 없다.

是故로 散地則無戰하고 輕地則無止[1]하며 爭地則無攻하고
交地則無絶[2]하고 衢地則合交[3]하고 重地則掠[4]하고
圮地則行[5]하고 圍地則謀[6]하며 死地則戰[7]이니라

1) 無止(무지) : 멈추지 말라. 곧 주둔(駐屯)하지 말라는 뜻.
2) 無絶(무절) : 끊지 말라. 곧 부대간 연락이 끊어지지 않도록 하라.

3) 合交(합교) : 사귐을 잘 하라. 곧 외교(外交)를 잘 하라는 뜻.

4) 掠(약) : 약탈하라. 곧 물자나 식량을 적의 땅에서 조달하라는 뜻.

5) 行(행) : 행군(行軍)하라. 곧 빨리 통과하라는 뜻.

6) 謀(모) : 꾀를 내라. 곧 계략을 쓰라는 뜻.

7) 戰(전) : 싸워라. 곧 결사적인 싸움만이 길이라는 뜻.

〔실례〕

※ 포위되었을 때에는 계략으로써 우선 탈출해야 한다.

─오(吳)나라 합려(闔閭)와 손무가 위지(圍地)에서의 전략을 토론하였다.

합려가 손무에게 물었다.

"우리들이 위지(圍地)로 들어가 앞에는 강적을 맞이하고 뒤에는 험준한 지형을 만났다면 적은 우리의 보급로를 끊고 유인해서 우리의 행동을 엿볼 것이오. 그럴때는 어찌하면 좋겠소?"

손무가 대답했다.

"위지에서 버티려면 길을 막아 왕래를 못하게 해야 합니다. 전군(全軍)이 한 집안같이 마음을 합하고 힘을 합해야 합니다. 그런 상태로 며칠을 보내 불때는 연기가 보이지 않게 되면, 당장이라도 격파할 수 있는 약하디 약한 형태로 보일 것입니다. 적이 이 모습을 보면 대비에 헛점이 생길 것입니다. 그때 병사들을 격려하고 사기를 진작시켜 진지에는 정예 부대를 매복시키고, 험준한 곳을 골라 징과 북을 울리며 공격해 나가는 것입니다. 만약 적과 만나면 빠르고 날카로운 공격으로 전후를 열고, 좌우 군사를 머물게 해서 적을 제어하면 됩니다."

"그러나 적이 포위 속에서 조용히 잠행하여 기이한 꾀로써 유인하고 기이한 꾀를 숨겨서 혼란케 하여, 무엇이 무엇인지 모르는 상태가 되었을 때는 어떻게 할 것이오?"

"천 명이 기이한 꾀로써 혼란케 하고, 중요 도로를 막고 소수의 인원으로 도발해도 진지에서 벗어나 공격해 나가면 안됩니다. 이것이 기이한 꾀를 이기는 수단입니다."

  병법가들이 '위지(圍地 : 포위되어 있는 상황)'에서의 행동에 대하여 토론을 벌인 예가 많이 있다. 그러나 무엇보다는 '위지'에서는 권모술수를 써서 탈출하는 것이 제일의 목적이다.

6. 이로움에 맞으면 움직인다

  이른바 옛날의 용병을 잘한 사람은 능히 적군으로 하여금 전후가 서로 미치지 못하게 하며 많고 적은 것이 서로 의지하지 못하게 하며 귀(貴)와 천(賤)이 서로 구원하지 못하게 하며 상(上)과 하(下)가 서로 돕지 못하게 하며 군졸들이 흩어져서 집합하지 못하게 하며 병사들이 모이되 다스려지지 못하게 하였다. 이로움에 맞으면 움직이고 이로움에 맞지 않으면 멈추었다.

  ▨전쟁을 잘하던 옛날의 장수들이 적의 내부를 교란시키던 전술이다. 적의 전방부대와 후방부대 사이는 연락을 취하지 못하게 하고, 대부대와 소부대를 따로 활동하게 만들어 서로 원조하지 못하게 하고, 장교와 병사들의 관계를 소원하게 하여 서로 구원하지 못하게 하고, 상관과 부하들의 의견을 통일되지 못하게 하여 서로 돕지 못하게 하고, 군졸들을 흩어지게 하여 집결하지 못하게 하고, 병사들이 모이더라도 정연한 진영이 되지 못하게 하였다.

  싸움에서는 유리한가 아닌가를 잘 판단해야 한다. 전세가 유리하게 전개되면 군대를 출동시켜 싸우는 것이 좋고, 전세가 불리하게 전개되면 무모한 기세를 보이지 말고 자중하는 것이 좋다는 것이다.

  所謂古之善用兵者는 能使敵人으로 前後[1] 不相及[2]하며 衆寡[3] 不相恃[4]하며 貴賤[5] 不相救하며 上下不相扶하며 卒離而不集[6]하며 兵合而不齊[7]니라 合於利而動하고 不合於利而止니라

1) 前後(전후) : 전방의 부대와 후방의 부대.

2) 不相及(불상급) : 서로 미치지 못하다. 곧 서로 연락이 닿지 못하다.

3) 衆寡(중과) : 대부대와 소부대.

4) 不相恃(불상시) : 서로 믿지 못하다. 곧 서로 의지하지 못하다. 서로 원조하지 못하다.

5) 貴賤(귀천) : 장교와 병사.

6) 卒離而不集(졸이이부집) : 군졸들이 흩어져서 집합하지 못하다.

7) 兵合而不齊(병합이부제) : 병사들이 모이되 다스려지지 못하다. 진영이 제대로 정비되지 못하다.

7. 적군이 공격해 오면

감히 묻기를

"적의 병사들이 대열을 정돈하고 장차 공격해 오면 그들을 어떻게 대처할 것인가."

하면, 말하겠다.

"먼저 그 사랑하는 것을 빼앗으면 효과가 있다. 군대의 정(情)은 신속한 것을 위주로 한다. 적군이 미치지 못함을 틈타서 생각지 않은 길을 따라 그 경계하지 않는 곳을 공격하는 것이다."

▨먼저, 적군이 질서정연하게 정돈을 마치고 장차 이쪽을 공격해 온다면 어떻게 대처해야 할 것인가 하는 질문을 던져 놓고, 그에 대하여 대답하는 형식을 취하였다.

거기에 대한 답변은 이렇다. 우선 적에게 가장 소중한 것을 빼앗으면 반드시 효과가 있으리라는 것이다. 적에게 있어 가장 소중한 것이란, 심리적으로 동요하게 만드는 것이라 하겠다. 이를테면 인질을 잡거나 또는 식량이나 무기의 공급을 끊는 일 등이다. 이렇게 해서 적군에게 동요가 생기거나 혼란이 일어나면 적군의 정연한 태세에 틈이 생기게 된다는 것이다.

전쟁에서 군대의 움직임은 무엇보다도 신속함을 위주로 하는 것이다.
만약 적군이 아직 특별히 경계하지 않는 곳을 발견하면 적이 생각지 못
하는 의외의 길을 통하여 재빨리 공격해야 한다.

敢問하되 敵衆[1] 整而將來[2]면 待之[3] 若何오 曰先奪其所愛[4] 則
聽矣[5]니라 兵之情[6]은 主速[7]이니 乘人之不及[8]하고 由不虞之道[9]하
여 攻其所不戒[10] 也니라

1) 敵衆(적중) : 적의 무리. 곧 적의 병사들.
2) 整而將來(정이장래) : 정비를 마치고 장차 공격해 오다. 대열을 정돈하고
   바야흐로 공격해 오다.
3) 待之(대지) : 기다리다. 곧 거기에 대처하다.
4) 先奪其所愛(선탈기소애) : 먼저 그 사랑하는 바를 빼앗다.
5) 聽矣(청의) : 듣다. 곧 효과가 있다.
6) 兵之情(병지정) : 군대의 정세. 군대에서 통하는 도리.
7) 主速(주속) : 신속한 것을 위주로 하다.
8) 乘人之不及(승인지불급) : 적이 미치지 못함을 틈타다. 승(乘)은 틈탄다
   는 뜻. 인(人)은 적군.
9) 由不虞之道(유불우지도) : 적이 생각지 않은 길을 말미암다. 적이 생각지
   못한 길을 통해서 가다.
10) 其所不戒(기소불계) : 적이 경계하지 않는 곳.

〔실례 1〕
※ 적의 허술한 곳은 틈을 주지 말고 공격해야 한다.
—당(唐)나라 무덕(武德) 8년 8월에 이정(李政)은 기주(冀州)에
서 군사를 모아 강릉에 의거해서 저항하는 소선(蘇銑)을 토벌하러 나
섰다.
때는 가을 장마의 계절이어서 강물은 넘칠 듯 불어나고 삼협(三峽)의

길도 물에 잠겨 이정의 군사가 진격하지 못하리라 판단한 소선은 드디어 병사들을 쉬게 하고 방비태세도 허술하게 하였다.

9월에 이정이 군사를 이끌고 협(峽)을 내려가 진격하려 하자 휘하의 장수들은 입을 모아 말했다.

"병사들을 머무르게 하고 물이 빠지기를 기다리도록 하는 것이 좋겠습니다."

이에 이정이 대답했다.

"싸움에서는 신속한 것이 첫째로 기회를 잃어서는 안된다. 지금 비로소 군사를 모았으나 소선은 그것을 모르고 있을 것이다. 이 넘쳐 흐르는 물의 기세를 틈타 홀연히 성 밑에 나타나면, 적은 당황하여 군사들을 끌어 모아도 아군을 막을 도리는 없을 것이니 반드시 포로가 될 것이다."

이렇게 해서 전함 2천 여 척을 이끌고 동쪽으로 내려가 바로 형문(荊門)과 의도(宜都), 두 성을 함락시키고 이릉(夷陵)땅에 이르렀다.

소선의 장수 문사홍(文士弘)이 정예병 수만명을 이끌고 청강(清江)에 주둔하고 있었는데 효공(孝恭)이 공격하려 하자 이정이 말렸다.

"저들은 원군이니 아무런 계략도 세우지 못하고 있다. 따라서 저 기세는 오래 가지 못할 것이니 잠시 남안(南岸)에서 동태를 살피는 것이 좋겠다. 하루쯤 지나면 적은 반드시 군사를 나누어 반은 남아서 우리 군사를 막고, 반은 돌아가서 수비를 할 것이다. 군사가 분산되면 그 기세는 약화된다. 그 약화된 점을 노리고 공격하면 이기지 못할 것이 없다. 지금 갑자기 공격을 하면 적은 힘을 합쳐 목숨 걸고 수비할 것이다. 초나라 군사는 겁이 없어 다소 힘든 상대이다."

효공이 말을 듣지 않고 스스로 군사를 이끌고 공격했는데 과연 패주하여 겨우 남안에 와 닿았다.

소선의 군사는 배를 버리고 패주한 군대의 재물을 약탈하며 뒤쫓았으므로 그들의 짐은 무거워졌다. 이정은 때를 놓치지 않고 힘껏 공격하여 크게 격파한 후 승승장구 강릉으로 돌입했다.

〔실례 2〕
 ※『삼국지』의 '관도(官渡)의 전투'
 ─중국 삼국시대 초기에, 당시 최대의 군벌이었던 원소(袁紹)와 신흥세력인 조조(曹操)가 중국 북부에서 패권을 다툰 것이 서기 200년에 있었던 '관도(官渡)의 싸움'이었다.

 이 싸움에서 원소의 군대는 10만 대군이었고 조조의 군대는 1만이었기 때문에 병력으로 보면 원소가 압도적으로 유리했다.

 사실 조조의 군대는 때때로 산발적인 승리는 거두었지만 계속 수세에 몰려 가까스로 전투를 유지해 가고 있는 형편이었다. 이런 상황에서 투항한 원소의 병졸 한 사람이 원소측의 내막을 조조에게 말했다.

 "원소군의 물자를 보급하는 수레 1만 여 대가 오소(烏巢) 근처에 집중되어 있는데 경계가 소홀합니다. 그 수레를 기습하여 불태워 버린다면 사흘이 지나기 전에 원소군을 격파할 수 있습니다."

 이 말을 들은 조조는 몹시 기뻐하며 직접 보병과 기병을 합해 5천의 병사를 이끌고 오소로 급히 달려갔다.

 병사들에게 모두 원소군의 깃발을 꽂고 소리를 내지 않도록 입에 자갈을 물고 손에 섶을 안게 하고는 밤을 틈타 샛길로 진군했다.

 도중에 원소의 병사를 만났지만 "장군의 명을 받고 수비를 굳히기 위해 가는 길이다."라고 대답하자 원소군은 더 이상 추궁하려 하지 않았다.

 이렇게 오소로 들어간 조조는 우선 진영을 포위하고 일제히 불을 던져 적의 수비대를 혼란에 빠지게 했다.

 이윽고 먼동이 터왔다. 적군의 지휘관인 순우경(淳于瓊)은 적군의 병력이 적은 것을 알고 진영 밖으로 공격해 나왔다. 조조의 군대는 일제히 이를 공격했다.

 한편 오소가 습격당했다는 소식이 곧 원소가 있는 본영으로 보고되었는데 참모들의 의견이 둘로 갈라졌다.

 한편에서는 "이 틈에 조조의 본영을 급습합시다. 본영이 함락되면 조조는 돌아갈 곳이 없어질 것입니다."하고 주장하는 반면 다른 한편에서는 "아니오, 오소를 구원하는 것이 급하오. 오소가 무너지면 다음은 우리들 차례요."하고 양보하지 않았다.

드디어 원소는 적은 병력을 오소의 구원병으로 보내고 주력부대로 하여금 조조의 본영을 공략하게 했는데 조조군의 수비가 견고하여 함락시킬 수 없었다.

그 사이 오소에서는 격전이 계속되었고 이윽고 원소의 구원부대가 몰려왔다. 이것을 본 조조의 부하가 "뒤에서 적군이 몰려옵니다. 이제 그만 후퇴하시지요."하자 조조는 얼굴을 붉히면서 "염려할 것 없다. 그런 적군은 뒤에까지 온 다음에도 늦지 않다."라고 꾸짖었다.

이 말을 들은 병사들은 더욱 용감히 싸웠다. 이리하여 드디어 적진이 함락되고 순우경 등을 목벤 다음 쌓여 있던 군량미와 무기 등을 다 불태웠다. 구원군은 조조군의 아수라장 같은 전투에 겁이 나서 감히 접근하려 하지 않았다.

수송부대를 잃은 원소의 군대는 큰 혼란에 빠졌다. 이런 틈을 타서 조조의 군대가 더욱 세차게 공격했다. 원소는 불과 8백명의 기병을 거느리고 본국으로 도망쳤다.

8. 적진에 들어간 군대는

무릇 적의 땅에 들어간 군대의 방법은, 깊이 들어가면 싸움에 전력하여 주인이 이기지 못한다.

풍요한 들에서 약탈하면 삼군(三軍)의 식량이 넉넉해진다.

삼가 휴양시켜 수고롭게 하지 않으면 사기를 아울러 힘을 쌓을 것이다. 병사들을 움직여 계략을 써서 헤아리지 못하게 하여 이를 갈 곳이 없는 곳으로 몰아넣으면 죽더라도 또한 달아나지 않고, 죽음도 얻지 못할 것인데 어찌 병사들이 힘을 다하여 싸우지 않겠는가.

▨적의 영토 안으로 들어간 군대의 대처방법이다. 적의 영토로 공격해 들어간 군대는 우선 적지 깊숙이 진격해 들어가야 한다. 적지 깊숙이 들어가게 되면 군사들은 다른 잡념없이 오직 전투에만 전념하게 되므로 그만큼 전력을 모을 수 있고 그 힘은 강해지는 것이다.

적지 깊숙이 들어갔을 때는 식량의 보급이 문제인데 그것은 적국의 농토에서 현지 조달하면 충분히 배불리 먹을 수 있다. 식량을 현지 조달하게 되면 본국에서 식량을 수송하기 위한 수고를 덜 수 있고 그 수고로움을 덜기 때문에 병사들을 휴양시킬 수 있게 되는 것이고 충분히 휴식한 군대의 사기는 앙양되어 병사들의 전력을 축적할 수 있다.

그런 병사들을 알맞은 적재적소에 배치하고 세밀한 계략을 세워서 적이 예측하지 못하는 허를 찔러 병사들을 공격하게 하면 병사들은 죽기를 각오하고 싸울 것이요, 결코 달아날 생각은 하지 않을 것이다. 이미 죽을 각오가 되어 있으면 전력을 다해 용감히 싸우기 마련이다.

凡爲客[1]之道[2]는 深入則專[3]하여 主人不克[4]이니라 掠於饒野[5]하면 三軍足食이니 謹養而勿勞[6]면 倂氣積力[7]이니 運兵計謀[8]하여 爲不可測[9]하여 投之無所往[10]이면 死且不北[11]하고 死焉不得인데 士人盡力[12]이리오

1) 爲客(위객) : 적의 영토에 들어가서 싸우는 군대.

2) 道(도) : 방법. 곧 싸우는 방법.

3) 深入則專(심입즉전) : 깊이 들어가면 싸움에 오로지하다.

4) 主人不克(주인불극) : 주인이 이기지 못하다. 주인(主人)은 적(敵). 곧 침공을 받은 나라.

5) 掠於饒野(약어요야) : 풍요한 들에서 약탈하다. 약탈한다는 말은 식량을 적의 땅에서 조달한다는 뜻.

6) 養而勿勞(양이물로) : 휴양시키고 수고롭게 하지 않다.

7) 倂氣積力(병기적력) : 사기를 아울러 하나로 모아서 힘을 쌓다.

8) 運兵計謀(운병계모) : 병사들을 움직여서 계략을 쓰다.

9) 爲不可測(위불가측) : 적이 헤아리지 못할 일을 하다.

10) 投之無所往(투지무소왕) : 갈 곳이 없는 곳으로 몰아넣다.

11) 死且不北(사차불배) : 죽더라도 또한 달아나지 않다.

12) 死焉不得士人盡力(사언부득사인진력) : 죽음을 당하여 어찌 병사들이 힘을 다하여 싸우지 않겠는가.

〔실례〕

※ 적진에 깊이 들어가면 온 힘을 다한다

─조(趙)나라 혜문왕(惠文王)이 초(楚)나라의 화씨(和氏) 구슬을 손에 넣었다. 그 사실을 안 진(秦)나라 소왕(昭王)은 진나라의 15개 성과 화씨구슬을 바꾸자고 제안했다.

조나라 혜문왕은 인상여(藺相如)를 불러 상의했다.

"진나라에서 15개 성과 화씨구슬을 교환하자고 제안하는데, 어떻게 하는 것이 좋겠소?"

"진나라는 강국이고 조나라는 약국이니 내주지 않을 수 없겠습니다."

"그러나 구슬만 가져가고 성을 주지 않는다면 어떻게 하겠는가?"

"진나라가 성과 구슬을 바꾸자고 했을 때 조나라가 듣지 않으면 허물은 조나라에게 있고, 조나라가 구슬을 주었는데 성을 주지 않는다면 허물은 진나라에게 있습니다. 양자를 비교해 보면 우리는 제안을 들어주고 상대가 허물을 지게 하는 것이 좋겠습니다."

조나라 왕은 인상여에게 구슬을 주어 진나라에 보냈다. 진나라 왕은 인상여가 바치는 구슬을 보고 매우 기뻐하며 구슬을 돌려 궁녀와 시신(侍臣)들에게 구경시켰다. 시신들은 크게 환호했다.

인상여는 진나라 왕이 조나라에게 성을 내줄 의사가 없는 것을 눈치채자 앞으로 나서며

"구슬에 흠이 있으니 가르쳐 드리겠습니다."

왕이 구슬을 내주자 인상여는 그것을 받아들고 일어나 뒤에 있는 기둥에 몸을 의지했다. 그리고는 분노에 찬 음성으로 말했다.

"대왕께서는 구슬이 탐이 나서 조나라 왕에게 서신을 보내셨군요. 조나라 왕은 군신을 불러모아 회의를 하여 진나라에게 구슬을 보낼 수 없다고 중의를 정했습니다. 그러나 나는 필부의 교제에서도 속이는 법이 없는데 대국인 진나라가 어찌 속이겠는가, 더구나 구슬 하나로 강국인 진나라의 기분을 상하게 하는 것은 좋지 않다고 주장했습니다. 그래서 조나라 왕은 목욕재계한 후 내게 구슬을 맡겨 진나라의 궁정에 전하라고 하셨습니다.

그런데 대왕은 나를 대왕의 신하와 똑같이 취급하고 극히 오만하십니다. 구슬을 가지고 궁녀와 시신들에게 희롱시키다니 될 법한 일입니까? 나는 대왕이 성을 내줄 의사가 없는 것을 알았기 때문에 다시 구슬을 회수한 것 뿐입니다.

대왕께서 만약 나를 죽이려 든다면 그때는 이 구슬과 함께 내 머리를 기둥에 부딪쳐 자결해 버릴 것입니다."

인상여는 구슬을 들고 기둥을 노려보았다. 금방이라도 부딪쳐 버릴 듯한 기세였다. 진나라 왕은 인상여의 기세에 놀라 실례를 사과했다.

이렇게 해서 인상여는 다시 구슬을 조나라로 가지고 왔으며 진나라에 대한 큰 일을 무사히 끝냈다.

이것은 '객(客)의 길은 깊이 들어가면 곧 온갖 힘을 다하게 하므로 주인이 이기지 못한다' 는 진리인 것이다.

9. 병사들은 부득이하면 싸우게 된다

병사들은 위험한 곳에 깊이 빠지면 두려워하지 않고 갈 곳이 없으면 견고해지고 들어감이 깊으면 구속되고 부득이할 경우는 싸우게 된다.

이런 까닭으로 그 병사들은 닦지 않아도 경계하고 구하지 않아도 얻고 단속하지 않아도 친하고 명령하지 않아도 믿게 된다.

　　길흉(吉凶)의 예언(豫言)을 금하고 의심하는 마음을 제거하면 죽음에 이르러도 갈 곳이 없게 되는 것이다.

　　▨병사들은 매우 위험해지면 오히려 두려움 없이 싸우게 되고 도망할 곳이 없게 되면 의외로 단결력이 견고해지고 적의 땅에 깊이 들어가면 저절로 결속되어 강력한 힘을 발휘하고 어쩔 수 없는 상황이 되면 용감히 싸우게 되는 것이다.

　　그러므로 이러한 처지에 놓인 병사들은 훈련하지 않아도 스스로 경계하여 수비를 튼튼히 하고 특별히 요구하지 않아도 장수의 생각대로 따라와 주고 강제로 단속하지 않아도 친하게 되며 강력히 명령하지 않아도 믿고 따른다.

　　이러한 경우에 점에 의한 길흉(吉凶)의 예언같은 것이나 의심하는 마음같은 것에 매달리지 않도록 해주면 병사들은 오로지 한 가지 밖에 믿을 것이 없기 때문에 목숨 걸고 싸우게 되는 것이다.

　　兵士는 甚陷[1]則不懼하고 無所往則固하고 深入[2]則拘[3]하고 不得已則鬪니라 是故로 其兵은 不修而戒하고 不求而得하며 不約[4]而親하고 不令而信이니 禁祥[5]去疑[6]하면 至死無所之[7]니라

1) 甚陷(심함) : 심하게 빠지다. 곧 위험에 깊이 빠지다. 매우 위험한 지경에
　　처하다.
2) 深入(심입) : 깊이 들어가다. 곧 적의 땅에 깊이 들어가다.
3) 拘(구) : 구속되다. 곧 구속이 되기 때문에 서로 결속하여 전투력이 생긴
　　다는 뜻.
4) 不約(불약) : 단속하지 않다.
5) 禁祥(금상) : 길흉(吉凶)에 대한 예언을 금하다. 곧 미신(迷信)을 금한
　　다는 뜻.
6) 去疑(거의) : 의심하는 마음을 제거하다.
7) 無所之(무소지) : 갈 곳이 없다. 지는 가다. 곧 용감히 싸우게 된다.

IO. 군사들을 갈 곳이 없는 데로 몰아넣으면

우리의 군사들이 나머지 재물이 없는 것은 재물을 싫어해서가 아니요, 여유로운 목숨이 없는 것은 오래 사는 것을 싫어해서가 아니다.

전투 명령이 내려진 날에 사졸들은, 앉은 자는 눈물이 옷깃을 적시고 누워있는 자는 눈물이 턱에서 엇길리는데 그들을 갈 곳이 없는 데로 몰아넣으면 전저(專諸)나 조귀(曹劌)처럼 용맹해지게 된다.

▨병사들이 적의 땅 깊숙이 들어가 매우 위험해지면 재물에 대한 욕망같은 것은 없어지게 되는데 그것은 재물을 싫어해서가 아니라 부득이한 것이다. 또한 목숨에 대한 집착도 없어지는데 그것은 그들이 살아나는 것을 싫어해서가 아니라 극한 상황이 되면 생사를 초월하게 되기 때문이다.

그러나 재물에 대한 욕망도 없고 생사도 초월했다 하더라도 막상 전투 명령이 떨어지면 앉아 있는 자들은 눈물이 옷깃을 적시고 누워있는 자들은 흘러내린 두 줄기 눈물이 턱에서 엇갈려 범벅이 될 정도로 약한 모습도 보인다.

이런 모습을 보여도 어쩔 수 없는 최후의 결전에 임하여서는 마치 오(吳)나라의 전저(專諸)나 노(魯)나라의 조귀(曹劌)와 같이 용맹스럽게 싸우게 되는 것이 전시상황에서의 병사들의 모습이다.

吾士無餘財[1]는 非惡貨[2]也오 無餘命[3]은 非惡壽[4]也니라 令發之日[5]에 士卒坐者涕霑襟[6]하고 偃臥者[7]는 涕交頤나 投之[8]無所往者면 諸劌[9]之勇也니라

1) 無餘財(무여재) : 나머지 재물이 없다. 재물에 대한 욕망이 없어진다는 뜻.

2) 非惡貨(비오화) : 재물을 싫어해서가 아니다.

3) 無餘命(무여명) : 나머지 목숨이 없다. 곧 전사하는 것.

4) 非惡壽(비오수) : 목숨을 싫어해서가 아니다. 살아남기를 싫어하지 않다.

5) 令發之日(영발지일) : 전투 명령이 떨어지는 날.

6) 涕霑襟(체점금) : 눈물이 옷깃을 적시다.

7) 偃臥者(언와자) : 누워있는 사람.

8) 投之(투지) : 투입하다. 곧 몰아넣다.

9) 諸劌(저귀) : 전저(專諸)와 조귀(曹劌). 전저는 합려(闔閭)가 오(吳)
  나라의 왕자 시절 합려의 명을 받고 당시의 오나라 왕인 요(僚)를 암살한
  용사. 조귀는 노(魯)나라의 장수로 제(齊)나라와 싸워서 패하고 제나라
  에 영토를 떼어주기로 강화조약을 맺는 자리에서 제나라 환공(桓公)에게
  단도로 위협하여 영토를 되찾게 한 용장이다.

〔실례〕
※병사들을 사지에 투입하면 목숨 걸고 싸운다
　―삼국시대 조조(曹操)는 서기 198년에 남양(南陽)에 자리잡고 있
는 장수(張繡)의 토벌에 나서 양성(穰城)에서 포위했다.
　이때 장수는 이웃 형주(荊州)에 웅거하고 있는 유표(劉表)에게 원군
을 청하여 앞뒤에서 조조의 군대를 협공하는 태세를 만들어 대항했다.
　조조는 부득이 철수할 것을 결심했지만 앞에서는 유표의 군대가 앞길
을 가로막고 뒤에서는 장수의 군대가 추격하여 철수하기도 어려웠다. 그
래도 조조는 마음의 동요를 조금도 나타내 보이지 않았다.
　이때 조조는 진중에서 도읍의 집을 지키고 있는 늙은 종에게 친서를
보내기를
　"적군의 추격을 받아 어려움에 빠져 있지만 근심할 것은 없다. 반드시
격파할 것이다."
　라고 자신만만한 태도를 보였다.
　조조는 병사들을 산 속의 작은 길로 도망치게 하고 복병을 매복시켜

적군을 유인했다. 적군은 도망치는 조조의 병사들을 보자 모든 군대를 이끌어 공격하게 했다. 조조는 적군을 충분한 거리까지 유인한 다음, 병사들로 하여금 일제히 화살과 쇠뇌를 쏘게 했다. 혼란스러워진 적군의 틈을 타 사방에서 복병들이 습격을 가했다. 이리하여 적군은 제대로 싸우지도 못하고 패주하였으며 조조는 무사히 도읍으로 귀환할 수 있었다.

도읍으로 돌아온 조조에게 늙은 종이 "몹시 위험하셨군요. 용케 무사히 빠져 나오셨습니다."하고 말하자 조조는 "적군이 아군의 돌아오는 길을 막아 아군은 사지에서 싸우게 된거야. 그래서 나는 반드시 이길 것을 알고 있었지."하고 대답했다고 한다.

'병사들을 사지에 몰아넣으면 목숨 걸고 싸운다' 는 손자의 이론을 조조는 실전에 활용했던 것이다.

II. 오월동주(吳越同舟)는

그러므로 용병(用兵)을 잘하는 사람은 비유컨대 솔연(牽然)과 같다.

솔연이라는 것은 상산(常山)의 뱀이다. 그 머리를 치면 꼬리가 덤비고 그 꼬리를 치면 머리가 덤비고 그 가운데를 치면 머리와 꼬리가 함께 덤빈다.

감히 묻기를

"군사도 솔연과 같이 부릴 수 있는가."

하면 말하겠다.

"그렇게 할 수 있다. 대저 오(吳)나라 사람과 월(越)나라 사람은 서로 미워하지만 같은 배를 타고 물을 건너다가 바람을 만나는 일을 당하면 그 서로 구원하는 것이 왼손과 오른손처럼 서로 돕는다."

▨용병을 잘하는 사람은 상산(常山)에 있다고 하는 전설 속의 큰 뱀

인 솔연(率然)과 같이 민첩하게 작전을 편다.

솔연은 그 머리를 치면 꼬리가 덤벼들고 그 꼬리를 치면 머리가 덤벼들고 그 중간 몸뚱이를 치면 머리와 꼬리가 한꺼번에 덤벼든다고 한다.

그렇다면 군대를 움직임에 있어서도 이 솔연과 같이 할 수 있겠느냐는 질문의 형식을 취하였다.

이에 대하여 손자는 서로 원수지간인 오(吳)나라 사람과 월(越)나라 사람의 경우를 예로 들면서 할 수 있다고 대답했다.

평소 서로 몹시 미워하는 사이로 숙적지간인 오나라 사람과 월나라 사람이 한 배를 타고 물을 건너다가 풍랑을 만난다면 그들은 살기 위해 평소의 미움을 버리고 배가 뒤집히지 않도록 서로 돕는다는 것이다. 이런 경우에 쓰는 성어가 오월동주(吳越同舟)다.

어려움에 봉착하게 되면 숙적지간인 오나라 사람과 월나라 사람 사이에서도 서로 돕는데 하물며 같은 장수의 휘하에 있는 군대를 움직임에 있어서야 말해 무엇하겠는가. 항상 전후 좌우가 서로 도와 적을 공격하고 수비하게 되는 것이다.

故로 善用兵者[1]는 譬如率然[2]이니라 率然者는 常山[3]之蛇也니라 擊其首[4]하면 則尾至[5]하고 擊其尾하면 則首至하며 擊其中하면 則首尾俱至[6]니라 敢問하되 兵可使如率然乎[7]아 曰可니라 夫吳人與越人은 相惡[8]也나 當其同舟而濟[9]에 遇風[10]이면 其相救也는 如左右手[11]니라

1) 善用兵者(선용병자) : 용병을 잘하는 사람. 곧 군사를 잘 다루는 장수.

2) 譬如率然(비여솔연) : 비유컨대 솔연과 같다. 솔연(率然)은 상산(常山)에 있다고 하는 큰 뱀.

3) 常山(상산) : 중국 오악(五岳)의 하나인 항산(恒山)의 다른 이름.

4) 擊其首(격기수) : 그 머리를 치다.

5) 尾至(미지) : 꼬리가 이르다. 곧 꼬리가 덤빈다는 뜻.

6) 俱至(구지) : 함께 이르다. 곧 함께 덤비다.

7) 兵可使如率然乎(병가사여솔연호) : 군사도 솔연처럼 부릴 수 있는가.

8) 相惡(상오) : 서로 미워하다.

9) 同舟而濟(동주이제) : 같은 배를 타고 물을 건너다.

10) 遇風(우풍) : 바람을 만나다.

11) 如左右手(여좌우수) : 왼손과 오른손과 같다. 곧 서로 돕는다는 뜻.

１２. 한 사람을 부리는 것 같이 하는 것

이런 까닭에 말들을 네모지게 늘어놓고 수레바퀴를 땅에 묻더라도 족히 믿을 수가 없다.

군사들의 용맹을 가지런히 하여 하나같이 하는 것은 군대를 다스리는 방법이다.

강하게 하고 부드럽게 하는 것을 다 얻은 것은 지형의 이치에 맞춘 것이다.

그러므로 군사를 잘 다루는 사람은 손을 이끌되 한 사람을 부리는 것 같이 하나니 이것은 그렇게 하지 않을 수 없어서이다.

▨병사들을 부리는 데는 전투용 수레들을 늘어놓고 말고삐를 서로 연결하여 후퇴하지 못하게 한다거나 수레바퀴를 땅에 묻어 마음대로 움직이지 못하게 하는 등의 강제적인 수단은 믿을 것이 못된다.

싸움터에서 용감한 병사는 달려나가고 겁많은 병사는 나아가지 못하는 상황을 없애고 모든 병사들을 한결같이 용기있게 하는 것이 군대를 다스리는 방법이다.

겁많은 유약한 병사도 지형의 유리함이 있으면 적을 이길 수 있으니 강하고 용감한 병사에 있어서야 말할 필요가 없다. 두 유형의 병사를 모두 얻어 사용할 수 있는 것은 지형의 이로움에서 오는 이치이다.

그러므로 군사를 잘 다루는 사람은 전체 군대를 마치 한 병사의 손을 이끄는 것 같이 부리는데 이것은 그렇게 하지 않을 수 없기 때문인 것이다.

是故로 方馬[1] 埋輪[2]이라도 未足恃[3]也니라 齊勇若一[4]은 政之道[5]也오 剛柔皆得[6]은 地之理也니라

故로 善用兵者는 攜手若使一人[7]이니 不得已[8]也니라

1) 方馬(방마) : 말들을 네모지게 늘어놓는다. 곧 말고삐를 서로 연결시켜 놓아 마음대로 나아가고 물러나지 못하게 한다는 것을 뜻한다.

2) 埋輪(매륜) : 수레바퀴를 땅에 묻다. 곧 마음대로 움직이지 못하게 한다는 뜻.

3) 未足恃(미족시) : 족히 믿을 수가 없다. 마음대로 움직이지 못하게 해놓았다고 일률적으로 행동하게 할 수 없다는 뜻.

4) 齊勇若一(제용약일) : 군사들의 용맹을 가지런히 하여 하나같이 하다.

5) 政之道(정지도) : 군대를 다스리는 방법.

6) 剛柔皆得(강유개득) : 강한 군사와 유약한 군사를 모두 얻다. 유약한 군사도 잘 싸우게 하는 것.

7) 攜手若使一人(휴수약사일인) : 손을 이끌어 한 사람을 부리는 것 같이 전체를 움직이다.

8) 不得已(부득이) : 말지 못하다. 곧 하지 않을 수 없다.

I3. 장군이 해야 할 일

장군이 해야 할 일은, 고요함으로써 그윽하게 하고 올바름으로써 다스리는 것이다.

능히 사졸들의 귀와 눈을 어리석게 하여 그들로 하여금 알지 못하게 하고 그 일을 바꾸고 그 계략을 고치되 그들로 하여금 알지 못하게 하며 그 진영을 옮기고 그 길을 돌아서 가되 그들로 하여금 생각하지 못하게 해야 한다.

▨한 군대를 통솔하는 총지휘관인 장군의 책무는 군사의 기밀을 지키는 일이 절대적이다. 그러기 위해서는 그의 인간됨이 침착하고 고요함으

로써 남이 알아볼 수 없어야 하고, 규율은 엄정하면서 바르게 다스려야
한다.

　부하 사병들을 불신해서가 아니라 군사의 기밀을 지키기 위해 병사들
의 눈과 귀를 어리석게 만들어야 한다. 그러기 위해서는 한 번 사용한 일
은 되도록 되풀이하지 않아야 하고 전에 썼던 전략은 다시 쓰지 않고 바
꾸어 사병들이 그 내막을 알지 못하게 해야 한다. 그래서 장군의 진영을
여러번 옮기고 진군하는 길을 멀리 돌아서 가는 등 모든 것에서 사병들
이 그 까닭을 짐작하지 못하도록 해야 한다는 것이다.

　將軍之事[1]는 靜以幽[2]하고 正以治[3]니라 能愚士卒之耳目하여 使
之無知[4]하며 易其事하고 革其謀하되 使人[5]無識하며 易其居[6]하고
迂其途하되 使人不得慮니라

1) 將軍之事(장군지사) : 장군이 해야 할 일.

2) 靜以幽(정이유) : 고요함으로써 그윽하다. 침착하고 냉정하여 남이 그의
　　내면을 알지 못하다.

3) 正以治(정이치) : 올바름으로써 다스려지다. 규율이 엄격하고 바르게 다
　　스려지다.

4) 使之無知(사지무지) : 그들로 하여금 알지 못하게 하다. 지(之)는 사졸
　　(士卒)을 가리킨다.

5) 使人(사인) : 그들로 하여금. 인(人)은 사졸을 가리킨다.

6) 易其居(역기거) : 그 진영을 바꾸다. 거(居)는 진영(陣營)을 뜻한다.

14. 병사들은 가는 곳을 모르게 하라

　장수가 병사들과 더불어 기약함에는 높은 곳에 올라가게 하고
서 그 사다리를 치우는 것과 같이 해야 한다. 장수가 병사들과 더
불어 제후의 땅에 깊숙이 들어가면 그 쇠뇌를 쏘아 배를 불사르

고 파손시키며 양떼를 몰고 가고 몰고 오는 듯이 하되 병사들은 가는 곳을 알지 못하게 한다.

삼군의 병사들을 모아서 위험한 데로 몰아넣는 것이니, 이것을 장군의 일이라고 이르는 것이다.

9가지 지형의 변화와 굽히고 펴는 이로움과 병사들의 감정의 이치를 살피지 않으면 안되는 것이다.

▨장수는 병사들로 하여금 사력을 다해 싸우도록 만들어야 하는데 그러기 위해서는 병사들을 높은 데에 오르게 한 다음 사다리를 치워버리는 것과 같이 해야 한다는 것이다. 병사들이 사다리가 없어짐으로써 피할 도리가 없게 된 상황에 처해 어쩔 수 없이 결사적으로 싸울 수밖에 없는 사지로 몰아넣어야 한다고 강조하는 것이다.

병사들을 거느리고 적의 땅 깊숙이 들어간 장수는 배를 타고 갔으면 배를 불사르고 부숴버리고는 민첩하게 행동하여 양떼를 몰고 다니듯이 몰고 가기도 하고 몰고 오기도 하지만 병사들은 자기들이 가는 곳이 어디인지 모르도록 해야 한다는 것이다. 그것은 작전의 기밀을 적극적으로 지키기 위한 것이다.

또 장수는 모든 군대의 병사들을 모아 사지에 몰아넣는 일이 장수로서의 할 일이다. 그러나 9가지 지형의 변화에 따라 굽혀 후퇴하기도 하고 펼쳐 나가기도 하는 전략을 자유자재로 전개하고 병사들의 감정의 변화까지 잘 살펴서 군대를 이끌어 나가야 한다는 것이다.

帥與之期[1]에는 如登高而去其梯[2]니라 帥與之深入諸侯之地[3]하면 而發其機 焚舟破釜[4]하여 若驅群羊[5]而往하고 驅而來하되 莫知所之[6]니라 聚三軍之衆하여 投之於險[7]이니 此謂將軍之事也니라 九地之變과 屈伸之利[8]와 人情之理[9]를 不可不察也니라

1) 帥與之期(수여지기) : 장수가 병사들과 더불어 기약한다는 뜻.

2) 去其梯(거기제) : 그 사다리를 치우다. 돌아올 길을 막다. 도망할 기회를 주지 않다.

3) 諸侯之地(제후지지) : 제후의 땅. 곧 적의 영토를 뜻한다.

4) 焚舟破釜(분주파부) : 배를 불사르고 부수다. 죽을 각오로 싸우기 위해 도 망갈 기틀을 없애는 것.

5) 群羊(군양) : 무리의 양. 곧 양떼.

6) 莫知所之(막지소지) : 가는 곳을 알지 못하다. 지(之)는 간다는 뜻. 전투 전략을 군사들에게는 극비로 하다.

7) 投之於險(투지어험) : 위험한 곳으로 몰아넣다.

8) 屈伸之利(굴신지리) : 굴신(屈伸)의 이로움. 굴신(屈伸)은 굽히어 후퇴 하고 펴서 공격함을 뜻한다.

9) 人情之理(인정지리) : 병사들의 감정의 이치. 심리 상태.

15. 적의 나라를 침략하는 방법은

무릇 적의 나라를 침략한 군대의 방법은 깊이 들어가면 싸움에 오로지하고, 얕게 들어가면 흩어진다.

나라를 떠나 국경을 넘어 들어가서 주둔하는 곳은 절지(絶地) 이다.

사방으로 통하는 곳은 구지(衢地) 이다.

적의 땅에 들어감이 깊은 곳은 중지(重地) 이다.

적의 땅에 들어감이 얕은 것은 경지(輕地) 이다.

견고한 지형을 등지고 앞이 좁은 곳은 위지(圍地) 이다.

갈 데가 없는 곳은 사지(死地) 이다.

凡爲客之道는 深則專[1]하고 淺則散[2]이니라 去國越境而師者[3]는 絶地也오 四達者는 衢地也오 入深者[4]는 重地也오 入淺者는 輕地也오 背固[5]前隘者는 圍地也오 無所往者는 死地也니라

1) 深則專(심즉전) : 깊으면 오로지 하다. 곧 적의 땅에 깊이 들어가면 싸움

에만 전념한다는 뜻.

2) 淺則散(천즉산) : 얕으면 흩어진다. 곧 적의 땅에 얕게 들어가면 마음이 흩어져 단결하기 힘들다는 뜻.

3) 師者(사자) : 주둔하는 곳.

4) 入深者(입심자) : 들어감이 깊은 곳. 곧 적의 땅에 깊이 들어간 곳.

5) 背固(배고) : 견고한 지형을 등지다.

16. 병사들은 포위되면 방어한다

이런 까닭으로 산지(散地)에서는 나는 병사들의 뜻을 하나로 하고, 경지(輕地)에서는 나는 병사들로 하여금 모이게 하고, 쟁지(爭地)에서는 나는 적의 뒤를 쫓게 하고, 교지(交地)에서는 나는 그 수비를 신중하게 하고, 구지(衢地)에서는 나는 그 결속을 굳게 하려 한다.

중지(重地)에서는 나는 그 식량을 계속 대고, 비지(圮地)에서는 나는 그 길을 빨리 나아가게 하고, 위지(圍地)에서는 나는 그 비워놓은 데를 막을 것이고, 사지(死地)에서는 나는 살지 않는 것으로써 싸우는 것을 보일 것이다.

그러므로 병사들의 심정은 포위되면 방어하고 어찌할 수 없게 되면 싸우고 위험이 지나치면 명령에 복종하게 된다.

▨구지(九地) 곧 9가지 지형(地形)에서 싸울 때, 각각 그 지형의 특성에 따라 대처할 방도를 제시한 것이다.

그 첫째 지형인 산지(散地)에서 싸울 때, 곧 자기 나라의 영토 안에서 싸우는 경우다. 이때는 흩어지기 쉬운 병사들의 마음을 모아 하나로 단결시켜야 한다.

그 둘째 지형인 경지(輕地)에서 싸울 때, 곧 적국의 영토 국경선 근처로 적국에 깊이 들어가지 않은 곳에서 싸우는 경우다. 이때는 각 부대 사이를 흩어지지 않고 밀집되게 해야 한다.

그 셋째 지형인 쟁지(爭地)에서 싸울 때, 곧 먼저 점령하면 유리한 곳에서 싸우는 경우다. 이때는 병사들을 독려하여 적군의 배후로 급히 달려가 공격하여 그곳을 빼앗도록 해야 한다.

그 넷째 지형인 교지(交地)에서 싸울 때, 곧 서로가 공격하기 쉬운 평지에서 싸우는 경우다. 이때는 경계를 철저히 하여 수비를 견고하게 해야 한다.

그 다섯째 지형인 구지(衢地)에서 싸울 때, 곧 교통이 편리하여 사방으로 통할 수 있는 지점에서 싸우는 경우다. 이때는 우선 인접한 제3국과 외교관계를 잘 맺어 친선관계를 굳혀야 할 것이다.

그 여섯째 지형인 중지(重地)에서 싸울 때, 곧 적의 영토 깊숙이 들어가서 싸우는 경우다. 이때는 우선 식량을 적의 영토인 현지에서 충분히 조달하여 병사들의 섭생을 책임져야 한다.

그 일곱째 지형인 비지(圮地)에서 싸울 때, 곧 험준하거나 건너야 하는 장애물이 있는 지대에서 싸우는 경우다. 이때는 병사들을 신속하게 통과시켜야 한다.

그 여덟째 지형인 위지(圍地)에서 싸울 때, 곧 뒤는 험준한 산을 등지고 앞은 좁은 곳에서 싸우는 경우다. 이때는 적이 터놓은 함정으로 병사들이 도망가지 못하게 길을 막고 병사들로 하여금 결사적으로 전투에 임하게 한다.

그 아홉째 지형인 사지(死地)에서 싸울 때, 곧 막다른 처지에서 싸우는 경우다. 이때는 병사들에게 살아갈 수 없다는 각오를 하게 하여 목숨 걸고 싸우도록 한다.

병사들의 심리는 적에게 포위당하여 더 이상 물러설 수 없으면 전력을 다해 방어하고, 어찌할 수 없는 처지에 놓이게 되면 필사적으로 싸우고, 지나치게 위험을 느끼면 상관의 어떠한 명령에도 복종하게 되는 것이다.

是故로 散地에 吾將一其志[1]하고 輕地에 吾將使之屬[2]하고 爭地에 吾將趨其後[3]하고 交地에 吾將謹其守[4]하고 衢地에 吾將固其結[5]하고

重地에 吾將繼其食[6]하고 圮地에 吾將進其塗[7]하고 圍地에 吾將塞其闕[8]하고 死地에 吾將示之以不活[9]이니 故로 兵之情[10]은 圍則禦하고 不得已則鬪하고 過則從[11]이니라

1) 一其志(일기지) : 그 뜻을 하나로 하다. 곧 병사들의 뜻을 하나로 단결시키다. 병사들의 마음을 단결시키다.

2) 使之屬(사지촉) : 병사들로 하여금 밀집하게 하다. 곧 병사들을 흩어지지 않고 결속하여 모이게 한다.

3) 趨其後(추기후) : 그 뒤를 쫓다. 곧 적의 배후로 달려가서 그들을 공격한다는 뜻. 적을 열심히 공격한다는 뜻.

4) 謹其守(근기수) : 그 수비를 신중하게 하다. 곧 수비를 견고하게 하여 철통같이 지킨다는 뜻.

5) 固其結(고기결) : 그 결속을 굳게 하다. 곧 제3국과의 관계를 공고히 다진다는 뜻.

6) 繼其食(계기식) : 그 식량을 계속 대다. 곧 식량을 적지에서 계속 조달하여 넉넉하게 한다는 뜻.

7) 進其塗(진기도) : 그 길로 나아가다. 곧 병사들의 행군을 빨리 하게 하여 신속히 지나가게 한다는 뜻. 도(塗)는 도(途)의 뜻.

8) 塞其闕(색기궐) : 그 비워놓은 데를 막다. 곧 적이 터놓은 도망할 길을 막아 오로지 용감히 싸우도록 한다는 뜻.

9) 示之以不活(시지이불활) : 죽음으로써 싸우는 것을 보이다. 불활(不活)은 살지 않다. 곧 죽는다는 뜻

10) 兵之情(병지정) : 병사들의 심정. 병사들의 심리.

11) 過則從(과즉종) : 지나치면 따른다. 곧 위험함이 지나치면 상관의 명령에 무조건 복종한다는 뜻.

17. 9가지 중 한 가지라도 알지 못하면

이런 까닭으로, 이웃 제후(諸侯)의 계략을 알지 못하는 사람은 미리 교제하여 대비할 수가 없고, 산림과 험난한 곳과 습지대의 지형을 알지 못하는 사람은 군대를 행진시킬 수가 없고, 그 지방의 길 안내인을 쓰지 않는 사람은 지형의 이로움을 얻지 못할 것이다.

9가지 지형 중에서 그 한 가지라도 알지 못하면 이것은 패왕(覇王)의 군사가 아닌 것이다.

▨제3국인 다른 이웃 나라의 제후들과는 사전에 자기 나라에 유리하도록 미리 친선관계를 맺어 두어야 하는 것이지만, 그 제3국이 적국과 내통하고 있을 수도 있다. 그러므로 그 제3국 제후들의 계략을 알아야만 이쪽에 유리하도록 이끌 수 있는 것이다.

또 산림 속이나 험난한 지역이나 저습한 지대 등의 지형을 파악하고 있지 못한 지휘관은 자기 군대를 마음대로 행군시킬 수가 없다. 잘못하다가는 병사들을 점점 험지로 몰아넣을 위험성이 있기 때문이다.

또한 병사들을 행군시키고 그곳 지형의 이로움을 얻어 싸움을 승리로 이끌기 위해서는 그 지역의 지리를 잘 알고 있는 그 지방의 길 안내인을 두어야만 하는 것이다. 그래야 군대도 무사히 행군시킬 수 있고, 지형의 이점도 충분히 살릴 수가 있다.

그리고 9가지 지형 가운데 단 한 가지라도 그 대처방안을 알지 못하는 것이 있다면, 이는 천하를 지배하는 패왕(覇王)의 군대라고 말할 수 없다. 곧 패왕이 될 자격이 없다는 것이다.

是故로 不知諸侯之謀[1]者는 不能預交[2]하고 不知山林險阻沮澤之形者는 不能行軍하고 不用鄕導[3]者는 不能得地利니라 四五

者[4]에 不知一이면 非覇王之兵[5]也니라

1) 諸侯之謀(제후지모) : 이웃 나라 군주인 제후들의 계략.

2) 預交(예교) : 미리 사귀다. 곧 자기 나라에 유리하도록 미리 친선관계를
   맺어둔다는 뜻.

3) 鄕導(향도) : 그 고장의 길을 안내하는 사람.

4) 四五者(사오자) : 구지(九地). 곧 9가지 지형의 땅. 4와 5를 합하면 9가
   된다.

5) 覇王之兵(패왕지병) : 패왕의 군사. 패왕(覇王)은 무력으로 천하의 제후
   들을 지배하는 힘있는 제후.

〔실례〕

※제후들의 계략을 알아야 한다

　—선혜왕(宣惠王) 14년에 진(秦)나라는 한(韓)나라를 공격하여 언
(鄢)에서 격파하고, 16년에는 수어(脩魚)에서 격파하여 한나라 장군
수(鰻)와 신차(申差)를 생포했다.

　한나라의 공중(公仲)은 왕에게 진(秦)나라와 화친하도록 설득했다.

　"진나라는 초(楚)나라를 칠 생각을 하고 있습니다. 우리 나라로서는
영토의 일부를 진나라에게 뇌물로 주어 친교를 강화하고, 진나라와 함께
초나라를 쳐야 합니다."

　한나라 왕이 좋다고 허락하자 공중은 출발준비를 서둘렀다.

　이 말을 전해 들은 초나라 왕은 크게 놀라 진진(陳軫)을 불러 의견을
물었다.

　"이렇게 하면 어떻겠습니까. 군사를 일으켜 한나라를 돕겠다고 선언
하시어 도로 가득히 전차를 출동시키고, 사신을 통해 한나라에 많은 뇌
물을 보내는 것입니다. 하여튼 왕께서 구원하신다는 것을 한나라 왕이
믿도록 만드는 것입니다.

　그렇게 하면, 가령 한나라가 우리 초나라의 말을 듣지 않는다 해도 왕
의 덕을 칭찬해 진나라와 합세해서 공격해 오지는 않을 것입니다. 한 걸

음 나아가 한나라가 우리의 말을 믿고 진나라와 화친을 끊게 되면 대성 공입니다. 크게 노한 진나라와 한나라가 서로 물고 뜯게 되면 초나라는 우환을 면하게 될 것입니다."

초나라 왕은 진진의 말대로 한나라에 사신을 보냈다. 한나라 왕은 크 게 기뻐하며 진나라로 출발하려는 공중을 제지했다.

그러자 공중이 말했다.

"초나라는 이미 공격당할 형세에 있으므로 군을 동원시켜 한나라를 구 하는 척하는 것입니다."

그러나 한나라 왕은 그의 말을 듣지 않고 마침내 진나라와 단교했다.

후에 한나라는 진나라에게 크게 공격을 받았으나 초나라에서는 구원 병이 오지 않았다.

한나라 왕은 초나라 왕의 화친에 어떠한 계략이 숨어있는지 꿰뚫지 못 했던 것이다.

18. 패왕의 군대가 큰 나라를 정벌하면

대저 패왕의 군대가 큰 나라를 정벌하면 그 군사들이 모이지 못 하고, 위세가 적에게 가해지면 그 사귐이 합해지지 못한다. 이런 까닭으로 천하의 사귐을 다투지 않고, 천하의 권세를 기르지 않 으며, 자기의 사사로운 힘을 펴서 위세를 적에게 가하는 것이다.

그러므로 그 성을 빼앗을 수 있고, 그 나라를 무너뜨릴 수 있는 것이다.

▨천하를 장악한 강력한 패왕의 군대가 일단 큰 나라를 정벌하게 되 면 적국의 민심은 두려움으로 인해 하나로 통일되지 못하고, 그 위세에 눌려 그 나라와 평소에 친교를 맺고 있던 나라들도 감히 원군을 보낸다 거나 하지 못하게 되는데, 그것은 패왕의 강력한 위압감에 눌려서 그런 것이다.

그렇게 되면 패왕은 결과적으로 다른 나라들이 협력해 주는 것이 되므로, 다른 나라의 협력을 얻기 위한 외교적 교섭을 하거나 굳이 세력을 증강하려고 하지 않는다. 그것은 천하의 권세가 저절로 자기 밑으로 들어오기 때문이다.

오직 자기 나라의 힘을 펼쳐서 적국에게 위압을 가해도 적국은 힘을 합치지도 다른 나라와의 친교도 없으므로 전의가 상실되기 때문에 능히 적의 성을 빼앗고, 적의 나라를 쉽게 무너뜨릴 수가 있는 것이다.

夫覇王之兵은 伐大國하면 則其衆[1]不得聚하고 威加[2]於敵이면 則其交不得合[3]이니라 是故로 不爭天下之交하고 不養天下之權하며 信己之私[4]하여 威加於敵이니라 故로 其城可拔[5]하고 其國可隳니라

1) 其衆(기중) : 그 무리. 곧 적의 병사들.

2) 威加(위가) : 위세가 가해지다. 곧 위세를 가하다.

3) 其交不得合(기교부득합) : 그 사귐이 합해지지 못하다. 곧 그 나라와 교분을 맺으려는 나라가 없게 된다는 뜻.

4) 信己之私(신기지사) : 자기의 사사로운 힘을 펴다. 곧 자기 나라의 힘을 단독적으로 편다는 뜻.

5) 其城可拔(기성가발) : 그 성을 빼앗을 수 있다. 적의 성을 함락시키다. 기성(其城)은 적의 성.

〔실례〕

※제후들이 스스로 휘하로 들어오다

―제(齊)나라 환공이 노(魯)나라를 공격했을 때 노나라 장군 조말(曹沫 : 曹劌)은 세 번 싸워 세 번 다 패했다. 이에 노나라 장공은 두려워하여 드디어 화평을 청했다. 제나라 환공은 그를 용서하고 노나라와 가(柯)에서 만나 화평을 맹세했다. 그때 조말이 단검을 쥐고 단상으로 뛰어 올라가 제나라 환공의 면전에 칼을 들이대고는 협박하였다.

"제나라는 강하고 노나라는 약하다해도 귀국이 노나라를 침략하는데

는 극히 심한 점이 많습니다. 지금 노나라 성은 함락되었고 제나라 국경
이 압박을 가하고 있는 상태이니 적당히 배려하십시오.”

　환공은 이를 허락하고

　“노나라에서 탈취한 땅을 전부 반환하겠다.”

　고 말했다. 그러자 조말은 단검을 버리고 물러나 군신의 자리로 돌아
갔는데 안색 하나 변하지 않고 말투 또한 여전했다.

　위험을 모면한 환공이 노해서 그 약속을 어기고 조말을 죽이려 들자
관중(管仲)이 말했다.

　“안됩니다. 작은 이익을 탐내 스스로의 약속을 저버린다면 제후들이
신의를 버리기 때문에 결국 천하의 도움을 잃게 됩니다. 돌려 주는 것이
상책입니다.”

　마침내 환공은 침략한 노나라의 땅, 조말이 세 번 싸워 잃은 땅을 다시
노나라에게 돌려 주었다.

　제후들은 이 말을 듣고 제나라를 믿고 그 휘하로 들어오기를 희망했
다. 이것을 계기로 환공은 중원에서 패왕의 자리를 차지하게 되었다.

　한 시대가 바뀌어 민왕(湣王) 때 제나라는 자신의 위력을 뽐내 초
(楚)나라의 재상 당매(唐昧)를 중구(重丘)에서 격파하고 서쪽으로는
한(韓), 위(魏), 조(趙)의 삼국을 관진(觀津)에서 꺾고, 드디어 그들
과 함께 진(秦)나라를 공격, 조나라를 도와 중산(中山)을 멸망시키고
송(宋)나라를 격파하여 천 여 리의 땅을 넓혔다. 그후 민왕은 진나라의
소왕과 힘을 겨루며 제(帝)라 일컬었다.

　민왕은 스스로 뽐내 노나라로 가서

　“천자가 순수(巡狩)할 때 제후는 그 궁전을 천자에게 양보하고 열쇠
를 내놓으며 위의를 갖추고 당하(堂下)에서 배선(配膳)을 감독하고,
천자의 식사가 끝난 후 비로소 물러나 정사를 보는 법이다.”

　라고 호언장담을 했다.

　이로 말미암아 점차 제후의 신의를 잃었으며, 후에 민왕의 교만함을

못마땅하게 여긴 조, 한, 위, 연의 제후가 연합해서 제나라를 토벌했다.

연합군이 제나라 수도 임치(臨菑)를 함락시키자 제나라 민왕은 도망쳐 버렸다. 방약무도하게 행동하다가 나라를 망친 좋은 본보기이다.

19. 삼군을 한 사람같이 부리는 방법

법에 없는 상을 베풀고, 정사에 없는 명령을 내리면, 삼군의 병사들을 움직임이 한 사람을 부리는 것과 같다.

병사들 움직이기를 행동으로써 하고 말로써 고하지 말아야 하며, 병사들을 움직이는데 이(利)로써 하고 해(害)로써 고하지 말아야 한다.

▨싸움터에서 장수가 병사들을 부리는 방법을 말하였다. 싸움터란 특수 상황 이기에 평소의 규정에서 다소 벗어나도 좋다는 것이다. 때에 따라서는 병사들에게 규정에 없는 상을 베풀어 그들의 사기를 북돋아 주기도 하고, 또 규정에 없는 엄격한 처벌로써 장수의 위세를 보이기도 해야 하는 것이다.

그렇게 하면 전군의 행동을 마치 한 사람이 움직이듯이 자유롭게 움직일 수 있는 것이다.

싸움터에서 병사들을 움직이는 데에는 모든 것이 행동으로 통하는 것이다. 오직 행동만이 있을 뿐 설명이나 교훈같은 이론은 통하지 않는다는 것이다. 그리고 병사들에게는 전투의 유리한 점만을 말해야 싸움에 임하게 된다. 손해될 정보는 병사들이 알면 사기가 떨어질 수 있기 때문에 알려지지 않도록 해야 한다.

施無法之賞[1]하고 懸[2] 無政之令[3]이면 犯三軍之衆을 若使一人이니라 犯之以事[4]하고 勿告以言[5]하며 犯之以利하고 勿告以害니라

1) 無法之賞(무법지상) : 법에 없는 상. 곧 법규로 제정되어 있지 않은 상.

2) 懸(현) : 내걸다. 곧 내린다는 뜻.

3) 無政之令(무정지령) : 정사에 없는 명령. 곧 규정에 없는 처벌.

4) 犯之以事(범지이사) : 병사들 움직이는 것을 행동으로써 하다. 여기서 사(事)는 행동의 뜻.

5) 勿告以言(물고이언) : 말로써 고하지 않다. 이론적인 것으로 통하지 않는다는 뜻.

20. 천리 밖의 장수를 죽이는 것

병사들은 멸망하는 땅에 던져진 연후라야 존재하고 죽을 땅에 빠뜨려진 연후라야 살아 남는다.

대저 병사들은 해로운 처지에 빠진 연후라야 승패를 걸고 싸울 수 있는 것이다.

그러므로 전쟁을 행하는 일은 적의 뜻을 따르면서 자세히 살피는 데에 있다.

적을 한 방향으로 몰아넣으면 천리 밖의 장수도 죽일 수 있다. 이것이 교묘하게 일을 이룰 수 있다고 이르는 것이다.

병사들은 멸망할 처지에 놓이면 멸망하지 않기 위해 죽을 힘을 다해 용감하게 싸워서 살 길을 찾아내고, 죽을 땅에 빠지면 죽지 않으려고 결사적으로 싸워서 살아 남는다.

이와 같이 병사들은 절대절명의 위태로운 처지에 놓여야만 비로소 죽느냐 사느냐를 걸고 용감하게 싸우게 되는 것이다.

병사들을 움직여 전쟁을 수행함에 있어서는 무엇보다도 적군의 전략을 파악하는 것이 중요하다. 그러므로 적절한 후퇴와 진격을 통해 적군의 행동을 자세히 관찰하여 그 계략을 파악해 내는 것이다.

적의 계략을 파악하고 그것을 역이용하여 적군을 일정한 방향으로 몰아붙여 행동을 할 수 없게 하면 천리 밖에 있는 적군의 장수도 죽일 수

있을 만큼 교묘해 질 수 있는 것이니 적군을 물리쳐 승리를 거둘 수 있
는 것이다.

　投之亡地[1]然後에　存하고　陷之死地然後에　生이니라　夫衆陷於
害[2]然後에　能爲勝敗[3]니라　故로　爲兵之事[4]는　在於順詳[5]敵之意
하여　幷敵一向[6]이면　千里殺將이니라　此謂巧能成事[7]者也니라

1) 亡地(망지) : 멸망하는 땅. 곧 멸망할 처지.

2) 害(해) : 해로운 처지. 위태로운 처지.

3) 能爲勝敗(능위승패) : 승패를 걸고 싸울 수 있다. 죽느냐 사느냐를 걸고
　　싸우게 된다.

4) 爲兵之事(위병지사) : 전쟁을 행하는 일.

5) 順詳(순상) : 따르면서 자세히 살피다.

6) 幷敵一向(병적일향) : 적을 한 방향으로 몰아넣다.

7) 巧能成事(교능성사) : 교묘하게 일을 이룰 수 있다.

〔실례〕
　※배수(背水)의 진(陣)으로 싸운 한신
　―한(漢)나라 고조(高祖)를 도와 무위를 떨친 한신(韓信)이라는 장
수가 있었다.
　한신이 고조의 명을 받고 1만의 군사를 거느리고 조(趙)나라를 공략
했다. 적군은 요충지에 견고하게 성을 쌓고 기다리고 있었으므로 보통의
공격방법으로는 승산이 없었다.
　한신은 총공격을 개시하는 전날 밤, 가벼운 기병 2천명을 선발하여 그
들에게 한(漢)나라의 깃발인 붉은 기를 하나씩 주며 말했다.
　"내일 싸움에서는 거짓 패하여 달아날 것이다. 그러면 적군은 성을 비
우고 아군을 추격할 것이다. 그 틈을 이용하여 너희들은 성을 점령하고
붉은 기를 꽂으라."
　명령을 받은 기병대는 성 가까이 가서 은밀한 곳에 숨었다. 한편 나머

지 8천명의 병사들은 그날 밤으로 이동하여 성 앞을 흐르는 강을 등지고 배수진(背水陣)을 쳤다.

날이 밝았다. 성에 있는 적군은 강을 등지고 배수진을 친 한나라 군대를 보고 손뼉을 치며 웃었다. 이것은 병법에서는 물을 등지지 말라고 했는데 병법과는 전혀 다른 진을 치고 있었기 때문이었다.

한신은 군대의 일부를 이끌고 적군을 공격하다가 군대를 이끌고 본진으로 도망쳤다. 적군은 때를 놓칠세라 추격하느라 성을 비우고 밀어닥쳤다. 한나라 병사들은 강물 때문에 후퇴할래야 후퇴할 수 없는 상황에서 사력을 다해 싸웠기 때문에 적의 대군을 막아낼 수 있었다.

조나라 군대는 싸움에 승산이 없을 것을 알고 하는 수 없이 성으로 돌아가려 했지만 성은 이미 한나라의 기병대들이 점령하여 돌아갈 수가 없었다. 이때 한신의 군대가 습격하여 조나라의 대군을 격파했다.

싸움이 끝나자 한 참모가

"배수진을 치고 싸운다는 것은 들어 보지도 못했는데 이것은 도대체 어떤 전술입니까?"

하고 묻자 한신이 대답했다.

"병법에 '병사들을 사지로 몰아넣어야 비로소 산다' 는 말이 있지 않은가? 이것을 응용한 것이 바로 배수진이었다. 어차피 우리 군대는 약세이기 때문에 이를 생지(生地)에 두면 곧 흩어지고 말 것이기에 사지로 몰아넣은 것이었다."

한신은 손자의 병법을 응용하여 필요한 상황을 만들어 싸움으로써 승리를 이루었던 것이다.

21. 전쟁을 일으키는 날에 해야 할 일

이런 까닭으로 전쟁을 일으키는 날에는 국경의 관문(關門)을 막고 부(符)를 꺾어버리고 적의 사신을 통과시키지 않아야 하며,

조정에서는 격려하여 전쟁의 책임자를 임명한다.

한편 적이 관문을 열고 닫으면 반드시 빨리 들어가서 그 가장 소중하게 여기는 것을 먼저 살펴 은밀하게 더불어 기약하고, 계획을 밟아 적의 정세에 따라 그것으로써 싸울 일을 결정한다.

이런 까닭으로 처음에는 처녀와 같이 하고, 적국의 사람들이 문을 열면 나중에는 달아나는 토끼와 같이하여 적이 항거함에 이르지 못하게 한다.

▨전쟁을 일으키려는 날이 되면, 먼저 국경을 통과하는 관문을 봉쇄하고 통행증을 폐기시켜야 하며, 적국의 사신이 통과하지 못하게 하고, 한편 조정에서는 회의를 열어 전쟁을 수행할 최고 책임자인 장수를 임명해야 한다.

여기서 적국의 사신을 통과시키지 않는 까닭은 사신을 가장한 그가 실은 적국의 첩자일 수도 있기 때문에 철저한 방첩작전이다.

그리고 적국에서 관문을 여닫는 기회를 이용하여 이쪽에서 재빨리 첩자를 적국에 침투시켜 적이 가장 소중하게 여기는 급소를 찾아내 은밀하게 그것을 습격할 계획을 세워야 한다. 계획을 모두 세워놓고는 적국의 사정에 따라 전투를 전개할 시기를 결정한다. 이것은 첩자의 활동에 최대한의 기대를 거는 작전이다.

전쟁 초기에는 얼마동안 유순한 처녀처럼 보이면 적군이 방심하여 태세를 소홀히 하게 되는데 그 틈을 타서 마치 덫에서 벗어난 토끼처럼 재빠르게 공격하면 적군은 미처 대항할 겨를도 없이 격파된다는 것이다. 전쟁에서는 안에 감춘 것을 드러내 보이지 않고 권모술수로써 적을 속여야 하는 것이다.

是故로 政擧之日[1]에 夷關[2] 折符[3]하고 無通其使[4]하며 勵於廊廟之上[5]하여 以誅其事[6]니라 敵人開闔이면 必亟入之하여 先其所愛[7]하여 微與之期[8]하고 踐墨隨敵[9]하여 以決戰事니라

是故로 始如處女[10]라 敵人開戶나 後如脫兎니 敵不及拒[11]라

1) 政擧之日(정거지일) : 정거(政擧)하는 날. 조정에서 결정하여 전쟁을 일
   으키는 날.
2) 夷關(이관) : 관문(關門)을 막다. 곧 국경을 폐쇄한다는 뜻.
3) 折符(절부) : 부(符)를 꺾다. 곧 통행증을 없앤다는 뜻. 부(符)는 부신
   (符信)으로 통행증명서의 구실을 한다.
4) 無通其使(무통기사) : 적의 사신을 통과시키지 않다.
5) 勵於廊廟之上(여어랑묘지상) : 조정에서 격려하다. 낭묘(廊廟)는 조정
   (朝廷). 곧 조정에서 군사회의를 연다는 뜻.
6) 誅其事(주기사) : 전쟁을 수행하는 일에 책임사를 임명하다.
7) 先其所愛(선기소애) : 적이 소중하게 여기는 것을 먼저 살피다.
8) 微與之期(미여지기) : 은밀하게 그와 더불어 기약하다. 은밀하게 습격할
   계획을 세우다.
9) 隨敵(수적) : 적의 정세에 따르다.
10) 始如處女(시여처녀) : 처음에는 처녀와 같이 하다. 곧 겉으로 보여주는
    행동을 신중하게 한다는 뜻.
11) 不及拒(불급거) : 항거함에 미치지 못하다. 항거할 겨를이 없다. 항거할
    틈을 주지 않다.

제12편 불의 공격
(火攻篇第十二)

― 불로써 적을 공격한다 ―

I. 화공의 대상은 5가지이며 때와 날짜가 있다

손자가 말하였다.

"무릇 화공(火攻)에는 5가지가 있다. 하나는 사람을 불태우는 것이요, 둘은 양식이나 군수품을 불태우는 것이요, 셋은 수송차를 불태우는 것이요, 넷은 창고를 불태우는 것이요, 다섯은 부대를 불태우는 것이다.

화공을 행하는 데에는 반드시 까닭이 있어야 하며, 불을 피우는 기구는 반드시 평소에 갖추어야 한다.

불을 지르는 데에는 때가 있고, 불을 일으킴에는 날이 있다. 때라는 것은 날씨의 건조함이고, 날이라는 것은 달이 28수(宿) 중 기(箕) 벽(壁) 익(翼) 진(軫)성의 위치에 있는 때이다. 무릇 이 사수(四宿)는 바람이 일어나는 날이다.

▨중국의 전쟁사에서 화공을 사용한 예가 많듯이 당시 화공법은 매우 유효한 공격수단이었던 것이다. 화공(火攻)을 행할 대상으로는 5가지가 있다.

그 첫째는 화인(火人)으로 사람을 불태우는 것인데 적의 병사나 적국의 민가 등을 불로써 공격하는 것이다.

그 둘째는 화적(火積)이라는 것으로 적군이 쌓아놓은 식량이나 군수품을 불태우는 것이다.

그 셋째는 화치(火輜)라는 것으로 적의 수송물자를 실은 수레를 불태우는 것이다.

그 넷째는 화고(火庫)라는 것으로 적의 식량창고나 군수품창고를 불태우는 것이다.

그 다섯째는 화대(火隊)라는 것으로 적군의 진영을 불로 공격하여 혼란에 빠뜨리는 것이다.

결국 모든 적군의 전략과 관계되는 것이 화공의 대상이 되는 것이다.

화공을 실시하는 데에는 반드시 그 요건이 갖추어져야 하며 불을 붙이는 도구와 재료는 미리 갖추어져 있어야 한다.

그리고 불을 지르는 데에는 적당한 때와 날짜가 있다. 때라는 것은 날씨가 건조한 상태에 있을 때이고, 날짜라는 것은 바로 달이 28수(二十八宿) 중 기성(箕星)과 벽성(壁星)과 익성(翼星)과 진성(軫星)의 방향에 있는 날이다. 달이 이 네 개의 별자리에 있을 때는 바람이 일어나는 날이기 때문이다.

곧 불을 지르기 위해서는 건조하고 바람부는 날이 필요하다는 것이다.

孫子曰 凡火攻[1]에 有五하니 一曰火人[2]이오 二曰火積[3]이오 三曰火輜[4]오 四曰火庫오 五曰火隊[5]니라

行火에 必有因하며 煙火[6]必素具[7]니라 發火에 有時하고 起火에 有日하니 時者는 天之燥[8]也오 日者는 宿在箕壁翼軫[9]也니라 凡此四宿[10]者는 風起之日也니라

1) 火攻(화공) : 불로 공격하다.

2) 火人(화인) : 사람을 태우다. 곧 적의 병사나 민가를 불태우다.

3) 火積(화적) : 적이 쌓아놓은 것을 불태우다. 곧 적의 식량이나 군수품을 태우다.

4) 火輜(화치) : 수송차를 태우다. 곧 적의 화물을 수송하는 수레를 태우다.

5) 火隊(화대) : 부대를 태우다. 곧 적의 진영을 불태워 혼란스럽게 하다.

6) 煙火(연화) : 불을 붙이는 데 필요한 도구로 기름을 내뿜는 펌프의 일종
   과 화전(火箭)의 화살 끝에 기름을 먹인 헝겊을 감은 것 따위를 말한다.

7) 必素具(필소구) : 반드시 평소에 갖추다.

8) 天之燥(천지조) : 날씨의 건조함.

9) 箕壁翼軫(기벽익진) : 28수(二十八宿) 중의 네 별.

10) 此四宿(차사수) : 기(箕) 벽(壁) 익(翼) 진(軫)의 네 별.

〔실례〕
※화공법으로 승리한 적벽대전(赤壁大戰)

— '관도(官渡)의 싸움'으로 북부 중국에서 패권을 확립한 조조는 8
년 뒤인 서기 208년, 군대를 일으켜 강동에 할거하고 있는 손권(孫權)
에게 싸움을 걸었다. 손권만 항복시키면 천하를 통일한 것과 마찬가지였
기 때문이다.

이때 조조의 군대 25만의 대함대가 양자강을 내려오고 있었는데 손권
은 장수 주유(周瑜)에게 불과 3만의 수군을 이끌고 싸우게 했다. 여기
에 유비(劉備)의 군대 2만이 합류하여 5만의 병사로 25만의 조조 군대
를 상대해야 했다.

주유의 군대는 양자강을 거슬러 올라가 적벽(赤壁)에서 조조의 군대
를 만났다. 조조의 대함대는 북쪽 강가에 정박해 있고 주유의 군대는 남
쪽 강가에 진을 치고 서로 적군의 동정을 살폈다.

이때 장군인 황개(黃蓋)가 주유에게 말했다.

"지금 적군의 수는 많고 아군의 수는 적어 정면전이 되면 승산은 없습
니다. 적군의 함대를 살펴보니 앞부분과 꼬리가 서로 연결되어 있습니
다. 화공법으로 공격하는 것이 상책이라 생각됩니다."

조조의 군대는 북방 출신이었기 때문에 함선에 익숙하지 않아 배와 배
를 연결하여 동요를 막고 있었던 것이다.

황개의 계략에 고개를 끄덕인 주유는 즉시 쾌속정 10척을 준비시키고 그 배 안에 마른 풀을 가득 싣고 그 위에 기름을 끼얹고는 뱃머리에 흰 깃발을 달게 했으며 각 전함에는 탈출용 거룻배를 연결해 놓았다.

황개는 미리 조조에게 거짓으로 항복하겠다는 서신을 보냈다.

화공법을 쓰려면 적군쪽으로 바람이 불어야 하는데 삼국지에 의하면 이때 유비의 군사(軍師)인 제갈량(諸葛亮)이 언덕 위에 칠성단(七星壇)을 만들고 바람이 불어주기를 하늘에 빌었다고 한다.

그들의 간절한 소원이 하늘을 감동시켰는지, 다음날 아침부터 동남풍이 불어오기 시작했다. 황개는 10척의 함대를 이끌고 북쪽을 향해 출발했다. 조조의 병사들은 목을 길게 뽑고 "보라구, 황개가 항복하러 오는 거야." 하고 서로 기뻐했다.

적군의 함대 가까이 이르자 황개가 이끌고 간 함대에서 일제히 불을 뿜기 시작했다. 때마침 동남풍이 불어 조조의 함대는 순식간에 불 속에 휩싸였고 물 위에 있던 배들은 순식간에 타버렸으며 불길은 언덕에 있는 적진에까지 번져 나갔다. 타오르는 불길 속에서 조조의 병사들과 말은 불에 타죽고 물에 빠져죽고 하여 수많은 병사들이 죽어갔다.

주유는 가벼운 차림의 정예부대를 이끌고 배후에서 공격해 들어갔다. 이리하여 조조의 군대는 순식간에 무너져 달아나고 조조 자신도 겨우 목숨을 부지하여 도망쳐 돌아갔다.

중국 전쟁사 가운데 화공법으로 가장 극적인 승리를 거둔 '적벽(赤壁)의 싸움' 이었다. 승승장구하던 조조도 이때는 큰 패배를 당했던 것이다.

2. 5가지 불의 변화에 따라야 한다

무릇 화공(火攻)은 반드시 5가지 불의 변화에 따라 대응한다.

불이 적의 진영 안에서 일어나면 빨리 밖에서 이에 호응하여 공격해야 한다.

불이 났는데도 적군의 병사들이 조용하면 기다리고 공격하지 않아야 한다.

그 불의 힘이 극도에 이르렀을 때는 공격할 수 있으면 공격하고 공격할 수 없으면 그만두는 것이다.

불을 밖에서 지를 수 있으면 안에서 불이 일어나기를 기다리지 말고 적당한 때에 불을 지른다.

불이 바람부는 윗쪽에서 일어났으면 바람 아랫쪽에서 공격하지 않아야 한다.

낮에 바람이 오래도록 불면 밤에는 바람이 그친다.

무릇 군대는 반드시 5가지 불의 변화가 있음을 알아야 하며 술책으로써 그것을 지켜야 한다.

▨화공법(火攻法)을 실행하여 불길이 일어났을 때의 5가지 변화에 따른 대응을 설명하였다.

첫째 불이 적의 진영 내부에서 일어나 적군이 우왕좌왕하고 있으면 이쪽에서는 신속하게 그 기회를 이용하여 혼란에 빠진 적을 향해 공격해야 한다.

둘째 적의 진영 내부에서 불이 일어났는데도 적군의 병사들이 당황하는 빛 없이 침착하게 안정되어 있다면 거기에는 필시 적의 계략이 숨어 있다고 보아야 할 것이니 그 계략에 말려들어 공격하지 말고 기다리면서 사태의 추이를 지켜 보아야 한다.

셋째 적의 진영에서 일어난 불길이 치열하여 마침내 극도에 이르면 이쪽에서는 공격할 수 있으면 공격해도 좋고 그렇지 않으면 공격하지 않아도 좋다. 이렇게 되면 적의 진영은 어차피 패망하게 되어 있는 것이다.

넷째 적의 진영 내부에서 불이 일어나게 되어 있는데도 불이 일어나지 않는다면 이쪽의 작전 실패로 보아야 한다. 그러면 안에서 불이 일어나기를 기다리지 말고 적진 밖에서 바람이 부는 적당한 때에 불을 지르고 변화에 따라 대응해야 한다.

다섯째 바람이 불어오는 방향에 따라 대응해야 한다. 불을 바람이 불어 오는 윗쪽에서 질렀다면 바람이 부는 아랫쪽에서 공격해서는 안된다.

　낮에 오래도록 바람이 불었으면 밤에는 바람이 멈춘다는 사실도 알아두어야 한다.

　화공법의 변화에 대한 충분한 이해와 지식을 가지고 화공법을 사용하는 술책을 부리고 또 이쪽도 당할 수 있는 것이므로 화공법에 대한 대처도 언제나 생각해야 한다.

　언제 어떻게 공격당할지 모르기 때문에 항상 대응할 수 있는 지혜와 계책을 갖추고 있어야 한다.

　凡火攻은 必因五火之變而應之니라 火發於內[1]하면 則早應之於外[2]하고 火發而其兵靜者[3]면 待而勿攻하고 極其火力하여 可從而從之[4]하고 不可從而止하며

　火可發於外면 無待於內[5]하고 以時發之[6]니라 火發上風[7]이면 無攻下風[8]하고 晝風久면 夜風止니라

　凡軍은 必知有五火之變하며 以數[9]守之니라

1) 火發於內(화발어내) : 불이 안에서 일어나다. 곧 적의 진영 안에서 불이 일어나다.

2) 早應之於外(조응지어외) : 빨리 밖에서 이에 호응하다. 호응한다는 뜻은 공격한다는 말.

3) 其兵靜者(기병정자) : 적군의 병사들이 조용한 것. 이것은 이쪽에서 공격해 오기를 기다리는 것으로 보아도 되는 것이다.

4) 可從而從之(가종이종지) : 공격할 수 있으면 공격하다. 종(從)은 공격한다는 뜻.

5) 無待於內(무대어내) : 안에서 불이 일어나기를 기다리지 않다.

6) 以時發之(이시발지) : 적당한 때에 불을 지르다.

7) 火發上風(화발상풍) : 불이 바람부는 윗쪽에서 일어나다.

8) 無攻下風(무공하풍) : 바람 아랫쪽에서 공격하지 않다.

9) 數(수) : 술책. 꾀.

3. 화공(火攻)과 수공(水攻)의 차이

그러므로 불로써 공격을 돕는 것은 분명하고, 물로써 공격을 돕는 것은 강력하다.

물은 그것으로써 끊을 수는 있으나 그것으로써 빼앗을 수는 없는 것이다.

▨화공(火攻)과 수공(水攻)의 비교다. 화공과 수공은 다 적군을 공격하는데 있어 공격을 돕는 강력한 수단인데 그 작용에 따른 효과에는 큰 차이가 있다.

화공으로는 적군의 생명과 재물 등을 불태워 그 효과가 분명하게 드러나지만 수공으로는 적군의 이동통로나 보급로, 연락병의 통로 등을 끊어 놓아 고립상태에 빠지게 할 수는 있지만 화공처럼 적군에게 눈에 드러나는 피해를 주지는 못한다는 것이다.

故로 以火佐攻者[1]는 明하고 以水佐攻者[2]는 強이니라 水可以絶[3]이나 不可以奪[4]이니라

1) 以火佐攻者(이화좌공자) : 불로써 공격을 돕는 것. 화는 화공(火攻).
2) 以水佐攻者(이수좌공자) : 물로써 공격을 돕는 것. 수는 수공(水攻).
3) 水可以絶(수가이절) : 물은 그것으로써 끊을 수 있다. 곧 수공으로는 적군의 이동통로나 보급로나 연락병의 이동을 끊을 수 있다.
4) 不可以奪(불가이탈) : 그것으로써 빼앗을 수 없다. 곧 수공으로는 적군의 생명이나 재물을 빼앗을 수 없다는 뜻.

4. 이로움이 아니면 움직이지 않는다

대저 싸워서 이기고 공격하여 취하고서도 그 공을 닦지 않는 자

는 흉(凶)한 것이니 이름하여 비류(費留)라고 한다.

　그러므로 말하기를 "현명한 군주는 이것을 생각하고 훌륭한 장수는 이것을 닦는다."고 한다.

　이로움이 아니면 움직이지 않고 얻는 것이 아니면 군대를 쓰지 않으며 위태롭지 않으면 싸우지 않는다.

　▨비록 싸움에서 승리를 거두고 적의 성을 공격하여 빼앗는 공을 세웠는데도 천거하여 상을 주지 않거나 잘못이 있어도 벌을 주지 않는다면 병졸들은 의혹을 품게 되니 이것은 흉한 것이다. 이것을 일러 나라의 재물을 쓸데없이 소비하면서 병사들을 돌아오지 못하게 하여 싸움터에 남겨 둔다는 뜻인 비류(費留)라고 말하는 것이다.

　그러므로 현명한 군주는 항상 전쟁의 계략을 생각하고 훌륭한 장수는 항상 상벌을 정확히 하여 공을 세울 것을 힘쓰는 것이다.

　명철한 임금과 현명한 장수는 확실한 승산과 이로움이 보이지 않으면 전쟁을 일으키지 않는다. 전쟁이란 흉한 일로 가벼이 일으킬 수 없는 것이다. 그러므로 위급한 상황이 아니면 전쟁을 하지 않는다는 것이다.

　夫戰勝攻取라도 而不修[1] 其功[2] 者는 凶하니 命曰費留[3] 니라 故로 曰 明主[4] 는 慮之[5] 하고 良將[6] 은 修之니라 非利不動하고 非得不用[7] 하고 非危不戰이니라

1) 不修(불수) : 닦지 않다. 곧 공을 세웠는데도 상을 주지 않고 죄를 지었는데도 벌을 주지 않는 것.

2) 其功(기공) : 공을 세운 것. 싸워서 이기고 공격하여 취한 일.

3) 費留(비류) : 나라의 재물을 쓸데없이 낭비하고 병사들을 돌아오지 못하게 하여 싸움터에 남겨두다.

4) 明主(명주) : 현명한 군주. 명철한 임금.

5) 慮之(여지) : 이것을 생각하다. 전쟁에서의 계략을 생각하다.

6) 良將(양장) : 어진 장수. 훌륭한 장수.

7) 不用(불용) : 쓰지 않다. 곧 군대를 쓰지 않다. 싸우지 않는다는 뜻.

5. 멸망한 나라는 다시 존재할 수 없다

군주는 노여움으로써 군사를 일으켜서는 안되고 장수는 성냄으로써 전쟁을 해서는 안된다.

이로움에 맞으면 움직이고, 이로움에 맞지 않으면 그만두는 것이다. 노여움은 다시 기쁨이 될 수 있고 성냄은 다시 즐거움이 될 수 있지만 멸망한 나라는 다시 존재할 수 없고 죽은 자는 다시 살아날 수 없는 것이다.

그러므로 현명한 군주는 그것을 삼가고 훌륭한 장수는 그것을 경계하는 것이니 이것이 나라를 안전하게 하고 군대를 온전하게 하는 길이다.

▨군주가 단지 일시적인 분노를 참지 못하고 아무 준비없이 전쟁을 일으켰다가는 패망하기 십상이다. 장수가 한때 흥분을 억제하지 못하고 무조건 전투를 벌였다가는 패하여 사로잡히기 쉽다.

전쟁은 국가의 운명을 좌우하는 것이므로 나라에 이로움이 되고 이쪽에 유리한 상황이면 군사를 움직여도 되지만 그렇지 않다고 판단되면 전쟁을 하지 말아야 한다.

일시적인 분노와 흥분은 시간이 지나면 풀리고 가라앉게 되며 다시 기분좋은 상태가 될 수도 있지만 일단 멸망한 나라는 다시 존재할 수 없고 한 번 죽은 병사들은 다시 살아나지 못하는 것이다.

그러므로 현명한 군주는 신중히 생각하며 훌륭한 장수는 삼가 경계하여 전쟁에 임하는 것이다. 이것이 나라를 안전하게 지키고 군대를 온전하게 유지하는 방법인 것이다.

主不可以怒而興師하고 將不可以慍而致戰¹⁾이니 合於利而動하고 不合於利而止니라 怒可以復喜²⁾하고 慍 可以復悅이나 亡國은

不可以復存³⁾하고 死者는 不可以復生이니라

　故로 明君은 愼之⁴⁾하고 良將은 警之⁵⁾하나니 此는 安國⁶⁾全軍⁷⁾之道也니라

1) 致戰(치전) : 전쟁을 하다. 전투를 치르다.

2) 怒可以復喜(노가이부희) : 노여움은 다시 기쁨이 될 수 있다.

3) 復存(부존) : 다시 존재하다.

4) 愼之(신지) : 그것을 삼가다. 곧 전쟁을 삼가다.

5) 警之(경지) : 그것을 경계하다. 곧 전쟁을 경계하다.

6) 安國(안국) : 나라를 안전하게 하다.

7) 全軍(전군) : 군대를 온전하게 하다.

〔실례〕

※한번 죽은 사람은 살아나지 못한다

—왕위에 오른 오(吳)나라 왕 부차(夫差)는 백비(伯嚭)를 총리대신에 임명하여 정치를 맡기고 자기는 군사 훈련에 전념했다. 이듬해 부차는 모든 정병을 이끌고 월(越)나라를 공격하여 월나라 군사를 부추산(夫湫山)에서 격파했다. 월나라 왕 구천(句踐)은 잔병 5천명과 함께 회계산(會稽山)에 웅거하여 대신인 종(種)을 파견해서 백비에게 많은 뇌물을 보내고 화평을 청했다. 백비의 주선으로 오나라 왕은 화평을 허락했으나 오자서(伍子胥)가 오나라 왕에게 충고했다.

"월나라 왕은 괴로움을 견뎌내는 인간입니다. 지금 완전히 멸망시키지 않으면 반드시 후회하게 될 것입니다."

오나라 왕은 오자서의 충고를 듣지 않고 백비의 말을 따라 월나라와 강화해 버렸다.

오나라 왕 부차 7년에 오나라는 제(齊)나라를 공격했다.

이때도 오자서는

"월나라 왕 구천은 고생을 이겨 넘기고 백성을 사랑해 국력 회복에 전념하고 있습니다. 구천이 죽지 않는 한 오나라의 근심은 끊이지 않을 것

입니다. 그런데 월나라를 내버려두고 제나라를 공격하는 것은 크게 잘못입니다."

　하고 충고했으나 오나라 왕은 역시 듣지 않았다. 그대로 제나라를 공격해서 제나라 군대를 애릉(艾陵)에서 격파했다. 이 승리로 부차는 교만해졌으나 오자서의 눈에는 오나라의 멸망이 뚜렷하게 비쳤음에 틀림없다.

　9년에는 추(騶)를 위해 노(魯)나라를 징벌하고, 10년에는 제나라를 공격하고 11년에도 제나라를 토벌했으나 월나라에 대해서는 돌아보지 않았다. 뿐만 아니라 월나라 왕 구천이 문안차 찾아와 많은 물건을 헌상하자 오나라 왕은 크게 기뻐했다. 오자서는 오나라의 멸망을 걱정하며 다시 오나라 왕에게 충고했다.

　"월나라는 우리 몸에 숨어 있는 병과 같습니다. 제나라의 메마른 땅을 탐내지 말고 먼저 월나라를 처치하는 것이 급선무입니다."

　그러나 오나라 왕은 듣지 않고 도리어 오자서를 사신으로 제나라에 파견했다. 오자서는 아들에게

　"오나라는 이제 끝장이다. 너는 오나라와 같이 망할 필요는 없다."

　하고 아들을 제나라의 대신인 포목(鮑牧)에게 맡긴 다음 귀국하여 부차에게 사신으로서의 보고를 끝냈다.

　백비는 봉동(逢同)과 공모하여 오자서를 중상했다.

　"오자서는 모반을 꾀하고 있는 듯합니다. 자기 아들을 제나라에 맡기고 온 것이 무엇보다 큰 증거입니다."

　부차는 그 말을 듣고 크게 노해 오자서에게 속루(屬鏤)라는 이름의 명검을 하사했다. 그 검으로 자살을 하라는 뜻이었다. 오자서는 죽음을 앞두고 말했다.

　"내 무덤에는 반드시 가래나무(梓)를 심어다오. 그것으로 오왕의 관을 짤 수 있을 것이다. 그리고 내 눈을 도려내어 오나라 동문(東門) 위에 걸어다오. 월나라 군대가 공격해 와서 오나라가 망하는 것을 보아야겠다."

그 말을 들은 오왕은 격노해서 오자서의 시체를 말가죽으로 만든 주머니에 넣어 장강(長江)에다 던져 버렸다.

오자서를 죽이고 나서 오왕은 드디어 제나라로 공격해 들어갔으나 크게 패하고 말았다. 13년에는 노(魯)나라와 위(衛)나라의 군주를 불러 탁고(橐皐)에서 패자(覇者)를 정하는 회합을 열었다. 14년에는 제후를 황지에 모아 다시 패자를 정하는 회합을 열었다. 그런데 그 틈을 타 월나라 왕 구천이 오나라를 공격하여 오나라의 태자 우(友)를 인질로 잡았다.

이 소식을 들은 오나라 왕은 급히 군사를 이끌고 귀국했으나 국외에 너무나 오래 있었기 때문에 장수와 병사들이 모두 지쳐 있었다. 그래서 사신을 파견하여 대량의 뇌물을 보내 월나라와 화친을 맺었다.

18년에 월나라는 더욱더 강해져 또다시 오나라를 습격하더니 오나라 군사를 입택(笠澤)에서 격파했다. 20년에 월나라 왕은 또 오나라를 공격하고 21년에는 드디어 오나라의 수도를 포위했다. 23년이 되자 월나라는 기어이 오나라를 멸망시키고 말았다.

월나라 왕 구천은 오나라 왕 부차를 용동(甬東) 땅으로 옮겨 백헌(百軒)촌의 촌장으로 삼으려고 했으나 오나라 왕은 사퇴하며

"이미 늙어 다시는 군주를 모실 수가 없다. 오직 오자서의 말을 듣지 않고 이런 처지에 빠진 것을 후회할 뿐이다. 아아, 오자서는 이미 죽어 다시는 살아나지 못하지만 그래도 오자서를 대할 면목이 없다."

하고 부차는 스스로 목숨을 끊었다.

멸망한 나라는 다시 이룰 수 없는 것. 이로움 없는 전쟁을 치르고 교만에 의한 회합으로 나라를 지키지 못한 오나라 왕 부차는 끝내 후회하며 죽음을 맞은 것이다.

제13편 간첩의 이용
(用間篇第十三)

― 간첩의 5가지 종류 ―

I. 적군의 정보를 알지 못하면

손자가 말하였다.

"무릇 군사 10만을 일으켜 천리를 나아가서 정벌하려면 백성들이 부담하는 비용과 공가(公家)에서 지출하는 군사비는 날로 천금을 소비하게 되며, 나라의 안팎이 소란하게 움직이고 도로에서 오고가고 하여 자기 일에 종사하지 못하는 자는 70만 가구나 된다.

서로 대치하기 수년 동안에 하루의 승리를 다투는데 벼슬과 봉록(俸祿)과 백금(百金)을 아껴 적의 정세를 알지 못하는 것은 어질지 못한 것의 지극한 것이다. 그것은 병사들의 장수가 아니요, 군주의 보좌관이 아니며 승리의 주인이 아닌 것이다."

▨가령 10만의 대군을 동원하여 멀리 천리 밖에 있는 적국을 정벌하는 데 드는 비용은 일반 백성들이 부담하는 것과 국가의 지출을 합해 날로 천금을 헤아리게 된다.

그뿐만 아니라 온 나라가 전쟁에 휘말려 국내외적으로 소란스럽게 되고 백성들은 군수물자나 식량 공급을 위해 길거리에서 매일매일을 보내

야 하기 때문에 생업을 포기하는 자가 무려 70만 가구에 이른다는 계산
을 하였다. 이렇게 되면 백성들의 생활은 비참해지고 국가의 재정은 파
탄지경에 이르게 되는 것이다.

이러한 막대한 군사비의 지출이 부담되어 전쟁에 있어서 무엇보다 중
요한 적의 실정을 파악하는 일을 소홀히 해서는 안된다는 것이다.

적군과 대치하는 것은 몇년 몇달이 걸리지만 마지막 승리를 다투는 것
은 단지 한판 싸움에서 결정되는 것이다.

그 싸움에서 이기기 위해서는 적의 실정을 잘 파악해야 하고 적의 실
정을 파악하는 데는 간첩의 역할이 중요하다. 그럼에도 불구하고 벼슬자
리와 봉록과 돈을 아껴서 간첩을 제대로 이용하지 못하여 적군의 정보
수집을 게을리하는 것은 어리석은 일이다.

이런 장수는 장수로서의 자격이 없고 군주를 보좌할 만한 인물도 못
되며 최후의 승리자가 되지도 못한다고 못박고 있다.

孫子曰 凡興師十萬하여 出兵[1]千里면 百姓之費[2]와 公家之奉[3]
이 日費千金[4]하며 內外騷動하여 怠於道路[5]하여 不得操事者[6]는
七十萬家니라

相守[7]數年에 以爭一日之勝이니 而愛爵祿百金[8]하여 不知敵
之情者는 不仁之至[9]也니 非人之將也오 非主之佐[10]也오 非勝
之主[11]也니라

1) 出兵(출병) : 나가서 정벌하다.

2) 百姓之費(백성지비) : 백성들이 부담하는 비용.

3) 公家之奉(공가지봉) : 국가에서 지출하는 군사비. 공가(公家)는 국가
   (國家)라는 뜻.

4) 日費千金(일비천금) : 날로 천금을 소비하다. 매우 많은 경비를 소비하다.

5) 怠於道路(태어도로) : 도로에서 오고가고 하다. 곧 백성들이 군수물자를
   수송하느라고 도로를 차지하게 된다는 뜻.

6) 不得操事者(부득조사자) : 자기 일에 종사하지 못하는 사람. 곧 각자의

생업에 종사할 수 없는 사람.

7) 相守(상수) : 서로 지키다. 곧 서로 대치하다.

8) 愛爵祿百金(애작록백금) : 벼슬과 봉록(俸祿)과 백금을 아껴 간첩을 쓰
   지 않는다는 뜻. 백금(百金)은 많은 돈. 천금(千金)과 같은 뜻.

9) 不仁之至(불인지지) : 어질지 못한 것의 지극함. 곧 지극히 현명하지 못
   하다는 뜻.

10) 非主之佐(비주지좌) : 군주의 보좌(輔佐)가 아니다. 곧 군주를 보좌할
    만한 그릇이 못된다는 뜻.

11) 非勝之主(비승지주) : 승리의 주인이 아니다. 곧 최후의 승리자가 되지
    못한다는 뜻.

2. 적의 실정을 먼저 아는 군주와 장수는

그러므로 명철한 군주와 현명한 장수는 움직이면 적을 이겨 공
을 이룸이 남들보다 뛰어나는 까닭은 적의 실정을 먼저 알기 때
문이다.

적의 실정을 먼저 안다는 것은 귀신에게 물어서 취할 수도 없
고, 있었던 일에서 본받을 수도 없고, 어떤 법칙에서 증험할 수도
없는 것이며, 반드시 사람에게서 취하여 적의 실정을 알아야 하
는 것이다.

▨전쟁에서 적과 싸워서 승리하는 길은 간첩의 활동에 의해 적의 실
정을 먼저 아는 데에 있다. 명철한 군주와 현명한 장수라고 일컬어지는
사람들은 일단 군사를 움직여 싸우면 반드시 승리하여 크게 공을 이루
었는데 그 까닭은 모두 적의 실정을 먼저 알고 싸웠기 때문이었다.

그런데 적군의 실정은 어떤 방법으로 알 수 있는가. 그것은 귀신에게
물어서 알 수 있는 것도 아니고 이전에 있었던 다른 일을 본보기로 하여
판단하는 것도 아니며 또는 일정한 법칙에 의해 알 수 있는 것도 아니다.

반드시 적의 실정을 탐지하는 간첩의 활동을 통하여서만 알 수 있는
것이다.

故로 明君賢將은 所以動而勝人[1]하여 成功出於衆[2]者는 先知[3]
也니라 先知者는 不可取於鬼神[4]하고 不可象於事[5]하고 不可驗於
度[6]하며 必取於人[7]하여 知敵之情者也니라

1) 動而勝人(동이승인) : 움직이면 적을 이기다. 일단 출격하면 승리하다.

2) 出於衆(출어중) : 남들보다 뛰어나다. 곧 출중(出衆)하다.

3) 先知(선지) : 먼저 알다. 곧 적의 실정을 먼저 안다는 뜻.

4) 取於鬼神(취어귀신) : 귀신에게 물어서 취하다. 옛날에 중국에서는 전쟁
   을 하려면 먼저 종묘에 모셔 놓은 거북의 등껍질을 불에 태워서 그 갈라진
   모습으로 길흉(吉凶)을 판단하였다. 이것을 거북점이라 하였는데 귀신에
   게 묻는다는 것은 이것을 두고 이르는 말이다.

5) 象於事(상어사) : 있었던 일에서 본받다. 다른 예전의 일과 비교하여 판
   단하다.

6) 驗於度(험어도) : 어떤 법칙에서 증험하다. 어떤 법칙을 근거로 추측하다.

7) 取於人(취어인) : 사람에게서 취하다. 곧 적의 실정을 탐지하여 잘 아는
   사람의 말을 들어 취한다는 뜻.

3. 5가지 첩보원을 쓰는 방법

그러므로 간첩을 쓰는 데에는 5가지가 있다. 인간(因間 : 향간)
이 있고 내간(內間)이 있고 반간(反間)이 있고 사간(死間)이
있고 생간(生間)이 있다.

이 5가지의 간첩이 함께 일어나되 적이 그 방법을 알지 못하게
하는 것이니 이것이 신기(神紀)가 되는 것이요, 인군(人君)의
보배인 것이다.

인간(향간)이라는 것은 적의 고을 사람을 간첩으로 쓰는 것이다. 내간이라는 것은 적의 관리를 간첩으로 쓰는 것이고, 반간이라는 것은 적의 간첩을 이중간첩으로 만들어 쓰는 것이고, 사간이라는 것은 밖으로 일을 속여 우리의 간첩으로 하여금 그것을 알게 하여 적에게 전하는 것이고, 생간이라는 것은 돌아와서 보고하는 것이다.

▨적군의 실정을 파악하여 정보를 알려 주는 간첩에는 5가지의 종류가 있다.

이 5가지의 간첩활동을 동시에 사용하되 적이 알지 못하도록 해야 한다. 적이 전혀 첩보활동을 눈치채지 못하게 하면 신기(神紀)라 이르며 군주의 큰 보배가 되는 것이다.

5가지 간첩의 하나인 인간(因間)은 향간(鄕間)이라고도 한다. 향간은 적국의 고을 백성을 포섭하여 정보를 제공하게 하는 것이다.

둘째 내간(內間)은 적국의 관리를 매수하여 정보를 제공하게 하는 것이다.

셋째 반간(反間)은 적국의 간첩을 역이용하는 것으로 이중간첩이라 할 수 있다.

넷째 사간(死間)은 적국에 들어가 이쪽 군사에 대한 거짓 정보를 전달하게 하여 그것이 거짓임이 드러나면 죽임을 당하게 되는 것이다. 또는 원래는 이쪽의 간첩인데 적국의 이중간첩 역할을 하는 자를 이용하여 거짓 정보를 흘린 다음 적이 방비를 하게 하는데 이쪽에서는 그대로 행동하지 않음으로써 그 자는 죽임을 당하게 되는 것이다.

다섯째 생간(生間)은 적국으로부터 반드시 살아서 돌아와 정보를 제공하게 하는 것이다.

故로 用間에 有五하니 有因間[1]하고 有內間하고 有反間하고 有死間하고 有生間이니라 五間俱起[2]하되 莫知其道하니 是爲神紀[3]오 人君之寶也니라

因間者는 因其鄕人하여 而用之[4]하고 內間者는 因其官人하여 而
用之하고 反間者는 因其敵間[5]하여 而用之하고 死間者는 爲誑事
於外[6]하여 令吾間知之[7]하여 而傳於敵하고 生間者는 反報[8]也니라

1) 因間(인간) : 향간(鄕間)을 뜻한다.
2) 五間俱起(오간구기) : 5가지의 간첩이 함께 일어나다. 5가지 유형의 간
   첩을 한꺼번에 사용하다.
3) 神紀(신기) : 신묘한 방법.
4) 因其鄕人而用之(인기향인이용지) : 적의 고을 사람을 인하여 쓰다. 기
   (其)는 적이라는 뜻. 적국의 고을 사람을 정보원으로 쓰다.
5) 敵間(적간) : 적의 간첩.
6) 爲誑事於外(위광사어외) : 밖으로 일을 속이다.
7) 令吾間知之(영오간지지) : 우리 간첩으로 하여금 그것을 알게 하다.
8) 反報(반보) : 돌아와서 보고하다.

〔실례〕
※보통 사람들을 협력자로 만든다
—진(晉)나라 예주(豫州)의 자사(刺史) 조적(祖逖)은 옹구(雍邱)
를 진압시킬 때 널리 촌민을 사랑하고 선비에게는 자기를 낮추고 별로
친하지 않은 자나 신분이 천한 자라도 차별을 두지 않고 공손히 대함으
로써 민심을 샀다.
오직 하상보(河上堡)라는 촌만은 전임자의 영향이 강해 그 귀추가 뚜
렷하지 않았다.
그래서 조적은 여유있는 군대를 파견하여 거짓으로 하상보를 약탈하
게 했다. 어느쪽을 편드는지 확실하게 알고 싶어서였다.
대부분의 촌장들은 이미 조적을 신뢰하고 따르고 있었으나 그중에는
다른 생각을 가진 자도 있어 거짓으로 군의 움직임에 따라 반대하는 태
도를 보였다.
조적을 신뢰하는 촌장들이 은밀히 이 사실을 통보해 오자 조적은 이

들을 체포함으로써 옹구를 장악할 수 있었다. 이것은 향간을 사용하여 이로움을 얻은 것이다.

4. 간첩을 쓰지 않는 곳이 없다

그러므로 삼군(三軍)의 친밀함에 있어서는 간첩보다 더 친함이 없고, 상(賞)이 간첩보다 더 후함이 없고, 일이 간첩보다 더 은밀함이 없다.

뛰어난 지혜가 아니면 간첩을 쓸 수가 없고, 어질고 의로움이 아니면 간첩을 부릴 수 없고, 미묘함이 아니면 간첩의 실적을 얻을 수가 없는 것이다.

미묘하고 미묘하다. 간첩을 쓰지 않는 곳이 없다.

간첩의 일이 아직 발하기 전에 먼저 들리게 되면 간첩과 더불어 고한 바의 사람은 다 죽게 되는 것이다.

장수는 군대 전체의 일을 다스리는데 그중에서도 간첩보다 더 친밀하고 긴밀한 관계를 유지해야 하는 사이는 없다.

간첩의 역할이 매우 크기 때문에 그만큼 상도 간첩에게 가장 후하게 주어져야 하며 간첩과의 모든 일은 가장 은밀하게 이루어져야 한다는 것이다.

간첩은 최고 지휘관의 직속에 있으므로 최고 지휘관인 장수에게 정확한 판단력과 뛰어난 지혜가 없으면 간첩을 제대로 쓰지 못하고 오히려 이용당할 수 있다. 그리고 장수에게 인의의 덕이 갖추어져 있지 않으면 인간적인 신뢰가 중요한 관계이므로 간첩을 부리지 못한다. 또 미묘하고 치밀하게 운용하지 못하면 간첩이 실체를 파악하지 못하여 그 실적을 올리지 못하게 되는 것이다.

간첩을 쓰는 일은 미묘하고 현묘하여 간첩을 잘 운용하면 놀라운 위력을 발휘하게 된다. 간첩은 어떻게 운용하느냐에 따라 어디에서나 유효하게 쓸 수 있어 쓰이지 않는 바가 없다.

　그런데 만약 간첩의 일이 사전에 누설되어 누설된 사실을 고하는 자가 있으면 그 간첩과 와서 고한 사람까지 모두 죽여 입을 막아야 한다. 그만큼 매우 은밀하게 비밀이 지켜져야 하는 것이다.

　故로 三軍之親에 莫親於間[1]하고 賞莫厚於間하고 事莫密於間이니라 非聖智[2]면 不能用間하고 非仁義면 不能使間[3]하고 非微妙면 不能得間之實[4]이니

　微哉微哉라 無所不用間也니라 間事未發而先聞者[5]면 間與所告者[6]는 皆死[7]니라

1) 莫親於間(막친어간) : 친밀함이 간첩보다 더한 사이가 없다.

2) 聖智(성지) : 뛰어난 지혜.

3) 使間(사간) : 간첩을 부리다.

4) 不能得間之實(불능득간지실) : 간첩의 실적을 얻을 수 없다. 간첩에게 제
　　대로 된 정보를 얻지 못하다.

5) 未發而先聞者(미발이선문자) : 아직 발하기 전에 먼저 들은 자가 있다.
　　간첩의 일이 사전에 누설되어 누설되었음을 와서 말하는 자.

6) 間與所告者(간여소고자) : 간첩과 더불어 말한 바의 사람. 곧 간첩과 정
　　보 제공을 한 사람.

7) 皆死(개사) : 다 죽다. 모두 죽이다.

〔실례〕

※상대의 내부에 협력자를 만들어야 한다.

　―익주(益州)의 목사(牧使) 나상(羅尙)이 장수 외백(隗伯)을 파견해서 비성(郫城)에 있는 촉(蜀)의 이웅(李雄)을 공격했다.

　승리가 어렵게 되자 이웅은 박태(朴泰)를 불러 의논한 다음 피가 흐르도록 매질을 가해 추방했다. 그것은 나상을 속이려는 계략으로 이웅을 박태의 원수라고 믿게 하려는 것이었다.

　이웅은 박태를 나상의 군진으로 들여보내 은밀히 내응하도록 서로 계획하고 내응은 불로써 신호를 한다는 것을 미리 정해놓았다.
　나상은 이것을 믿었고, 외백에게 정예병을 총동원하여 재차 이웅을 공격하게 하였다. 박태 또한 이 공격에 참여했다.
　외백의 군사가 진격하여 성을 구축하자 이웅의 장수인 이양(李驤)은 길에 군사를 매복시켰고 박태는 긴 사다리를 성 위에 걸치고 불을 질렀다. 불길이 오르는 것을 보자 외백의 군사가 앞다투어 사다리를 올랐다. 박태는 밧줄로 나상의 군사 백여명을 끌어올려 모조리 죽였다. 그때 이웅은 군사를 풀어 내외 호응해서 나상의 군을 섬멸시켰다.

5. 공격하려는 상대의 모든 것을 알아내야 한다

　무릇 공격하고자 하는 바의 군대와 공격하고자 하는 바의 성과 죽이고자 하는 바의 사람은 반드시 먼저 그 지키는 장수와 좌우(左右)와 알자(謁者)와 문자(門者)와 사인(舍人)의 성명을 알아야 하는데 우리의 간첩으로 하여금 반드시 찾아서 그것을 알게 하여야 한다.
　▨싸워야 할 적군에 대하여는 필요한 모든 것을 알아야 한다. 군대를 공격하려면 적군의 군대편성이나 전력 등을 파악하고, 성을 공격하려 하면 성의 지리적 조건이나 방비의 형세 등을 조사하게 하고, 만약 적군의 장수를 죽이고자 할 경우라면 측근의 경호하는 자나 연락병이나 문지기나 잡무를 담당하는 사람에 이르기까지 그 성명을 조사하여 알아 두어야 한다.
　이런 것을 알기 위해서는 이쪽의 간첩을 적군에 침투시켜 몰래 알아내게 하는 수밖에 없다.

凡軍之所欲擊¹⁾과 城之所欲攻²⁾과 人之所欲殺은 必先知其守

將³⁾과 左右⁴⁾와 謁者⁵⁾와 門者와 舍人⁶⁾之姓名하되 令吾間必索知
之⁷⁾니라

1) 軍之所欲擊(군지소욕격) : 군대가 공격하고자 하는 곳. 또는 공격하고자
   하는 바의 군대.
2) 城之所欲攻(성지소욕공) : 공격하고자 하는 바의 성.
3) 守將(수장) : 지키는 장수.
4) 左右(좌우) : 주변에 있는 측근자.
5) 謁者(알자) : 장수의 당번인 병사. 또는 연락병.
6) 舍人(사인) : 잡무에 종사하는 사람.
7) 索知之(색지지) : 그것을 찾아 알게 하다.

〔실례〕
※상대의 간첩을 역이용해야 한다
—진평(陳平)은 한(漢)나라 왕의 호군중위(護軍中尉)였다.
　초나라 왕 항우가 한나라 왕을 영양(榮陽)에서 포위했는데 오래도록
포위가 풀리지 않자 한나라 왕이 두려운 나머지 영양땅을 내주기로 하
고 화평을 청했으나 항우는 듣지 않았다.
　그때 진평이 한나라 왕에게 건의했다.
　"살펴보건대 초나라를 교란시킬 틈이 보입니다. 항우에게 강직한 신
하는 범증(范增 : 亞父), 종리매(鐘離昧), 용저(龍且), 주은(周殷)
등 몇사람 밖에 없습니다.
　왕께서 황금 수만근을 내어 반간을 행해 군신의 사이를 끊고, 서로 의
심을 품게 하면 질투심이 강하고 참언을 잘 믿는 항우의 인품으로 보아
반드시 내부로부터 분열이 일어날 것입니다. 그때를 틈타 군사를 일으켜
공격하면 어렵지 않게 초나라를 격파할 수 있을 것입니다."
　한나라 왕은 진평의 꾀를 받아들여 황금 4만근을 진평에게 주어 마음
대로 사용하게 했다.
　진평은 금을 뿌려 반간을 매수하여 초나라 군대에 잠입시켜서

"종리매 등 여러 장수는 항우의 부장으로서 큰 공을 세웠는데도 땅을 떼어주어 제후로 삼으려 하지 않아 그들은 한나라와 손을 잡고 항우를 멸망시킨 다음 그 땅을 나누어 제후가 되려고 한다."

라는 소문을 퍼뜨렸다. 예상대로 항우는 의심을 품고 종리매 등 여러 장수를 믿지 않게 되었다.

얼마후 항우가 한(漢)나라로 사신을 보냈다. 한나라 왕은 성대한 잔치를 베풀어 놓고 초나라의 사신을 보자 놀라는 기색을 보이며 말했다.

"범증의 사신인가 했더니 항우가 보낸 사신이 아닌가?"

초나라 사신이 귀국하여 그 사실을 상세히 항우에게 보고하니 항우는 또한 범증을 크게 의심했다. 범증은 영양성을 급습하자고 했으나 항우는 범증의 말에 귀기울이지 않았다. 범증은 항우가 의심하고 있다는 말을 듣고 크게 노해 종기가 악화되어 죽고 말았다.

이렇게 한나라 왕은 진평의 계략으로 영양성을 탈출하였고 마침내 초나라를 멸망시키게 되었다.

6. 반간(反間)은 후하게 대우하여야 한다

반드시 적인(敵人)의 간첩으로 와서 우리를 탐색하는 자를 찾아내어 이익으로 매수하여 이끌어 적지로 놓아보내야 하는 것이다. 그러므로 반간(反間)을 얻어 이용할 수가 있다. 이로 말미암아 적의 실정을 알 수 있으니, 그러므로 향간(鄕間)이나 내간(內間)을 얻어서 부릴 수가 있다.

또 이로 말미암아 적의 실정을 알 수 있으니 그러므로 사간(死間)이 우리의 일을 속여서 적에게 고하게 할 수가 있다. 또 이로 말미암아 적의 실정을 알 수 있으니 그러므로 생간(生間)을 기약한 대로 부릴 수가 있는 것이다.

이 5가지 간첩에 대한 일은 군주가 반드시 알아야 하는데 그것을 알게 되는 것은 반드시 반간(反間)에게 있는 것이니 그러므로 반간은 후하게 대우하지 않을 수 없다.

▨ 이쪽의 실정을 탐지하기 위해 잠입해 들어온 적의 간첩은 반드시 찾아낸다. 그리하여 그를 이익으로써 매수하여 이쪽의 목적에 맞게 활용할 수 있게 한 다음 본국으로 들여보내 이중간첩으로 활용한다. 이것이 반간(反間)이다.

이 반간의 활동으로 적지의 백성이나 관리와 손이 닿을 수 있어 다시 향간(鄕間)이나 내간(內間)을 얻어서 부릴 수가 있는 것이다.

또 이 반간에 의해 적군의 실정을 알 수 있기 때문에 사간(死間)을 이용하여 이쪽의 일을 거짓으로 적에게 알릴 수 있고 반간의 도움으로 생간(生間)이 기약한 대로 돌아와서 보고할 수도 있는 것이다.

이 5가지 간첩에 대한 일은 군주가 반드시 잘 알고 있어야 하는데 이 모든 것을 군주가 잘 알 수 있게 되는 것은 반간(反間)에게 달려 있다. 5가지 간첩 활동이 원활하게 이루어지고 임금이 잘 알 수 있게 되는 것이 반간의 역할에 의해 좌우되는 것이니 반간을 후하게 대우하지 않을 수 없는 것이다.

必索[1]敵人之間來間我者[2]하여 因而利之[3]하여 導而舍之[4]니라 故로 反間을 可得而用也니라 因是[5]而知之[6]니 故로 鄕間內間을 可得而使[7]也니라 因是而知之니 故로 死間이 爲誑事하여 可使告敵[8]이니라 因是而知之니 故로 生間을 有使如期[9]니라 五間[10]之事는 主必知之[11]니 知之는 必在於反間이니 故로 反間은 不可不厚也니라

1) 必索(필색) : 반드시 찾아내다.

2) 來間我者(내간아자) : 와서 우리를 탐색하는 자. 간(間)은 탐색하다. 곧 간첩행위를 뜻한다.

3) 利之(이지) : 이익을 두다. 이익으로 매수한다는 뜻.

4) 導而舍之(도이사지) : 인도하여 적지로 놓아보내다. 지(之)는 적지(敵地). 이쪽에서 이용할 수 있도록 만들어 다시 본국으로 돌아가 간첩활동을

하게 한다.

5) 因是(인시) : 이로 말미암아. 곧 반간(反間)으로 말미암아.

6) 知之(지지) : 그것을 알게 되다. 지(之)는 그것, 곧 적의 실정.

7) 可得而使(가득이사) : 얻어서 부릴 수 있다.

8) 可使告敵(가사고적) : 적에게 고하도록 할 수 있다.

9) 有使如期(유사여기) : 기약한 것과 같이 부릴 수 있다. 생간이 돌아와 온
   전히 보고할 수 있다.

10) 五間(오간) : 반간(反間) 향간(鄕間) 내간(內間) 사간(死間) 생간
    (生間)의 5가지 종류의 간첩.

11) 主必知之(주필지지) : 군주가 반드시 그것을 알아야 한다.

〔실례 1〕
※돌아와 보고한 송나라의 생간 화원

—송(宋)나라 문공 16년 9월에 초나라 장왕이 송나라를 포위했다. 초
나라 장군 자반(子反)은 성 밖에 누각을 쌓고 그 안에서 싸움을 지휘했
다. 이듬해 5월이 되어도 송나라 군사는 항복하려 하지 않았다.

송나라 군사의 완강함에 애를 태우던 장왕은 포위를 풀고 퇴각하려 했
다. 이때 초나라 대신 신숙시(申叔時)가 말했다.

"송나라가 항복하지 않는 것은 우리 군대가 오래 머무르지 않을 것이
라 생각하고 있기 때문입니다. 만약 아군의 병사들에게 집을 짓고 농사
를 하게 하여 언제까지라도 버티겠다는 기색을 보이면 송나라는 겁을 먹
고 항복할 것입니다."

장왕은 곧 그 계략을 받아들여 성 밖의 민가를 부수고 대와 나무를 잘
라 집을 짓는 광경을 보임과 동시에 병사 10명을 한 반으로 하여 5명은
종래와 같이 성을 치게 하고 5명은 밭을 갈게 했다.

송나라는 그 광경을 보고 겁을 먹어 밤에 화원(華元)을 초나라 군진
속으로 잠입시켰다. 화원은 몰래 누각으로 올라가 자반의 침실로 잠입하
여 슬며시 자반을 깨웠다. 자반이 눈을 뜨고 일어나려고 할 때는 이미 화

원에게 깔려 있었고 화원의 손에는 단검이 빛나고 있었다.

"군주의 명령에 의해 일부러 밤중에 화친을 청하러 왔다. 장군이 들어주면 다행이고 만약 들어주지 않으면 장군의 목숨은 나와 함께 오늘밤에 없어질 것이다."

자반이 당황해서 그 조건을 묻자, 화원이 말했다.

"우리 주군은 나에게 송나라의 괴로움을 알리고 이렇게 말했다. 우리 백성은 지금 어린애를 교환해서 잡아먹고, 송장의 뼈를 잘라서 삶고 있는 형편이다. 그러나 성하의 맹세는 온 나라 사람들이 하나도 남김없이 죽는 한이 있더라도 받아들일 수 없다. 부디 귀군은 30리 밖으로 후퇴하라. 그런 뒤에 말을 듣겠다."

자반은 그 청을 수락했다. 화원과 굳게 약속할 수밖에 없었다. 화원은 곧 돌아와 송나라 문공에게 보고했다.

날이 새자, 자반은 장왕에게 어젯밤 일을 보고하고 후퇴하기를 청했다. 장왕은 화원의 말을 믿고 즉시 군을 30리 밖으로 퇴각시켰다.

〔실례 2〕

※간첩은 후하게 대접해야 한다

—전국시대 때 합종책을 주장한 소진(蘇秦)이 연(燕)나라 왕을 위해 제(齊)나라 왕을 설득했다.

"목마른 자도 독물을 먹지 않으려고 하는 것은 그것으로 다소간의 목마름을 면할 수는 있어도 곧 독으로 목숨을 잃는 결과를 초래하기 때문이라 합니다. 연나라는 약소하기는 하지만 그래도 진(秦)나라 왕의 사위입니다. 다행히도 대왕께서는 그 연나라의 10개 성을 얻으셨습니다만, 그로 인해 다시 강성한 진(秦)나라와 대적하시게 된 것입니다. 이것은 마치 독물을 먹은 것과 같지 않겠습니까?"

"그럼 어떻게 하면 좋겠소?"

"예로부터 일을 잘 처리하는 자는 재앙을 복으로 바꾸고 실패를 발판으로 공을 세운다고 했습니다. 대왕께서 진정 소신의 계략을 들으시겠다면, 곧 연나라의 10개 성을 되돌려 주십시오. 연나라에서는 까닭없이 10개 성을 되찾는데 대해 기뻐할 것입니다. 또 진나라 왕은 자기 위엄으로 인해 연나라의 10개 성이 반환되었다는 것을 알면 역시 기뻐할 것입니다. 이야말로 원수를 버리고 굳은 교제를 얻는 것이 아니겠습니까. 연나라와 진나라가 다같이 제나라를 모시게 된다면 대왕의 호령을 받들지 않는 자는 천하에 하나도 없을 것입니다. 즉 실속이 없는 말로 진나라를 우리편으로 하고 10개 성으로써 천하를 취한다. 이것이 패왕의 업입니다."

제나라 왕이 그의 말을 받아들여 연나라에게 10개 성을 돌려주자 소진을 중상하는 자가 나타났다.

"소진은 어디서나 나라를 판다. 배반을 잘 하는 신하다. 이제 곧 혼란이 일어날 것이다."

소진은 벌을 받을까 겁이 나서 연나라로 돌아왔으나 연나라에서도 복직을 시키지 않았다.

그러자 연나라 왕 측근의 한 신하가 연나라 왕에게 말했다.

"이런 이야기가 있습니다. 어떤 사나이가 먼 타향에서 임관을 했습니다. 오랫동안 집을 비워 두었기 때문에 그 사나이의 처는 다른 사나이와 간통을 하였는데 남편이 돌아오게 되었습니다. 간통한 사나이가 겁을 먹자 남편과의 정이 식어버린 처가 말하기를 '걱정 마세요. 미리 독주를 준비해 놓았으니까요.' 했습니다. 사흘쯤 지나 남편이 돌아왔고 귀한 잔치 자리에서 처는 첩에게 그 술을 가져다 권하라고 말했습니다. 첩은 술에 독이 들었다는 것을 알리고 싶었으나 그렇게 하면 본처에게 미움을 사서 내쫓길 것이고, 잠자코 있자니 주인이 죽게 되었습니다. 생각 끝에 첩은 일부러 넘어져 술병을 깨뜨렸는데 주인은 크게 화를 내며 첩의 볼기를 50대나 쳤다고 합니다. 그 첩은 일부러 넘어져 술을 없애버림으로써 주인의 목숨을 구하고 본처의 신상도 지켜 주었으나 자기가 맞는 것을 면할 수는 없었습니다. 소진의 죄 역시 불행하게도 이와 비슷한 것이 아니겠습니까."

결국 연나라 왕은 소진을 복직시키고 더욱 후대하게 되었다.

후에 소진은 연나라 왕의 어머니와 간통을 하게 되었으나 연나라 왕은 그것을 알면서도 더욱더 소진을 후대했다. 소진은 혹시 이것이 살해될 전조가 아닌가 싶어 연나라 왕에게 말했다.

"제가 연나라에 있으면 연나라의 위신을 높일 수 없습니다. 그러나 제나라에 있으면 연나라는 반드시 천하에서 중시되는 나라가 될 것입니다."

연나라 왕은 말했다.

"하고 싶은 대로 하시오."

그래서 소진은 연나라에서 죄를 지었다고 헛소문을 낸 다음 도망쳐 제나라로 갔다. 제나라 선왕은 그를 특별 대신으로 맞이했다.

제나라 선왕이 죽고 민왕이 즉위하자 소진은 민왕을 설득해서 선왕을 후히 장사지내 효도를 밝히라고 권했다. 동시에 궁전을 높이 쌓고 정원을 크게 해서 득의의 마음을 밝히라고 했다. 제나라를 피폐시켜 연나라의 이익을 도모할 작정이었다.

불측한 면이 많은데다 권모술수에 능해 반간이란 딱지가 붙은 채 천하의 웃음거리가 되었으나 소진도 확실히 연나라의 이익을 위해 많은 노력을 한 것이다.

연나라로서는 소진을 적대시하는 것보다는 후하게 대접함으로써 그 효용을 크게 본 것이다.

〔실례 3〕

※간첩을 후하게 대접하다

—진(秦)나라 소왕 원년에 장군인 저리자(樗里子)가 포(浦)를 공격하려고 하니 포를 지키던 장수가 두려워하여 호연(胡衍)에게 조정을 부탁했다.

호연은 포땅을 위해 저리자를 찾아가 말했다.

"장군이 포를 공격하려는 것은 진나라를 위해서인가 아니면 위(魏)나라를 위해서인가? 위나라를 위해서라면 좋지만 진나라를 위해서라면 다시 생각해보시오. 위(衛)나라가 지금까지 명맥을 유지하고 있는 것은 포가 있기 때문이오.

이제 포를 치면 포가 위(魏)나라에 의지할 것이므로 위(衛)나라도 독립심을 잃고 역시 위(魏)나라를 따를지 모르오. 위(魏)나라가 전에 서하(西河)의 바깥을 진나라에게 빼앗기고 아직도 되찾지 못하고 있는 것은 군사가 약하기 때문이오.

만약 위(衛)나라가 위(魏)나라와 합병을 하면 위(魏)나라는 반드시 강대해질 것이고 위나라가 강대해지면 서하의 바깥 땅도 위험을 면치 못할 것이오.

더구나 진나라 왕은 장군의 군사 행동이 진나라에게 해가 되고 위나라를 이롭게 한다는 것을 알면 반드시 장군을 문책할 것입니다."

"그럼 어떻게 하면 좋겠소?"

"포를 용서하고 공격하지 않는 것입니다. 내가 장군을 위해 포땅에 가서 수장에게 설명하여 위(衛)나라 임금이 고마워하도록 주선을 하겠습니다."

"좋소"

호연은 포로 들어가 수장에게 말했다.

"저리자는 포가 피폐되어 있는 줄 알고 반드시 포를 함락시키겠다고 공언하고 있습니다. 그러나 나라면 포를 용서하고 공격하지 않도록 설득할 수가 있습니다."

포의 수장은 두려워 재배하며 말했다.

"부디 그렇게 해주십시오"

그리고 황금 3백근을 보냈다.

"진(秦)나라 병사들이 진정 퇴각을 하면 당신을 위(衛)나라 임금에게 추천해서 성주(城主)로 삼도록 노력하겠습니다."

저리자는 드디어 포의 포위를 풀고 돌아갔다.

이렇게 해서 호연은 포에게 돈을 받고, 또 극히 자연스럽게 위나라에서 높은 지위를 얻을 수 있게 되었다.

7. 용병(用兵)의 요결(要訣)

옛날에 은(殷)나라가 일어날 때에는 이지(伊摯)는 하(夏)나라에 있었고, 주(周)나라가 일어날 때에는 여아(呂牙)는 은나라에 있었다.

그러므로 오직 밝은 군주와 어진 장수만이 뛰어난 지혜로써 간첩을 삼아서 반드시 큰 공을 이루는 것이니, 이것은 용병의 요체요, 삼군이 믿고 움직이는 바인 것이다.

▨여기서 손자(孫子)는 은왕조(殷王朝)의 재상인 이지(伊摯 : 伊尹)와 주왕조(周王朝)의 재상인 여아(呂牙 : 姜太公)를 뛰어난 간첩으로 다루고 있으며 그들의 지혜를 높이 평가하고 있다.

옛날에 은(殷 : 商)나라가 일어날 때 탕왕(湯王)은 하(夏)나라에서 농사짓던 이지(伊摯 : 伊尹)를 맞이하여 재상을 삼아 하나라의 폭군인 걸왕(桀王)을 축출하였다. 또 주(周)나라가 일어날 때 문왕(文王)이 사냥하다가 위수(渭水)에서 낚시질하는 은(殷)나라의 여아(呂牙 : 姜太公)을 만나 데려다가 재상을 삼아 은나라의 폭군인 주왕(紂王)을 토벌하였다.

은왕조를 이룩한 탕왕(湯王)이나 주왕조를 세운 문왕(文王)은 지혜가 뛰어난 이지와 여아를 재상으로 등용함으로써 왕업의 기초를 튼튼히 할 수 있었던 것이다.

오직 현명한 군주와 장수만이 능히 뛰어난 지혜로써 간첩을 잘 활용하여 큰 성과를 거두는 것이다. 그래서 간첩을 잘 활용하는 것은 용병의 중요한 비결인 동시에 군대 전체가 그것을 믿고 군사행동을 일으키게 되는 요인인 것이다.

그래서 손자는 은(殷)나라 탕왕(湯王)과 주(周)나라 문왕(文王)을 현명한 군주로 받들고 이지(伊摯)와 여아(呂牙)를 뛰어난 간첩으로 높여 이 용간편(用間篇)의 마지막을 장식한 것이다.

　　昔에 殷[1]之興也에 伊摯[2]在夏[3]하고 周[4]之興也에 呂牙[5]在殷이니라 故로 惟明君[6]賢將[7]이라야 能以上智[8]로 爲間者[9]하여 必成大功[10]이니 此는 兵之要[11]오 三軍之所恃而動[12]也니라

1) 殷(은) : 은나라. 은왕조. 중국 상고(上古)시대의 나라 이름. 상(商)이라고도 한다.

2) 伊摯(이지) : 은나라 탕왕(湯王)의 재상(宰相)인 이윤(伊尹)을 가리킨다. 이윤(伊尹)은 원래 천자(天子)의 나라인 하왕조(夏王朝)에서 농사 짓던 사람이었으나 탕왕이 그가 어질다는 명성을 듣고 3차례나 그를 초빙하였으므로 탕왕을 도와서 하왕조의 폭군인 걸왕(桀王)을 쫓아내 천하를 평정하고 상왕조(商王朝)를 세우는 데 공헌했다.

3) 夏(하) : 중국 상고시대의 나라 이름.

4) 周(주) : 중국 상고시대의 나라 이름.

5) 呂牙(여아) : 주왕조(周王朝)의 문왕(文王) 무왕(武王)을 도와 은왕조(殷王朝)의 주왕(紂王)을 토벌하여 천하를 평정하고 주왕조를 세우는 데 공로가 큰 현자(賢者)인 강태공(姜太公) 여상(呂尙). 그의 자(字)가 자아(子牙)이므로 여아(呂牙)라고 하였다. 그는 위수(渭水)에서 낚시질로 유유자적하였는데 문왕이 사냥을 나갔다가 그를 만나 그의 능력을 알아보고 재상으로 삼았다.

6) 明君(명군) : 밝은 군주. 현명한 군주.

7) 賢將(현장) : 어진 장수. 현명한 장수.

8) 上智(상지) : 뛰어난 지혜.

9) 爲間者(위간자) : 간첩을 삼다.

10) 必成大功(필성대공) : 반드시 큰 공을 이루다.

11) 兵之要(병지요) : 용병의 중요한 비결. 용병의 요체.

12) 所恃而動(소시이동) : 믿고 움직이는 바이다.

〔실례〕
 ※간첩을 사용한 계략의 전법들
 ―위(魏)나라 장군에 신릉군(信陵君)이라는 사람이 있었다. 그는 안희왕(安釐王)의 이복동생으로 정치가로서도 탁월한 기량을 가지고 있었으며 5개국의 연합군을 집결시켜 진(秦)나라 군대를 격파하여 진나라의 세력을 함곡관(函谷關) 서쪽에서 나오지 못하게 했다.
 그러므로 동쪽 침략에 나선 진(秦)나라로서는 신릉군은 눈의 혹과 같은 존재였다. 진나라에서는 위(魏)나라 상급관리들 중 신릉군의 반대파를 막대한 공작금으로 매수하여 안희왕에게 이렇게 말하게 했다.
 "지금 천하의 제후들은 위(魏)나라에 신릉군이 있다는 것은 알면서도 왕께서 계시다는 것은 모릅니다. 신릉군도 그것을 알고 왕위를 노리고 있습니다. 이를 명심하시기 바랍니다."
 진나라에서는 한편 간첩을 신릉군에게 보내 축하인사를 하게 했다.
 "신릉군께서 이미 왕위에 오르신 줄로 알고 있습니다. 축하드리는 바입니다."
 이 소문은 곧 안희왕의 귀에 들어갔고 안희왕은 의심에 사로잡혀 신릉군을 해임시켰다. 이후로 신릉군은 술에 젖어 4년 뒤에 죽었다. 이리하여 진나라는 힘들이지 않고 신릉군을 몰아냈고 이어서 위(魏)나라의 항복을 받았던 것이다.

 ―서기전 229년에 진(秦)나라의 대군이 조(趙)나라를 공격했을 때 조나라에서는 이목(李牧)을 총사령관으로 임명하였다. 진나라의 군대는 여러 차례 이목의 군대에게 패했으므로 조나라를 멸망시키려면 우선 이목을 처치하지 않으면 안되었다.
 그래서 진(秦)나라는 조나라 임금의 총애를 받는 곽개(郭開)에게 많은 돈을 보내 매수한 다음
 "이목이 반란을 계획하고 있다."
 고 왕에게 고하게 했다. 이 말을 들은 조나라의 임금은 곧 이목을 체포

하여 목을 베어 죽였다.

　이윽고 진나라는 쉽게 조나라의 군대를 격파하여 조나라는 멸망하고 말았다.

　─이 무렵 제나라에는 후승(后勝)이라는 자가 재상에 임명되어 있었다. 진나라에서는 이 후승을 막대한 재물로 매수했다.

　후승은 진나라의 요청을 받아들여 자기 부하와 많은 빈객들을 진나라로 보냈다. 그들은 진나라에서 많은 돈을 받고 진나라의 간첩이 되어 제나라로 돌아왔다.

　본국으로 돌아온 그들은 제나라 임금에게 전쟁준비를 중지하도록 요청했다.

　뒤에 진나라 군대가 제나라의 도읍인 임류(臨溜)에 쳐들어갔을 때 제나라 백성들은 한 사람도 대항하는 자가 없었다고 한다. 내부 간첩들의 활동으로 모든 백성들이 전의를 상실하고 있었던 것이다.

손자병법 원문자구색인(原文字句索引)

地之助也/154
知地知天/191
知之必在於反間/256
知此而用戰者必勝/186
支形者敵雖利我/178
塵高而銳者車來也/158
陳兵縱橫曰亂/184
進而不可禦者/94
疾戰則存/197

〔차〕

此攻之災/47
此軍爭之法也/122
此謀攻之法也/47
此兵家之勝/25
此兵之利/154
此兵之要/263
此伏姦之所藏處也/156
此安國全軍之道也/242
此五者知勝之道也/52
此用兵之法也/132
此用衆之法也/124
此謂巧能成事者也/229
此謂將軍之事也/217
此知迂直之計者也/113
此處山之軍也/145
此處水上之軍也/147
此處斥澤之軍也/151
此處平陸之軍也/152
此治氣者也/126
此治力者也/128
此治變者也/128
此治心者也/127
千里饋糧/30
千里殺將/229
踐墨隨敵/231
天者陰陽寒暑時制也/19
天地孰得/21

趨其所不意/90
趨諸侯者以利/143
出其不意/25
出其所必趨/90
出兵千里/246
出而不勝/177
出而勝之/177
衝其虛也/94
聚三軍之衆/217
取用於國/34
取人而已/169
取敵之利者貨也/36
馳車千駟/30
治亂數也/81
治兵不知九變之術/140
致人而不致於人/88
則可千里而會戰/101
則軍士疑矣/50
則軍士惑矣/50
則蹙上將軍/116
則擒三將軍勁者先罷者後/116
則其交不得合/225
則內外之費/30
則無所不寡/99
則民不服/174
則不可用也/171
則不能盡知用兵之利也/33
則三分之二至/117
則我專而敵分/98
則我衆而敵寡/98
則吾所與戰者寡矣/99
則吾之所與戰者約矣/98
則勇者不得獨進/124
則諸侯乘其弊而起/32
則諸侯之難至矣/50
則早應之於外/238
則左不能救右/101
親而離之/25
七十萬家/246

侵掠如火/121

〔타〕

怠於道路/246
通形者先居高陽/176
退不避罪/187
退而不可追者/94
鬪亂而不可亂也/79
鬪衆如鬪寡/72
投之亡地然後存/229
投之無所往/206
投之無所往者/210
投之於險/217

〔파〕

破車罷馬/36
破國次之/44
破軍次之/44
破旅次之/44
破伍次之/44
破卒次之/44
敗兵先戰而後求勝/64
敗兵若以鎰稱銖/69
敗之道也/185
平陸處易/152
飽能飢之/89
風起之日也/234
彼可以來曰通/176
彼可以來者爲交地/196
彼寡可以擊吾之衆者
　爲圍地/197
避其銳氣/126
彼得亦利者爲爭地/195
彼出而不利曰支/178
必居高陽以待敵/180
必亟去之勿近也/155
必亟入之/231

15. 묵자 박문현·이준영 역 ●552쪽	묵자(墨子)는 '사랑'을 주창한 철학자이며 실천가이다. 묵자의 이론은 단순하지만 그 이론을 지탱하는 무게는 끝없이 크다. 묵자의 '사랑'은 구체적이고 적극적이다.　　　　　　　　　　〈완역〉
16. 효경 박명용·황송문 역 ●232쪽	효도의 개념을 정립한 것. 공자의 제자인 증자(曾子)는 효도의 마음가짐이 뛰어났다. 이 점을 간파한 공자가 증자에게 효도에 관한 언행을 전하여 기록하게 한 효의 이론서이다.　　　　〈완역〉
17. 한비자 상·하 노재욱·조강환 역 ● 상532쪽·하512쪽	약육강식이 횡행하던 춘추전국시대에 순자의 성악설(性惡說)을 사상적 배경으로 받아들여 법의 절대주의를 역설하였다. 법 위주의 냉엄한 철학으로 이루어졌다.　　　　　　　　　　〈완역〉
18. 근사록 정영호 해역 ●424쪽	내 삶의 지팡이. 송(宋)나라의 논어(論語)라 일컬어진 『근사록』은 송나라 성리학(性理學)을 집대성한 유학의 진수이다. 높은 차원의 철학적 사상과 학문이 쉽고 짧은 문장으로 다루어졌다.　　〈완역〉
19. 포박자 갈홍 저/장영창 역 ●280쪽	불로장생(不老長生), 이것은 모든 인간의 소망이며 기원의 대상이다. 인간은 죽음을 초월할 수 있는가? 불로불사(不老不死)의 약은 있는가? 등등. 인간들이 궁금해 하는 사연들이 조명되었다.
20. 여씨춘추 12기 8람 6론 정영호·12기370쪽●8람464쪽●6론240쪽	여불위가 3천여 학자와 이룩한 사론서(史論書)로 유가·도가·묵가·병가·명가 등의 설을 취합. '12기(紀), 8람(覽), 6론(論)'으로 나뉘어 선진(先秦)시대의 학설과 사상을 총망라해 다룬 백과전서.　〈완역〉
21. 고승전 혜교 저/유월탄 역 ●288쪽	중국대륙에 불교가 들어 오면서 불가(佛家)의 오묘 불가사의한 행적들과 중국으로 전파되는 전도과정에서의 수난과 고통, 수도과정에서 보여주는 고승들의 행적 등을 기록한 기록문.
22. 한문입문 최형주 해역 ●232쪽	조선시대의 유치원 교육서라고 하는 천자문, 이천자문, 사자소학, 계몽편, 동몽선습이 수록됨. 또 관혼상제 등과 가족의 호칭법 등이 나열되고 간단한 제상차리는 법 등이 요약되었다.　　〈완역〉
23. 열녀전 유향 저/박양숙 역 ●416쪽	역사에 큰 발자취를 남긴 89명의 여인들을 다룬 여성의 전기이다. 총 7권으로 구성되었으며 옛여성들이 지킨 도덕관을 한 눈에 볼 수 있는 교양서.　　　　　　　　　　　　　　〈완역〉
24. 육도삼략 조강환 해역 ●296쪽	병법학의 최고봉인 무경칠서(武經七書) 가운데 두 가지의 책으로 3군을 지휘하고 국가를 방위하는데 필요한 저서이다.『육도』와『삼략』의 두 권이 하나로 합한 것이다.　　　　　　　〈완역〉
25. 주역참동계 최형주 해역 ●272쪽	『주역참동계(周易參同契)』란 주나라의 역(易)이 노자의 도(道)와 연단술(練丹術)과 서로 섞여 통하며『주역』과 연단은 음양을 벗어나지 못하며 노자의 도는 음양이 합치된다고 하였다.　〈완역〉
26. 한서예문지 이세열 해역 ●328쪽	반고(班固)가 찬한『한서(漢書)』제30권에 들어 있는 동양고전의 서지학(書誌學)의 대사전이다. 한(漢)나라 이전의 모든 고전을 일목요연하게 볼 수 있는 서지학의 원조이다.　　　　〈완역〉
27. 대대례 박양숙 해역 ●344쪽	『대대례』의 정식 명칭은『대대예기』이며 한(漢)나라 대덕(戴德)이 편찬한 저서로 공자(孔子)와 그의 제자들이 예에 관한 기록의 131편을 수집하여 집대성한 것이다.　　　　　　〈완역〉
28. 열자 유평수 해역 ●304쪽	『열자』의 학문은 황제(黃帝)와 노자(老子)에 근본을 삼았고 열자 자신을 호칭하여 도가(道家)의 중시조라고 했다.『열자』는 내용이 재미가 있고 어렵지 않은 것이 특징이다.　　　　　〈완역〉
29. 법언 양웅 저 / 최형주 역 ●312쪽	전한(前漢)시대 사마상여(司馬相如)의 영향을 받아 대문장가가 된 양웅(楊雄)의 문집이다. 양웅은 오로지 저술에 의해 이름을 남기고자 힘써 저술에 전념하였다.　　　　　　　　〈완역〉
30. 산해경 최형주 해역 ●408쪽	『산해경(山海經)』은 문학·사학·신화학·지리학·민속학·인류학·종교학·생물학·광물학·자원학 등 제반 분야를 총망라한 동양 최고의 기서(奇書)이며 박물지(博物志)이다.　　　　〈완역〉

■ 동양학 100권 발간 후원인(가나다 순)

후원회장 : 유태전
후원회운영위원장 : 지재희
김경범. 김관해. 김기홍. 김소형. 김재성. 김종원. 김주혁. 김창선. 김태수. 김태식.
김해성. 김향기. 남기현. 박남수. 박문현. 박양숙. 박종거. 박종성. 백상태. 송기섭.
신성은. 신순원. 신용민. 양태조. 양태하. 오두환. 유재귀. 유평수. 이규환. 이덕일.
이상진. 이석표. 이세열. 이승균. 이승철. 이영구. 이용원. 이원표. 임종문. 임헌영.
전병구. 전일환. 정갑용. 정인숙. 정찬옥. 정철규. 정통규. 조강환. 조응태. 조일형.
조혜자. 최계림. 최형주. 한정곤. 한정주. 황송문

인 지
생 략

동양학총서〔43〕

손자병법(孫子兵法)

초 판 3쇄 발행 2003년 6월 25일
개정판 1쇄 발행 2007년 11월 25일

해역자 : 조일형
펴낸이 : 이준영

회장 · 유태전
사장 겸 주간 · 백상태 / 편집 · 김진호 / 교정 · 김윤덕
조판 · 태광문화 / 인쇄 · 천광인쇄 / 제본 · 기성제책 / 유통 · 문화유통북스

펴낸곳 : 자유문고
서울 영등포구 문래동6가 56-1 미주프라자 B-102호
전화 · 2637 - 8988 · 2676 - 9759 / FAX · 2676 - 9759
홈페이지 : http://www.jayumungo.co.kr
e-mail : jayumg@hanmail.net
등록 · 제2 - 93호(1979. 12. 31)

정가 10,000원

※ 잘못 만들어진 책은 구입하신 서점에서 바꿔드립니다.

ISBN 978 - 89 - 7030 - 044 - 3 04150
ISBN 978 - 89 - 7030 - 000 - 7 (세트)